남자 독립 선언서

이치원 지음

중년 비자발적 실직
서바이벌 매뉴얼 25

추천사

인생 후반부를 어떻게 맞이할 것인가를 놓고 저자의 뼈저린 체험과 깊은 성찰을 바탕으로 구체적인 삶의 태도와 방법론을 제시한 책이다. 특히 50대에 실직한 사람들에게 희망과 용기를 주는 것은 물론, 100세 시대와 고령화 사회에 대비한 다양한 해결책을 담고 있다. 인생 후반부를 좀 더 여유롭게 보내고자 한다면 꼭 읽어보라고 권하고 싶다.

강승구 / 넥서스 대표이사

준비된 축복의 인생 후반전을 위한 책을 썼다고 한다. 내가 그간 지켜본 저자의 부캐(또 다른 캐릭터)는 '에너자이저', '아들을 위한 요리사' 등이다. 축복의 인생 후반전을 위한 그의 요리가 궁금하다면 일독을 권한다.

고종우 / 아시아투데이 기획조정실장

인생 후반전, 나 역시 고민을 막 시작하게 되는 시점이 되었다. 내 예상은 "어떤 일을 하느냐 보다 어떻게 시간을 보내느냐가 더 중요할 것이다"라는 것이다. 그것이 새로운 일이 되든, 봉사가 되든 또는 취미나 새로운 배움이 되든….
나의 시간을 얼마나 생산적이고 가치있게 보내느냐. 이 책이 의미 있는 답이 될 듯하다.

권금주 / 삼성전자 한국총괄 리테일마케팅팀 상무

필자를 알고 지낸 것도 사반세기, 나도 필자도 이제 50대에 접어들었다. 이 책은 '인생 2막 바이블'이자, 필자의 캐릭터가 고스란히 묻어난 필자의 아바타 같은 책이다.
필자의 장점이자 이 책의 핵심을 세 마디로 축약하자면.

1. 실사구시(實事求是) - 필자는 물건을 잘 팔기 위한 계획을 세우는 마케터였다. 실직 이후 필자는 삶의 리스크를 대비하고 재무를 설계해 주는 전문가가 되었다. 인생은 결국 먹고사는 문제!

2. 관주위보(貫珠爲寶) - 누구나 살면서 여러 가지 경험들을 한다. 대부분의 사람들은 그 경험들을 그냥 자신의 구슬로만 간직한다. 필자는 자신의 경험들과 다른 사람들의 경험들을 자신의 스타일로 잘 꿰어서 보배를 만들어 널리 나눌 줄 안다.

3. 파안대소(破顔大笑) - 필자는 영화, 연극, 재미진 일에 조예가 깊은 준 연예인 급 Entertainer이다. 그런 끼를 타고 난 필자의 책을 보니 나도 모르게 얼굴이 밝게 펴지고 넉넉해질 수밖에 없다.

김덕희 / 그룹엠코리아 부사장

50대를 겪었거나 아직 50대를 겪지 않았더라도 은퇴가 아닌 퇴사를 준비 중인 모든 직장인들을 위한 지침서로 권하고 싶습니다. 50대가 아닌 저도 공감하는 부분들이 많았습니다. 20대를 위한 퇴사, 창업 지침서가 넘쳐나는 요즘 40대 이후의 퇴사자를 위한 현실감 있는 내용으로 새로운 도전과 희망을 얻을 수 있는 좋은 책이라고 생각합니다.

김봉근 / 잇더컴퍼니 대표

50대가 되어서야 세무사 시험공부를 시작했다. 잘 할 수 있을까 반신반의하며 힘든 하루하루를 보내고 있을 때 그에게서 연락이 왔다. 막걸리 한잔하고 하시라고. 그는 나의 도전이 너무 아름답다 했고, 꼭 합격할 거라고 응원과 격려를 해줬다.
그는 늘 그랬다. 예전 나와 같이 다니던 회사에서 구조조정할 때, 부하직원들을 살리기 위해 자신의 이름을 써내고 나온 사람이다. 진정으로 주변 사람들이 잘 되기를 바라고 도우려고 했다. 고령화 사회다. 멀리 가려면 함께 가야 한다고들 한다. 그는 그 진리를 일찌감치 깨달은 듯하다.

김정식 / 세무사

인생에는 몇 가지 전환점이 있다. 사춘기, 대학입시, 취업, 결혼, 이직 등. 그때마다 중요한 선택의 기로에 놓이게 된다. 50대 중반을 지나다 보니 은퇴라는 중요한 전환점을 생각하지 않을 수 없다. 의사들은 다른 직업을 가진 사람들에 비해 은퇴 시점이 늦은 편이지만, 그렇다고 피해 갈 수는 없다.
본인이 계획한 시점에 은퇴할 수 있으면 좋겠지만, 타의에 의해 갑자기 은퇴하는 경우도 많다. 여기 그런 황당한 일을 당하고도 그걸 인생의 멋진 터닝포인트로 삼은 사람이 있다. 그의 이야기는 은퇴를 준비하는 모든 사람들에게 좋은 지침서가 될 것임을 확신한다.

김태형 / 의학박사, 외과전문의

WHO가 발표한 연령 구분에 의하면 50대는 아직 한창 청춘이다. 실지로 요즘 50대를 보면 나이를 가늠하기 힘든 정도로 건강하고 활력이 넘친다. 그런 분들이 현업에서 물러나 집에 머물러야 한다는 건 사회경제적으로도 큰 손실이다. 그들의 풍부한 경험과 노하우와 지혜와 판단력을 썩히지 말고 사회에서 잘 활용할 수 있는 방법들을 모색해야 한다. 그런 면에서 이 책에서 중요하게 생각하고 많은 비중을 차지하고 있는 "50대 이후의 일"은 아주 시의적절한 테마라고 생각한다.
이 책은 50대의 실직을 당사자가 그리고 이 사회가 어떻게 바라봐야 할지 새로운 시각을 제시하고, 어떻게 연착륙해야 할지 다양한 대안을 모색하는 책이다. 지금 우리 사회가 당면한 과제와 책무를 다시 환기시키고 있다. 일독을 권한다.

김희곤 / 국회의원

남자 독립선언이라니요? 50대가 되면 대부분 직장을 나오게 됩니다. 원하든 원치 않든 '일로부터 독립' 을 하게 되는 것이지요. 50대가 되면 가족을 위해서만 살아온 삶을 돌아보게 됩니다. '가족부양으로부터 독립' 을 생각하게 됩니다. 50대가 되면 나보다 남을 위해 살아온 듯하여 회한에 빠집니다. 이제부터 '나를 위한 삶으로의 독립' 을 하고 싶어집니다.
어디 남자만 그렇겠습니까? 나대로 엄마 역할 아내 역할 하면서 살아왔는데 이제 날 위한 인생을 살고자 하시는 분들에게도 유쾌하고 실용적이고 현실적인 조언!

김희정 / 째깍악어 대표

누구나 인생에서 한 번은 퇴사자가 된다. 하지만 우리는 열이면 아홉, 저자처럼 갑작스러운 퇴사를 맞이하게 된다. 우리에겐 준비가 필요하다. 퇴사 기획이 필요하다. 저자는 본인의 경험을 반면교사 삼은 매우 자세하고 친절한 퇴사 기획론을 세상에 내놓았다. 우리는 입사는 기획하지만 퇴사는 기획하지 않는다. 그래서 어쩌면 이 책은 지금 당장 퇴사를 앞둔 사람이 아닌 현재 조직에서 열심히 일하고 있는 사람들이 펼쳐보아야 할 책이다. 당신의 퇴사를 end가 아닌 and로 기획하고 싶은가? 이 책은 당신의 두 번째 인생 항해를 위한 명품 나침반이 되어줄 것이다.

남충식 / '기획은 2형식이다' 저자

4쿼터의 인생 경기 중 3쿼터를 뛰면서도 여전히 펄펄 나는 필자의 열정과 에너지가 고스란히 전달되는 책! 특히 사회생활에서 막판 스퍼트가 필요하다고 결심하는 사람들에게 그 게임을 연장전으로 끌고 가는 동시에, 경기를 스스로 지배할 수 있는 게임의 25가지 룰(rule)!

도정한 / SK텔레콤 팀장

실직으로 인한 경제적 사회적 심리적 타격은 경험해보지 못한 사람들이 개념적으로 인식하는 수준을 넘어 가히 살인적이다. 저자는 50대 초반에 실직의 경험을 거치면서 그 고통을 슬기롭게 극복해 온 것으로 보인다. 이 책은 누구도 피할 수 없는 모두의 문제가 될 실직에 참고하면 좋을 내용들로 세심하게 구성되어 채워져 있다.

박종원 / 로버스트자산운용 전무

잘 참는 아이가 위태하다고 한다. 아파도 울거나 보채지 않으니 주변에서 앓는다는 걸 모르기 쉽다. 당장 걱정을 끼치진 않겠지만, 급기야 훨씬 큰일을 치르는 꼴이다. 곪은 게 터질 테니 말이다. 어른도 마찬가지다. 잘 참는 이들은 다른 이들을 편하게 만든다. 본인은 속으로 얼마나 쓰릴 것인가. 일자리를 잃는 게 어떤 마음인지 까맣게 몰랐다. 실업의 현장을 취재하면서도 그랬다. 겪지 않은 바에야 모르는 게다.
저자 서문을 읽은 뒤, 밝은 성격으로 친구들에게 기쁨을 안기는 저자에게 파고들었던 아픔이 내게도 조용히 스며들었다. 솔직 담백한 시작에 덧대어 위기를 뛰어넘는 길을 자세하게 안내한다. 아픈 이들, 아프게 될지 모를 이들에게 꼭 필요한 책일 듯하다.

송한수 / 서울신문 국장

내가 가진 저자에 대한 이미지는 "성실하다", "적극적이다", "너그럽고 가식 없이 웃는 천진난만한 얼굴"이다. 저자는 실직도 쿨하게 받아들이고 훌훌 털고 지냈을 것으로 생각했었다. 책을 보니 많은 고통과 번민의 시간을 보낸 것 같아 마음이 찡하다.
난 운이 좋아 아직까지 직장에 다니고 있지만, 일에 치여 지내다 보니 인생 후반전에 대해 어떻게 살지 진지하게 고민해 본 적이 없다. 이제부터라도 이 책에서 제시하는 마지막 매뉴얼 "당신이 아직 직장인이라면 준비해야 할 7가지"를 차근차근 준비해야겠다.

양승열 / 삼정회계법인 품질관리실장 대표

같은 직장에 근무했었다. 참 유쾌하고 따뜻한 분이셨다. 회사를 나가시며 그렇게 힘들어하신 걸 책을 보고야 알았다. 그 고통의 시간에도 자신의 경험을 글로 남겨 이 땅의 수많은 실직자들에게 위로가 되고 힘이 되고자 했단다. 온화하고 긍휼하는 그의 성품은 힘든 나날을 겪으면서도 변함이 없었던 것이다.
이 책을 통해 실직으로 어려움에 처한 많은 분들이 공감하며 힘을 얻고, 어쩔 수 없이 실직자를 만들어야 하는 경영자분들이 그들을 이해할 수 있는 너그러운 마음을 갖게 되기를 바란다.

엄익수 / 에스알에스코리아 (KFC) 대표

10년 전쯤이다. TV에서 일반인들이 나오는 무슨 장기자랑 프로그램을 하고 있었다. '탬버린 하나로 부장에 오른 사람' 이라고 명찰을 단 사람이 현란하게 탬버린을 치는 모습을 보았다. 세상에 참 별난 사람 많다고 생각하며 보다가 깜짝 놀랐다. 고등학교 동창이기도 한 이 책의 저자가 그 주인공이었던 것이다.
저자는 언제 어디서든 최선을 다했다. 일도 그랬고, 노는 것도 그랬다. 부지런히, 열심히 살았다. 그랬던 그에게 실직은 엄청난 시련이었을 것이다. 열심히 할 대상이 사라졌으니… 그래도 다시 극복하고 또 왕성한 활동을 하며 살아가고 있다. 이 책은 그렇게 치열하게 살아온 저자의 삶의 여정을 엿보는 것만으로도 충분히 읽을 가치가 있을 것이다.

유규문 / LG전자 전무

필자가 번듯한 직장을 잃고 험한 영업의 세계에 뛰어든다고 했을 때가 기억난다. 몇 년이 지난 지금, 처음의 어설퍼 보이던 모습은 사라지고, 전문적인 지식을 갖춘 중견 금융인이 된 필자가 참 대견스럽다. 게다가, 바쁜 와중에도 이렇게 실직, 퇴직한 중년들을 위하여 위로와 정보를 제공하는 책을 쓰다니, 그의 끊임없는 도전과 열정이 대단하다.

현대의 4050 세대들은 가정과 자식을 먼저 보살피다 보니 자신의 노후의 삶에 대해서는 전혀 준비를 못 하고 있는 게 현실이다. 그러다가 강제로 퇴직을 당하게 되고 차가운 길거리로 내 몰리게 되는 경우가 허다하다. 이 책은 이 시대에 고통받고 힘들어하는 중년 직장인들에게 새로운 계획과 도전을 꿈꾸게 해 준다. 필자가 겪은 뼈아픈 고통의 시간들에 대한 기록이자, 다른 중년 실직자들에게 펼쳐 보이는 희망의 메시지이다.

유창희 / 은퇴지 필리핀 클락에서

게으른 성격 탓에 서평을 부탁받고 미루고 미뤘다. 피곤한 몸을 이끌고 책을 펼친 어느 날, 나의 혼미한 정신은 또렷해졌다. 책 속엔 몇 년 뒤, 아니 어쩜 몇 달 뒤의 내가 있었다.

인생 이모작이 그저 희망적일 거라는 응원보다는 은퇴 후 우리가 겪을 현실적인 고민의 조각들이 나를 깨웠다. 다소 퍽퍽해질 삶에 웃음기를 잃지 않게 –때로는 얇아진 지갑 사정을 잊을 수 있게– 새로운 인생에서 진정한 의미를 찾을 수 있게 해주는 '은퇴 후 매뉴얼' 같은 책이다. 은퇴 후에도 우리의 삶은 계속되어야 하기에 Life goes on~ 다시 한번 출발선에 서 본다.

이명숙 / SM C&C 팀장

참으로 열정적인 분이시다. 내가 LG텔레콤 마케팅팀장 근무 시절, 금강기획 AE를 하던 저자를 만났다. 치열하게 고민하며, 진지하게 발표하던 모습이 떠오른다. 술자리에서 현란한 탬버린 묘기로, 일할 때와는 전혀 다른 모습을 보여주어 깜짝 놀래키시던 것도 생각난다. 나이 50을 한참 넘기고 본인이 만들었다며 요가 동작 포스터를 보여주던 모습도 눈에 선하다. 삶을 즐기실 줄 아는 분이다. 늘 신기하기도 하고 부러운 분이다.

이런 분이 인생 후반을 준비하는 모습은 대한민국의 중년들이 한 번쯤 들여다봐야 하리라 확신한다. 앞으로 또 무얼 들고 와서 놀래키실런가, 기대된다.

이창용 / AMF Global 대표이사/ KOBEA Group 회장

어려서는 부모님의 기대에 부응하기 위해, 젊어서는 인생의 본 라운드에서 생존을 위해, 결혼을 하고 아이를 두면서부터는 어른으로서의 책임을 다하기 위해… 나의 인생도 그렇게 점철되었다.
'이제까지의 삶이 의무만 있는, 틀에 짜인, 수동적인 삶만 있었다면 이제부터는 나 자신의 삶, 내가 하고 싶은 일에 더 집중할 수 있게 된 것이다. ' - 책 중에서.

장정호 / ㈜듣는 대표이사

40대, 50대 구직자들을 상대하면서 안타까울 때가 한두 번이 아니었다. 역량으로나, 경험으로나, 열정으로나, 심지어 체력으로나 기업과 사회에 충분히 더 기여할 수 있는 인재들이, 그들의 시간을 구직 사이트를 기웃대는 데만 소비하고 있으니 말이다.
이치원 작가의 이 책은 늦었다. 더 일찍 나왔어야 했다. 2013년 말 다니던 직장을 그만두고 2014년 한 해를 통째로 날려버린 나에게는 특히 그렇다. 그때 이 책의 내용들을 알고 있었더라면 적어도 그 기간을 줄이거나 경제적인 고통을 줄였을 텐데 말이다.
본인의 경험을 바탕으로 같은 고민과 고통을 겪는 이들에게 조금이나마 도움이 되고자 하는 작가의 노력을 응원한다. 나한테는 늦었지만 많은 사람들에게 실질적인 길잡이가 될 수 있기 때문이다.

전병호 / 맨파워코리아 헤드헌팅본부 CRM Director

요즘 실직이라는 파도는 35세, 45세 그리고 55세 전후, 세 번은 밀려오는 것 같다. 그만큼 산업환경의 속성이 현재의 자리를 가만히 유지시켜 주지 않고 불확실하며 위협적이다. 본 서는 실직 파도에 휩쓸려 나가지 않고 다시 중심을 잡아 스스로의 인생을 멋지게 부활시킨 저자의 인생 후반 전략서이다. 어려움 가운데에 있으면서 말 못 했던 숨은 얘기들을 이렇게 남김없이 토해내고 있는 저자의 솔직함과 부지런함에 큰 박수를 보낸다. 분명 이 책은 파도에 떠밀려 다니는 이 시대의 슬픈 남성들에게는 희망과 용기의 메세지가 되리라 굳게 믿으며 일독을 권한다.

전상길 / 한양대학교 에리카 경영학부 교수

앞만 보고 달렸다. 그러다 이 책을 보며 문득 깨달았다. 우리 모두는 언젠가 현재의 일에서, 자리에서 내려갈 때가 올 거란 것을.
당연한 진리인데 잊기 쉬운 현실. 아니, 어쩌면 알고 있었지만, 마주하면 아프기에 애써 외면하며 살았는지도 모른다.
저자는 실직 후 아팠던 그 상처를 가감 없이 드러내고 있다. 소탈하고 솔직한 저자의 평소 성품이 그대로 드러난다. 그리고 그 상처를 극복하고, 인생 후반전을 다시 힘차게 출발한 자신의 경험을 함께 나누고 싶어 한다. 주말에는 잠깐 일을 놓고 이 책을 읽어야겠다.

정성수 / HS애드 대표

이 땅의 4050 직장인이라면 누구도 피할 수 없는 '실직'이라는 문제 앞에서 절망과 후회보다는 가슴 뛰는 희망을 심어주는 책이다.
인생의 반환점을 도는 시기에 좌절하기보다 함께 손잡고 헤쳐나가며 새롭게 시작할 수 있게 해주는 삶의 지침서 같은 책이다.

조은원 / (사)여성과 푸른나무 이사장

퇴직의 상실감을 느낀 지 딱 1년 지났다. 은행 지점장 생활을 오래 하면서 퇴직 대비책을 나름 많이 알고 있다고 생각했다. 아니었다. 막상 퇴직을 하고 보니, 피상적으로만 알았지 제대로 아는 건 거의 없었구나 하는 걸 느꼈다.
이 책의 저자는 퇴직 후의 삶, 길게는 제2의 인생을 어떻게 살아야 할지에 대해 세세하고 친절하게, 때론 심쿵하게 알려준다. 가장 뼈 때리는 말은 '퇴직 준비는 일찍부터 해야 한다'는 것이다. 그래서 어쩌면 이 책은 50대 퇴직자보다 3040 직장인 후배들에게 더 유용한 책이 아닌가 한다.

주광숙 / 전 하나은행 지점장

"여러분은 어떤 삶을 살고 싶습니까? ",
"현재의 직장과 일이 여러분의 인생에서 어떤 의미, 어떤 위치를 차지하고 있습니까? "
이 두 가지 질문을 스스로에게 당장 던져 보시기를 권합니다. 현재의 직장과 일이 삶의 목표를 달성시켜 주기도 하지만, 안타깝게도 드문 일입니다. 대부분의 중년 직장인은 본인 의사와는 달리 준비되지 않은 상태에서 퇴직하게 되고, 그 후 다시 삶의 기반을 준비하며 많은 시행착오를 겪게 됩니다.
이 책은 저자 본인의 솔직한 체험과 인생 후반전 준비에 필요한 실질적이고 전문적인 정보를 제공하고 있습니다. 일독하셔서 스스로의 삶을 전략적이고, 지혜롭게 준비하게 되시기를 간절히 기도합니다.

최동욱 / 매일유업 대표, 경기콘텐츠진흥원장 역임, 현재 열린경영연구소 대표

누구나 인생 2막의 두려움이 있다. 아이러니하게도 의술의 비약적인 발전은 죽음조차도 쉽지 않게 만드는 세상이다. 오래 살아야 하는 세상이다.
인생 2막을 맞이함에 있어 희망을 갖는 것이 쉬운 일이 아니다. 이 책은 오래 살아야 하는 위기의 인생에서 기회를 말하는 인생의 희망서이다. 저자는 단순히 자신의 체험담을 말하지 않는다. 위기를 기회로 바꿀 수 있는, 나아가 기회를 두 배로 만드는 방법을 얘기해 준다. 어찌 보면 저자 이치원은 거꾸로 인생의 위기를 가차없이 해고해 버린 듯하다.

최용주 / 서울과학종합대학원 부총장

저자와는 광고 회사의 한 팀에서 근무했었다. 모범생 같은 외모에 늘 겸손하고 남에게 양보하며 배려하는 태도로 인해서 함께 일하는 직원들은 물론, 광고주에게도 평판이 아주 좋았다. 이후 서로 가는 길은 달랐지만, 저자나 나나 모든 직장인들이 겪는 많은 부침이 있었다. 이직과 승진, 또 다른 이직과 승진, 그리고 결국, 퇴직 통보… 저자가 털어놓는 퇴직자의 황망함을 나도 온몸으로 겪었고 너무나 커다란 상처로 남았었기에 언젠가는 그 경험을 글로 남기고 싶다는 생각을 해 온 터라 이 책은 더 반갑고 고맙다.
퇴직의 상처를 아직 치유하지 못한 사람은 물론, 언젠가는 퇴직을 경험할 수밖에 없는 많은 직장인들에게 피가 되고 살이 되는 필독서가 되리라 믿어 의심치 않는다.

최준수 / 한국프로스포츠협회 사무총장

이 책은 인생의 후반을 새롭게 준비하는 사람들을 친절히 안내하는 지침서다. 40대나 50대에 직장을 잃은 실직자들은 그 아픔을 어떻게 받아들이고 감내해 나갈 것인가? 인생의 중간 지점에서 맞이한 위기 상황을 극복하는 실질적인 방안들은 무엇인가? 궁극적으로 남은 인생을 어떻게 살아갈 것인가?
저자는 50대 초반에 맞은 실직을 극복하고, 나아가 인생 후반을 새롭게 도전해왔다. 그 풍부한 경험을 바탕 삼아 노동과 직업, 돈과 인생의 문제에 대한 희망의 길을 제시하며, '나를 돌아보는' 주체로서 인생 후반의 당당한 삶을 강조하고 있다.

홍창수 / 고려대교수·극작가

나는 20대에 4년 남짓 다니던 대기업에 사표를 내고 나와 내 사업을 시작했다. 그로부터 35년이 넘었다. 나의 고민은 언제나 내 사업이 안돼서 망하면 어쩌나 하는 거였고, 안정적인 직장을 갖고 있는 친구들이 부러웠다.
그런데 내가 그리 부러워했던 친구들이 타의로 인생 제2막을 시작해야 했던 상황을 접하며, 내 인생을 복기해 본다. 누구나 인생의 처음과 끝이 똑같을 수는 없기에 한 번은 겪어야 하는 삶의 코페르니쿠스적 전회를 어떻게 마주해야 할까?
책을 읽으며 필자는 20대와 50대의 장점을 다 갖고 있다는 생각이 들었다. 마치 20대 젊은이처럼 절망적인 상황도 위트로 웃어넘기며 미래의 비전을 세워 도전적으로 삶을 살고, 50대 중년에 이를 때까지 쌓은 경험의 인프라를 활용하여 또박또박 제2의 인생을 잘 개척해 나가고 있으니 말이다.
인생 제2막을 시작하는 모든 독자들에게 희망을 잃지 않고 열정적으로 도전하길 응원한다. 모든 시련을 잘 이겨내고 인생 제2막을 성공적으로 만들어가는 필자의 열정과 노력에도 큰 찬사를 보낸다.

황규동 / 와이즈그룹 회장

남자 독립 선언서

중년 비자발적 실직 서바이벌 매뉴얼 25

초판 2쇄	2022년 10월 15일
저자	이치원
펴낸이	권우석
책임편집	정윤정, 신이룸
펴낸곳	도토리
주소	서울특별시 강서구 마곡서로 56 SB타워 3차 906호
전화	02-929-4547
팩스	02-929-4548
메일	dotorimedia@naver.com
블로그	blog.naver.com/dotorimedia
ISBN	**979-11-91733-04-4**

※ 값은 뒷표지에 있습니다.

남자 독립 선언서

이치원 지음

중년 비자발적 실직 서바이벌 매뉴얼 25

서문

순간 눈을 질끈 감았다. 하늘이 노래지더니 곧 깜깜해졌다. 온몸에 힘이 쭉 빠지고 그 자리에 버티고 서 있기도 힘들었다.

“이 상무와는 더 이상 함께 할 수 없을 것 같아”

해고통보였다. 52세에 맞닥뜨린 해고는 단지, 그 회사에서 일을 그만두는 것 이상의 의미가 있었다. 20여 년간 근로자로의 삶을 종식하고 은퇴를 강요당하는 선고였던 것이다.

잔인하게도, 그다음 날이 회사 송년회였고 난 예정대로 직원들 앞에 서서 노래를 불러야 했다. 마치 아무 일 없었다는 듯이… 아니, 오히려 더 오버를 했다. 무대에서 객석으로 내려와 좌석을 헤집고 탬버린을 두들겨가며 목청껏 노래를 불었다. 노래가 끝나자 직원들은 환호와 박수를 보냈으나 내 귀에는 들리지 않았다. 더 이상 함께 할 수 없다던 전날 사장님의 말씀만 귓가에 계속 웅웅거렸다. 그리고, 선글라스로 감춰진 내 눈에는 어느새 눈물이 맺혀 있었다.

나는 항상 밝고 활달하고 긍정적인 사람이라고 생각해 왔었다. 아니었다. 사회 생활 하면서 내 외피가 그렇게 만들어졌을 뿐이고, 그건 내 깊은 속을 미처 들여다보지 못한 진단이었다. 이후 업무 인수인계차 했던 한 달간의 출근도 안 하게 되자, 나는 무너지기 시작했다. 하루 종일 침대에만 드러누워 천장만 멀뚱멀뚱 보고 있었다. 무방비 상태에서 강펀치를 맞고 그로기가 되어버린 것이다. ‘내가 뭘 잘못했지? 경쟁사를 이기기 위해 사무실에서 지새워야 했던 그 많은 밤낮들은 다 어디로 갔지? 클라이언트로부터 굴욕적인 언사를 받아가면서도 버텼던 그 시간들은 왜 사라졌지’ 억울하기도 하고 화도 나서 밥을 먹을 수도, 잠을 제대로 잘 수도 없었다.

시작은 활화산 같았던 내 삶이 이제는 촛불처럼 사위어가는 모습을 맥 놓고 쳐다보고 있었다. 삶이 후회투성이로 변하며 절벽 끝에 서 있는 나를 보았다. 중학생 아들, 제대로 공부시킬 수나 있을까? 점차 치매가 의심되는 어머니, 어떻게 케어 하지? 종이박스 뜯어 누운 거리의 노숙자들이 머리에 떠올랐다. 어느 날, 침대에 누워있으면서 고개를 돌려 17층 높이에 있는 집 베란다로 눈이 갔다가 '아차' 하고 다시 정신을 차리기도 했다.

아침이 되면 가족들에게 걱정 끼치지 않으려고 일단 집을 나서야 했다. 어디로 가지? 양복 입고 산을 오를 수도 없고, 그래도 도심 어디에선가 머물러야 일자리도 생기지 않을까? 몇몇 취업정보사이트를 들어가 봤다. 딱히 나에게 맞는 자리를 찾기 어려웠다. 누굴 만나서 부탁해볼까? 근데, 누구를? 서로 부담감과 미안함만 안겨주게 되지 않을까? 사실 취업 부탁은 고사하고, 나의 실직 사실조차 알리고 싶지 않았다. 뭐 잘났다고... 외로웠다. 무인도에 홀로 버려진 느낌이었다. 어떻게 해야 할지 몰랐다.

그러던 중, 나의 실직 사실을 알게 된 업계의 한 선배로부터 문자 하나가 들어왔다.

"그거 흔한 일이다."

흔한 일! 그랬다. 실직은 흔한 일이었다. 게다가 난 50대이지 않은가? 50대에 회사를 나오는 건, 우리 선배들도 그랬고, 내 친구들도 그러고 있고, 우리 자식들도 그럴지 모르는, 너무도 당연한 사회 현상이었던 것이다. 그때까지 난 마치 세상에서 나 혼자만 실직을 한 것처럼 느끼고 있었다. 나만 이 세상과 떨어져 고립무원 무인도에 있는 줄 알았다. 그런데, 아니다. 우리나라에서 한 해 비자발적으로 실직하게 되는 사람이 150만 명이고, 그 중 50대만 해도 30만 명이나 된다. 나 혼자만 실직을 당한 것도 아니고, 나 혼자만 이렇게 고통받고 있는 게 아니었다. 이 땅에 사는 4050 직장인이라면 누구도 피할 수 없는 인생의 당연한 과정이었던 것이다.

침대를 박차고 일어났다. 이력서를 쓰기 시작했다. 페이스북에 실직 사실도 알리고 친구들과 만날 약속을 잡았다. 몇 군데 회사에 문을 두들기기도 하고 헤드헌터들에게 의뢰도 했다. 그러다가 생각이 들었다. '다들 어떻게 견디며 헤쳐 나가지?'

생각해 보면 그 전에 실직한 친구들 대부분 그냥 잠수를 탔다. 갑자기 단톡방에서 뜸해지거나 모임에 나오지 않으면 으레 그 이유가 실직이었던 것이다. 나도 그랬지만, 그들도 실직을 부끄러워했고 실직으로 인한 고통을 눈물 삼켜가며 혼자서 견뎌내고 있었던 것이다.

'그들은 소리내 울지 않는다' 딱 그랬다.

그들의 눈물을 닦아주고 싶었다. 아니, 정확하게는 울려면 엉엉 소리 내며 대성통곡하라고 말해주고 싶었다. 실직은 죄가 아니다. 부끄러운 일도 아니다. 화나고 억울하고 안타까운 일일뿐이다. 감추지 말고 숨지 말고, 함께 손잡고 헤쳐 나갈 방법을 찾아보자고 얘기해 주고 싶었다. 그게 이 책을 쓰게 된 동기다.

나도 겪은 그 두렵고 힘들었던 시간들을 간증하고자 한다. 그리고 지금 이 순간에도 해고통보를 받거나 권고사직을 강요당해 원치 않는 실직을 하게 되는 많은 사람들에게 위로가 되기를 원한다. 단순한 '넋두리나 분풀이'가 아니라 '정보와 대안'들을 제시하는 현실적인 가이드가 되었으면 한다. 실직이라는 무인도에 떨어진 분들께 퇴직금, 재취업, 연금 등으로 구성된 서바이벌 키트가 되어드릴 것이다. 좌절하지 않고 잘 헤쳐나가실 수 있게 말이다.

책 내용의 방향을 정하는데 있어 중요한 포인트가 하나 더 있다. 중년의 나이에 맞게 되는 실직은 20대나 30대 때의 실직과 근본적인 차이가 있다. 인생 전반전이 끝나고 후반전을 시작하기 전 터닝포인트에서 맞는 실직이란 점이다. 내 삶과 존재에 대한 생각이 깊어지는 때이다. 그렇다면, 단순히 중년 실직자들이 할 만하고 받아줄 만한 직업이나 직장을 알아보는 것만으로는 부족하다.

그동안 우리들은 가족, 주변의 시선, 사회가 정해 준 가치에만 반응하는 삶을 살아오지 않았던가? 앞으로도 그렇게 '내가 빠진 내 인생'을 살 것인가? 이제는 '아니다'라고 선언할 때가 온 것이다. 인생 후반전의 삶에 대한 기준이 진정 '나'에게 있어야 할 때가 된 것이다. 그래서 이제 '독립선언'을 하고자 한다. 이후의 내 삶은 '내가 기준이 되고, 내가 결정하며, 뚜벅뚜벅 내 두발로 걸어가겠노라'고 선언해야 한다는 것이다. 수입은 실망스러워도 가슴이 뛰는 직업, 생각만 해도 신나는 취미, 오롯이 나 자신만을 위해 쓸 수 있는 내 시간, 이 책을 통해 찾아보기를 권한다.

부족함이 많다. 정작 나 자신의 인생의 넓이와 깊이가 내 의욕을 따라가지 못하기 때문이다. 그래도 원고를 다 쓴 이 시점이 되니 주제넘은 기대가 생긴다. 지금 이 시간에도 실직으로 인해 불면의 밤을 보내고 있을 많은 중년 실직자들에게 이 책이 편안한 수면제가 되었으면 한다. 뭘 어떻게 해야 할지 모르겠다며 넋 놓고 있을 중년 실직자들에게 한 발을 딛게 할 디딤돌이 되었으면 한다. 자신을 책망하며 눈물을 삼키고 있을 중년 실직자들에게 '그까짓 거, 이 사람도 하는데 나라고 못할 게 뭐 있어'라고 마음먹게 할 자극제가 되기를 원한다.

실직의 어려움을 극복할 수 있게 해준 가장 큰 힘은 아들이다. 지금 이 순간에도, 나처럼 책상에 앉아 가슴 벅찬 미래를 위해 열심히 공부하고 꾸준히 준비하는 아들을 생각하면 나는 좌절할 수도, 포기할 수도 없다.

실직하고 도서관에 가 있던 첫날 아침에 소식을 듣고 한달음에 찾아와 어깨를 두들겨 준 친구 재원에게 다시 한번 고마운 마음을 전한다. 실직으로 고통받던 시기마다 부족한 나를 믿어 주시고 많은 도움을 주신 중앙대 조정식 교수님께 늦은 감사의 인사를 드린다. 내 인생에서 언제나 격려를 아끼지 않으시고 힘이 되어 주시는 김진영 형님께도 무한한 존경과 감사를 드린다. 어려움을 함께 나누고 항상 새로운 기회를 열어 주시는 다츠커뮤니케이션 서건 대표님, 듣는교과서 장정호 대표님, WithOn9 한상철 대표님, 적정마케팅연구소 김철환 소장님, 매일유업 정지아 전무님, 째깍악어 김희정 대표님, 통통건축사무소 김성일 대표님, 메이코리아 김형태 대표님께도 깊은 감사와 의리를 전하고 싶다.

갈 길을 잃고 혼란스러워하던 나를 인도하여 새로운 가르침으로 새로운 일을 할 수 있게 도와준 미래에셋금융서비스 선배님들께 존경과 감사의 말씀을 드린다. 부족한 나를 믿고 나에게 신뢰와 응원을 보내준 고객분들, 예전 직장 동료, 선후배님들께도 고마운 마음이 가득하다. 그리고, 언제 실직의 아픔이 있었던가 잊게 해주고, 인생 후반전을 재미있고 신나게 만들어준 고대 83 대학친구들에게도 한없는 사랑과 감사의 마음을 표한다.

실직했다고? 이제 가슴 뛰는 인생 독립의 순간이 왔다!

2021년 5월

이치원

- CONTENTS -

남자독립선언서

PART 2 재취업

PART 1

돈/건강/취미

1

- 실직 -

위기? 인생 독립의 기회입니다!

실직의 가장 큰 위협, 경제적 위기

대부분의 실직자들이 겪는 실직의 가장 큰 고통은 월급이 더 이상 안 들어온다는 것입니다. 월급 받아 샴푸도 사고, 차 기름도 넣고 공과금도 내고 대출이자도 갚고 조금씩 저금도 했는데 그 월급이 안 들어오면 현재의 생활은 어려워지고 미래의 계획도 틀어집니다.

아직 아이들이 중고등학생이라면 그 밑에 들어가야 할 돈이 좀 많은가요. 사교육비로 등골이 이미 많이 휘었지만, 남들 다하는데 나만 안 시키면 우리 애만 대학 못 들어갈 거 같습니다. 땡 빚을 내서라도 사교육 시켜야 할 판에 실직이라니. 애들 대학 들어가면 등록금은 어떡하지? 결혼을 시킬 수나 있을까? 걱정에 걱정이 꼬리를 뭅니다. 실직은 나만의 문제가 아니라 목 쭉 빼고 내 월급날만 기다려온 가족 전체의 문제가 됩니다. 가족의 기본적이고 일상적인 삶마저 위협받는 상황에 놓이게 되는 것입니다.

대기업에서 임원으로 나오면 '고문' 같은 애매한 타이틀을 주며 퇴직 후 2년 정도는 급여를 지급하기도 합니다. 그 전 급여의 50% 정도를 월급처럼 지급합니다. 명퇴라는 명목으로 퇴사하면서 2,3년 치 연봉 정도의 금액을 일시에 현금으로 받는 근로자들도 있습니다. 그런 경우에는 새로운 직장을 알아보거나 창업을 준비하며 궤도수정을 할 수 있는 시간적, 경제적 여유가 생깁니다. 하지만, 그건 일부이고 많은 실직자들에게 위로금은 그림의 떡이고 퇴직금은 생각보다 적습니다.

방법이 없습니다. 재취업이 빨리 안되면 저축한 돈 깨야 하고, 보험약관대출 받아야 하고 퇴직금에 손댈 수밖에 없습니다. 곶감 빼먹듯 돈을 빼 쓰게 되고 매달 줄어드는 통장잔고를 보면서 가슴 졸여야 합니다. 나중 생각하면 갑갑하지만 당장 먹고 살아야 하는데 뭔 재간이 있나요.

실직을 한 뒤 재취업을 알아보긴 하지만, 경기가 안 좋아 여의치 않거나 나이가 많아 뽑히지 않습니다. 이런 일들이 계속 반복되다 보면 무력감에 빠지고 구직활동을 포기하게 되면서 실직상태가 오래 가게 됩니다. 그러면 어느 순간, 앞으로 살아갈 노후에 대한 걱정까지 쓰나미처럼 밀려옵니다. 가끔 언론에 나오는 노후빈곤에 대한 기사를 보면 본인의 미래 같아 눈을 질끈 감게 됩니다. 50대의 실직은 다른 세대의 실직과 달리 장기실업으로 연결되고, 결국 영원한 실직 즉, 은퇴로 굳어질 수도 있습니다.

50대는 창업이나 투자를 하기도 쉽지 않은 나이입니다. 자칫 잘못하면 다시 회복하기 쉽지 않아 모든 게 주저되고 위축됩니다. 시작했다가 쫄딱 망해서 말년을 노숙자 신세로 보내는 최악의 시나리오가 머릿속을 맴돕니다. 엄청난 공포감이 엄습합니다.

실직으로 인한 경제적인 어려움이 심해지면 사람을 만나지도 못하게 됩니다. 만남에 들어가는 비용이 부담스러워 사람들을 회피하는 것입니다. 모임을 가게 되면 연회비도 내야하고 만날 때마다 당일 인당 회비도 내야 합니다. 어떤 모임에서는 선배로서 한 턱 내며 품위를 유지해야 하는데 실직하면 그런 게 모두 부담으로 느껴지기 시작합니다.

'나는 누구인가' 정체성의 위기

실직을 하게 되면 경제적인 위기뿐만 아니라 극도의 정신적인 충격과 함께 자기정체성에서도 위기가 옵니다.

"몸과 마음을 다 바쳐 일해 온 직장에 대한 배신감, 나를 퇴출로 내몬 직장 상사나 동료에 대한 분노, 사회적 지위와 대인관계를 하루아침에 잃어버린 데 대한 상실감, 지금까지의 인생에 대한 후회와 좌절감, 앞으로 어떻게 살 것인가에 대한 절망감, 어떻게 가족을 먹여 살릴 것인가에 대한 중압감, 어떻게 사람들을 대할 것인가에 대한 두려움…" ('제3의 인생-중년실직 시대의 인생법칙, 김창기 p53)

실직상태가 오래 지속되면 감정이 다운되고 위축되며, 자기 비하에 빠져 스스로를 고립시키고 은둔하게 됩니다. 내가 누구인지, 무엇을 위해 사는지 등 존재에 대한 근본적인 질문을 던지면서 깊은 회의에 빠집니다. 자존감은 바닥으로 추락하고, 극단적인 생각이나 강박적인 행동으로까지 진행되는 경우도 종종 있습니다. (여러분만 그런 거 아니니 안심하세요!)

실직은 사람 간의 관계에도 영향을 미칩니다. 누구나 이 나이 되면 밀려나는 게 당연하다 해도 실직사실을 남들한테 편하게 말하진 못합니다. 자신의 잘못으로 이런 결과가 빚어진 것처럼 비칠까 봐 이기도 하고, 자신의 능력이 미치지 못한다는 걸 인정하기 싫어서 이기도 합니다. 실직사실을 알리고 싶지 않으니 자연히 사람 만나기가 꺼려집니다. 지인이나 친구들 중에 그동안 온오프 모임에 잘 나오다가 갑자기 잠수타는 경우 십중팔구는 그 친구가 실직했기 때문입니다.

특히 50대 실직자들은 대개 실직 전에 지위가 높았거나 전문직에 종사했던 사람들이 많습니다. 실직으로 인해 급전직하 절벽에서 추락하게 되었기에 그만큼 지위나 명예를 잃는 상실감이 더욱 큽니다. 남은 인생에서 회복이나 역전에 대한 희망조차 보이지 않습니다. 인생이 끝난 것처럼 느낄 수밖에 없습니다.

설상가상, 중년의 위기까지

실직과는 별개로 50대는 내외적으로 많은 변화를 겪는 시기이기도 합니다. 그동안 건강하다고 자부했다 하더라도 그 나이가 되면 누구나 몸의 마디마디 소리가 나기 시작하고 구석구석 어딘가 탈이 나기 시작합니다. 뜻대로 몸이 움직여주지 않고 자주 피곤하거나 아픈 데가 많아지면서 행동반경도 좁아집니다. 몸이 그러니 마음도 같이 쪼그라듭니다. 매사에 자신감도 사라지고, 활력이 없어지고 만사 귀찮아집니다. 마음이 그러면 움직임도 덜해지고 몸은 더 쇠약해집니다. 악순환입니다. 여성들이 갱년기를 맞아 안면홍조, 두통, 현기증, 이명, 불면 등 육체적, 심리적인 장애를 겪게 되는 시기이기도 합니다.

저는 40대 중반에 첫 실직을 당해봤습니다. 그때는 견딜만했습니다. 그래도 그때만 해도 여전히 젊고, 자신만만했고 조금만 노력하면 재취업할 수 있다고 봤기 때문입니다. 실지로 재취업이 그렇게 어렵진 않았습니다. 하지만 52세 때 한 실직은 그전 실직과는 그 충격이 비교도 안 될 정도로 훨씬 컸습니다. 더 이상 일을 갖는 게 불가능하다고 생각됐습니다. 완전한 은퇴가 될 것 같았습니다. 이 실직으로 저는 마치 하루아침에 아무 쓸모도 없고 아무런 힘도 없는 늙고 병든 노인이 되어 버릴 것 같은 두려움에 휩싸였습니다.

캐나다의 정신분석가 엘리엇 자크는 "중년의 위기"라는 말을 창안하며, 중년의 시기가 기점이 되어 젊음은 사라지고 죽음을 향해 내려가기 시작한다고 보았습니다. 그런 비관적이고 부정적인 상황에서 중년이 된 사람들은 절망에 빠지고, 우울해지고 때론 발악이라도 하듯 무모한 행동을 하기도 한다는 것입니다.

52세에 실직할 때 딱 그랬습니다. 이 세상에서 내가 사라져버릴 것 같은 기분을 느꼈습니다. 아마도 실직의 현실이 내면 깊숙이 잠들어 있던 죽음의 공포를 건드렸던 것 같습니다. 실직이 중년이라는 인생의 시기와 맞물리면, 내 앞에 죽음이 놓여있다는 사실을 새삼 깨달으며 그 공포감이 훨씬 더 증폭되는 것입니다.

또한 중년에는 가족들의 신상변화가 잦고, 그로 인해 심리적인 동요와 상실감으로 힘들어지는 때이기도 합니다. 고령의 부모들이 죽음을 맞이하거나 병으로 요양원에 들어가게 됩니다. 자녀들이 성장하면서 이제 부모와 함께 하는 시간이 아예 없어집니다. 결혼으로 완전히 부모에게서 독립하기도 합니다. 자식의 분리독립은 지지해 주고 축복해야 할 일이지만, 뭔가 가슴 한 켠이 휑해지는 느낌은 어쩔 수 없습니다.

이렇게 중년의 변화로 몸과 마음이 힘들어지는 와중에 겪게 되는 실직은, 이미 폭격을 받아 무너져가는 인생에 다시 핵폭발급 충격을 가하는 것입니다.

가정도 위기에 직면할 수도

실직을 하게 되면 남편은 집에 머무르게 됩니다. 가끔 일자리 알아보러 외출도 하고 뒷산에 산책도 가겠지만, 오라는 데 없고 마땅히 갈 곳

없으니 집안에 있는 시간이 많아집니다. 아내 입장에서는 남편의 집안 체류가 마땅찮습니다. 직장 다닐 때 술 한잔한다고 맨날 늦고 주말마다 골프 치러 다니느라 새벽같이 집을 나가던 남편이 이제 거실에 버티고 앉아 TV만 보고 있는 게 영 눈에 거슬립니다.

남편 회사 다닐 땐 이 시각이면 설거지 끝내 놓고 동네 친구들 불러 커피 마시며 수다 떨곤 했는데 그것도 여의치 않습니다. 일주일에 한 두 번씩 피트니스 센터에 가서 운동도 하고 브런치 먹으러 다니기도 했는데 이젠 집에 있는 남편이 신경 쓰입니다. 처음엔 쿨하게 다녀오라고 단박에 답해 놓고, 곧이어 어디 가냐, 언제 오냐 질문들이 따라붙습니다. 아내 입장에선 일일이 답하는 거 자체가 스트레스입니다. 남편 세끼 밥 차려 주느라 하루 온종일 집에 붙어 있을 순 없습니다. 아내도 약속이 있고 외출도 해야 하고 바깥 일도 봐야 합니다.

생활의 많은 부분이 지역 사회에서 이루어지며 활발히 활동하던 아내와 달리 남편은 그저 회사만 다녔지 이웃과는 일절 왕래도 없었습니다. 골프 말고는 딱히 다른 취미도 없는데 이제 자기 돈 내고 골프 치러 다니는 게 아까워 잘 나가지도 않습니다. 다른 취미 없으니 집에서 넷플릭스 영화 보는 거 말고는 딱히 할 것도 없습니다.

하루 종일 집에만 있게 되니 남편은 아내의 행동이나 씀씀이에 이런저런 간섭을 하게 됩니다. 그렇잖아도 실직한 지금의 자기 상황이 너무 분하고 TV만 쳐다보고 있는 자신이 한심해서 화가 나 있는 상황인데 아내의 잦은 외출에 또 화가 나 버럭 소리를 지릅니다.

자식들은 또 어떤가요? 요즘 취직하기가 얼마나 힘든데, 취업준비는 고사하고 학과 공부도 안 하는 눈치입니다. 아침에는 왜 그렇게 늦게 일어나는 건지… 아니, 지금 술 마시고 돌아다닐 땐 가? 한마디 하면 "제가 알아서 한다고요!" 대꾸하고는 휙 하니 자기 방에 들어가 문을 쾅 닫

아버립니다. 자식 키워봤자 아무 소용 없다던데 진작에 그 말 듣고 기대나 말 것을. 난 이제껏 뭐 하며 살았지? 돈 버는 기계였나? 회환과 슬픔이 밀려옵니다. 실직해서 힘든 거 알아달라 기대도 않지만, 적어도 나를 무시하지는 말아야 할 것 아닌가? 가슴이 아프고 힘듭니다.

50대의 실직은 단순히 회사를 나와서 다른 일자리를 알아보는 상황만을 지칭하진 않습니다. 인생 후반전이 시작되는 시점에서 마주하게 되는 여러 가지 위기와 맞물리면서 가공할 만한 파괴력을 가진 복합적인 사건입니다. 이 실직을 잘 대응하느냐 하지 못하느냐에 따라 남은 인생 전체가 결정 납니다. 그래도 인생 후반이 살만하고 행복할지, 아니면 후회와 고통 속에서 안타까워하며 보내게 될 지가 정해지는 중대한 기로인 것입니다.

지금은 수명이 100세인 호모 헌드레드 시대라고 합니다. 아니 시간이 지날수록 평균수명은 점차 길어지고 있으니 자칫하면 120세까지 살아야 할지 모릅니다. 이런 시대에 이제 겨우 반 왔는데 앞으로 남은 반이 이런 위기와 고통으로만 점철될 게 빤하다면 삶이란 게 얼마나 힘들겠습니까?

장려상 수상작
위기의 중년들 '50대를 위협하는 5대 빅 리스크'

2

- 인생 후반전 -

하프타임! 한바탕 울고 시~작!

한바탕 울고 시작하자

울고 싶을 땐 우세요. 한국 남자들, 자신의 감정을 너무 꽉꽉 싸매 둔 채 겉으로 드러내지 않습니다. 실직하고 나면 눈물이 많이 납니다. 해고 당한 게 너무 억울해서 울 수도 있고 이제껏 뭐했나 싶어 내가 한심해서 눈물이 나기도 합니다. 그동안 뼈빠지게 노력했는데도 이런 상황이 된 내 자신이 너무 불쌍해서 울기도 하고 나만 쳐다보고 있는 아내, 자식들 생각에 울컥 북받칠 수도 있습니다. 한 치 앞을 내다볼 수 없는 미래가 불안하고 무서워서 눈물이 날 수도 있습니다. 남자들은 나이가 들수록 여성호르몬이 많아져서 드라마만 봐도 눈물이 난다고들 하는데, 이렇든 저렇든 울고 싶을 땐 우세요. 웃고 싶을 때 웃듯이. 감정을 그때그때 표출하거나 풀지 않으면 화가 되고 병이 납니다. 지금 당장 방문 걸어 잠그고 펑펑 우세요!

쿨하게 빨리 받아들이자

한바탕 우셨습니까? 그럼 그 다음 순순히 실직을 받아들이세요. 물론 그 회사의 해고통보가 부당한 것인지 따져보고 그걸 받아들이지 않고 버티겠다, 싸우겠다면 그렇게 하는 게 우선일 것이고요. (해고가 정당한지에 대한 판단, 퇴직과 해고의 종류에 대해서는 3장 '회사, 나올 것인가, 버틸 것인가 - 권고사직' 참고) 그렇지 않고 회사의 해고통보나 권고사직을 수용했다면 실직을 마음으로 빨리 받아들이라는 겁니다.

대부분의 실직은 외압에 의해 만들어진 어처구니없는 현실이지만, 그 현실을 바로 깨닫고 받아들여야 합니다. 실직을 하고도 한참 동안 실직한 사실을 여전히 못 믿겠다며 줄곧 회사를 원망하고 상황을 비탄해하며 지내시는지도 모르겠습니다. 하지만 이미 엎질러진 물입니다. 바뀔 건 하나도 없습니다. 원망해봤자 소용없습니다. 자기 연민에 빠지지 마세요. 누가 알아주지도 않습니다. 잠깐 안타까워해 줄 수 있을지 모르나 그게 끝입니다. 아무런 도움이 안 됩니다. 가능한 빨리 훌훌 털어 버리세요. 당신이 컨트롤할 수 없는 상황에 대해 불평하느라 당신 인생을 낭비할 것입니까? 차라리 여기까지 오느라 수고 많았다고 자신을 토닥거려주세요.

회사가 나의 인생을 책임져 주고 평생직장으로 남아있으리라고 생각했던 때도 있었습니다. IMF 이전의 이야기입니다. IMF는 회사에 대한 그런 허상을 확실하게 깨 주었습니다. 지금의 4050세대는 당시 IMF를 겪으면서 회사라는 조직의 쓴맛을 보지 않았던가요? '또 하나의 가족'인 것처럼 얘기하지만, 어려울 땐 서슴없이 칼을 그 '가족'에게 들이대는 조직의 냉혹함을 뼈저리게 느끼지 않았던가요?

금요일까지 아무 이야기 없다가 월요일 아침에 책상 위에 권고사직

대상자임을 통보하는 봉투가 놓여있던 살벌한 시절이었습니다. 회사 이름을 외치며 “위하여!” 잔을 부딪치던 그 많은 시간들이 다 물거품처럼 사라졌습니다. 서로가 서로를 경계의 눈빛으로 바라보며 나대신 나가줬으면 하는 참담하고 비루한 마음을 먹게 했던 안타깝고 부끄러운 시간들.

IMF 이후로 제 마음속에는 평생직장이란 개념이 사라졌고 ‘나도 언젠간 저 동료들처럼 원치 않는 실직을 하게 되겠구나’ 하는 생각을 항상 마음 한 켠에 품고 살았습니다. 그러면서 밤새워 일하던 것도 줄게 되고 휴일에 나와서 일하는 횟수도 현격히 줄어들었습니다.

실직자란 사실이 부끄러운가요? 그래서 가족에게도 이야기 못 하고, 친구도 못 만나고 산에만 다닐 건가요? 자신이 실직자란 사실을 빨리 인정하지 않으면 한 발자국도 못 나갑니다. 술에 의존하여 아픈 현실을 잊으려는 건 더욱 안 됩니다. 술을 마시는 당시는 현실을 잠깐 잊게 되겠지만, 술이 깼을 때는 상황이 하나도 바뀌지 않았음을 깨닫고 더 큰 실망과 우울에 빠지게 됩니다. 50대가 되면 술에 대해서는 프로들이지 않나요? 술을 잘 다루어야 합니다.

김연아가 그랬습니다. “프로는 변명하지 않는다. 결과에 깨끗이 승복하는 거다. 그래야 다음 경기를 대비할 수 있다.” 실직을 빨리 받아들이고 실직자란 사실을 쿨하게 인정합시다.

실직은 누구나 겪게 되어 있다

50대의 실직은 비단 나 혼자만 겪는 개인적인 문제가 아닙니다. 숱하게 많은 50대들이 겪어왔습니다. 앞으로도 50대들은 계속 겪게 될 일입니다. 어찌 보면 ‘문제’라기 보다 당연한 ‘과정’인 것입니다. 삶은 죽음을 전제하고 만남은 이별을 품고 있습니다. 직업을 가졌다면 언젠가는 직업을 놓아야 하는 것이 당연한 이치입니다. 내가 원하는 시점에 나가서 뭘 할지 준비된 상황에서 회사를 나왔으면 좋았을 것입니다. 안타깝게도 대부분의 50대는 이유가 없이도, 준비가 없이도 회사를 나오게 됩니다. 내가 잘못해서, 능력이 없어서라기보다는 단지 나이가 많다는 이유로 밀려난 것입니다. 낡은 잎이 떨어져 줘야 새순이 올라올 수 있습니다. 회사도 사회도 오랜 것은 새것과 교체되게 되어 있습니다. 어차피 평생직장이 돼 줄 거란 믿음을 버린 지 오래지 않습니까? 뭘 기대하고 의존하려 하십니까?

물론 지금 난 늙지도 않고 쌩쌩하다고 반발할 수 있습니다. 그렇다면 그 쌩쌩한 에너지로 다음 단계를 준비하세요. 지나간 버스에 집착하지 마시죠. 50대에 맞은 실직으로 하늘이 무너지고 인생이 바로 종칠 것 같지만, 그렇게 쉽게 무너질 만큼 삶은 무르지 않고 인생은 당신이 짐작하는 것보다 훨씬 더 깁니다. 고령사회입니다. 인생이라는 마라톤 레이스에서 가야 할 거리가 점점 더 길어지고 있습니다. 이제 반환점 돌고 있는데, 돌부리에 걸려 넘어졌다고 주저앉은 채 계속 돌부리만 노려보고 있을 순 없지 않습니까? 이제 기껏 반환점 와서 넘어진 거 가지고 내가 완주할 기회를 놓쳤다고 판단하여 레이스를 포기할 건가요? 인생사 새옹지마, 야구는 9회 말 투스트라이크 쓰리볼에서도 뒤집어질 수 있습니다. 게다가 이제 5회 초입니다. 역전의 기회는 많이 남아 있습니다. 끝나야 끝난 겁니다. 일희일비하지 말고 꿋꿋이 무소의 뿔처럼 혼자서 걸어가시죠.

인생 후반전을 준비하는 하프타임

밀려서든, 원치 않았든 실직은 했고 아직 인생은 온 만큼이나 남아 있습니다. 지금의 실직을 은퇴로 만들 순 없으니 다시 돈 벌 궁리를 해

봅시다. 그런데 50대의 실직에 대한 대응은 재취업을 모색하는 것만으론 부족합니다. 20대, 30대의 실직과 다르게 50대는 시점적인 특수성이 있습니다. 바로, 인생 후반전을 시작하는 순간이란 겁니다. 그리고 실직으로 맞게 된 지금 시간은 인생 전반전과 후반전 사이의 하프타임인 것입니다. 물도 마시고 휴식을 취하며 숨 고르기하고 인생 후반전의 작전을 짜야 하는 인생의 하프타임인 것입니다.

벤치에 들어오자마자 물 한잔 마셨다고 코트로 다시 뛰어나갈 게 아니라, 먼저 인생 전반전 경기를 돌아보고 후반전에 투입할 선수와 뺄 선수를 결정해야 합니다. 난 그동안 내 인생에서 뭘 잘 해왔고 뭘 잘못한 걸까?

제가 40대 중반에 처음 실직을 했을 때는 분석결과, 그전의 삶에서 '술'이란 선수를 너무 전방에 내세웠단 생각이 들었습니다. 술 때문에 많은 돈과, 시간과 감정을 허비했다는 걸 깨달았습니다. '그래, 인생 후반전에서는 술을 뒤로 빼자.' 작전을 변경했습니다. 그 이후로 술 때문에 정신을 잃거나, 시비가 붙거나, 카드를 돌려 막기 하거나 몸이 힘들어 다음날 출근 못하게 되는 상황들은 없어졌습니다.

실직을 했다면 자신의 전반전 경기에 대해 분석하고 궤도수정해서 후반전을 임할 좋은 기회가 온 것입니다. 물론 걱정이 많을 것입니다. 하지만 걱정은 대부분 일어나지 않은 일에 대해서 하는 걱정이며 걱정한다고 바뀔 게 하나도 없는 쓸데없는 걱정입니다. 걱정한다고 해결된다면 맨날 걱정만 하고 있겠죠.

50대 실직자들이 걱정이 많은 건 그들이 이때까지 삶을 너무 진지하게만 살아왔고 너무 잘 하려고만 해왔던 완벽주의자들이기 때문입니다. 인정받는 일꾼, 자기관리 철저한 직장인, 연봉 많이 받는 능력자, 배려심 깊은 상사, 본받을 점 많은 선배, 책임감 있고 의리 있는 친구, 가정적이고 자상한 남편, 용돈 많이 주는 아빠, 화목한 가정의 가장, 효심 깊은 아들…

자신을 수식했던 이 모든 단어들은 자신이 번듯한 직장에 다니면서 인정받고 승승장구하고 있었기에 붙여지던 것들이었습니다. 그런데 이제 실직으로 인해 이 수식어들이 다 빠져 버릴 것 같으니 그 걱정에 불안하고 힘든 것입니다.

그런데 좀 이상하지 않습니까? 그동안 당신이 갖고자 했던 당신에 대한 수식어들은 남들이 나를 이렇게 바라봐 줬으면 하는 것들로만 되어 있습니다. 가족이, 직장동료가, 친구가… 전부 나 이외의 사람들이 그들과의 관계 속에서 나를 어떤 사람으로 인식해주기를 바라는 겉모습들인 것입니다. '진짜 나'는? '나'는 어디 갔습니까? 나란 존재는 무엇인가요? 떨어지는 잎새에도 가슴이 떨려오는 감성을 지닌, 뮤지컬과 연극을 미치도록 좋아하는, 나무를 깎아 뭔가를 만드는 걸 잘하는 당신의 진짜 정체성 말입니다.

이제 독립할 때다

인생에서 심리적으로 크게 불안하고 방황하는 두 번의 시기가 있는데 사춘기와 사추기입니다. 사춘기는 10대가 가족의 울타리 안에만 있다가 세상으로 나가면서 겪게 되는 질풍노도의 시기이고 사추기는 중년이 삶의 변곡점에서 맞게 되는 혼란과 위기의 시기입니다. 두 시기 모두 '나는 누구이며 왜 사는 것인가'라며 자신의 정체성에 대해 강하게 따져보게 되는 시기인 것입니다.

50대에는 자식들이 독립해서 나가고 부모가 세상을 떠납니다. 실직을 하고 한 해 한 해 나이 먹는 걸 절실하게 느끼는 시기이기도 합니다. 자연히 주변 사람들보다 자신을 돌아볼 기회가 많아집니다. 회사를 위해, 가족을 위해 살아왔던 과거의 자기정체성에서 벗어나 이제부터 '내 인생의 주인공은 나'라는 기준과 함께 자신을 위해 살고 싶다는 생각이 강하게 듭니다. '나는 어떤 사람인가? 내가 진정으로 원하는 삶은 무엇인가? 내가 정말 좋아하고 잘 할 수 있는 일은 무엇일까?'

오랫동안 입었지만 이제는 몸에 맞지 않는 거추장스러운 갑옷을 벗어버리고 원래의 나 자신으로 돌아올 수 있는 중요한 터닝포인트입니다. 그래서 더 솔직하고 자연스럽게, 나답게 살아갈 수 있는 좋은 기회가 온 것입니다. 이제까지의 삶이 의무만 있는, 틀에 짜인 수동적인 삶만 있었다면 이제부터는 나 자신의 삶, 내가 하고 싶은 일에 더 집중할 수 있게 된 것입니다. 독립의 순간이 온 것입니다.

울고 싶은데 뺨 맞는 격이라고, 새로 인생 후반전을 고민하고 정체성을 확립해야 할 시점에 딱 실직을 한 것뿐입니다.

서울대 사회학과 송호근 교수는 50대의 실직을 "더 절망적인 노년에 진입하기 전에 맞는 예방접종 같은 거"라고 규정했습니다.

"엄습하는 허무는, 그간의 정체성을 부숴버리는 괴물로 다가오지만, 다른 한편 새로운 정체성을 구축하라는 긍정적 신호이기도 하다. 지금보다 훨씬 가혹한 혼란을 겪을 노년을 앞두고 청년시절을 버텨온 힘인 정체성을 새롭게 하라는 시그널이기도 하다." (그들은 소리 내 울지 않는다, 송호근, p82)

오히려 잘됐습니다.

남들보다 이른 나이에 실직을 했다면, 남들보다 더 짧게 방황을 끝내고 남들보다 먼저 인생의 다음 단계를 시작할 절호의 기회를 잡은 것입니다. 이제부터 우리가 어떻게 살아가느냐에 따라 인생 전반전과 달리 멋진 인생 후반전이 열릴 것입니다.

처칠이 말했습니다. "생계는 우리가 '얻는 것'으로 꾸리지만, 정작 인생은 우리가 '주는 것'으로 이루어진다."고. 단편적으로 재취업에만 생각이 머물지 말고, 좀 더 넓고 길게 앞으로 나 자신을 찾기 위해 어떻게 살 것인가를 생각하시죠. 그래야 인생 후반전은 달라집니다.

아직 전성기도 안 왔다! 50대의 경쟁력은 이거!

3

- 권고사직 -

회사, 나올 것인가? 버틸 것인가?

사례) 어느 날 회사에서 인사부 부장이 날 보자고 하더니 사장님의 뜻이라고 사직서를 쓰라고 한다. 한 달 전 내 부하직원이 재고 상황을 잘못 체크하는 바람에 회사가 5천만 원 가까운 손해를 입은 사건이 있었는데, 거기에 대한 관리 책임을 물어 그 직원의 직속상관인 날 보고 나가라는 것이다. 그러나 나는 안다. 사실은 몇 달 전부터 사장님이 나를 계속 못마땅해 하시더니 결국 이번 건을 핑계로 날 내 쫓으려는 걸…

자, 이 사례처럼 여러분이 회사로부터 권고사직을 요구받았다면, 그냥 예하고 나와야 하나요? 아니면 못 나가겠다고 버틸 수 있는 건가요?

회사로부터 나가 달라는 요구를 받았을 때, 우선 이 상황이 해고인지 퇴직인지 따져보세요. 그래야 회사의 요구를 수용할지 대항할지, 위로금을 요구할 것인지 등 자신의 향후 행보에 대해 결정을 할 수 있기 때문입니다.

회사를 그만두고 나오게 되는 경우는 크게 세가지가 있습니다. 퇴직과 해고와 자동 소멸입니다.

퇴직과 해고의 종류

퇴직	사직, 합의해지(의원면직, 권고사직), 명예퇴직
해고	통상해고, 징계해고, 정리해고
자동소멸	계약기간 만료, 근로자나 사용자의 사망 회사의 소멸

퇴직은 (형식상) 자발적

퇴직에는 사직, 합의해지, 명예퇴직이 있고 해고에는 통상해고, 징계해고, 정리해고가 있습니다. 퇴직은 형식상 제 발로 걸어 나오는 경우이고 해고는 회사에서 나가라고 해서 나오게 되는 경우입니다. 자동소멸은 계약기간이 만료되거나 정년, 근로자가 사망하거나 회사가 소멸되는 경우에 해당합니다.

먼저, 사직을 알아보겠습니다. 사직은 근로자가 일방적으로 의사표시(사표제출)를 하고 회사에 출근하지 않는 경우입니다. 사용자가 사표를 제출받은 날로부터 1개월이 경과하면, 사용자가 수락하든 하지 않든 해당 근로계약은 해지가 됩니다. 당초, 고용기간의 약정이 없었다면 근로자는 자신의 일방적인 의사로 사직할 수 있는 것입니다.

반면, 합의해지는 근로자가 사표를 제출해서 회사를 그만두겠다는 의사를 밝히고, 이에 대해 사용자가 승낙함으로써 해당 근로관계가 종료되는 경우를 말합니다. 합의해지의 대표적인 예는, 근로자가 자의에 따라 사표를 낸 뒤에 사용자가 이를 수리하여 퇴직하는 '의원면직'과, 사용자가 근로자에게 퇴직할 것을 권유하고 근로자가 이를 받아들여 자유의사로 사표를 제출하여 퇴직하는 '권고사직'이 있습니다.

명예퇴직은 정년연령에 도달하지 않은 근로자들에게 규정상의 퇴직금 외에 위로금 등의 형태로 금전적 보상을 제안하고 이를 받아들인 근로자가 사직의 형태로 근로계약관계를 종료시키는 제도입니다. 명예퇴직은 합의에 의한 근로계약의 해지라는 측면에서 해고와 구별되며, 근로자의 사정보다는 회사의 사정에 의해 벌어지는 상황이라는 측면에서 일반적인 사직과도 다릅니다.

명예퇴직은 일반적으로 회사의 재무구조를 개선하거나 조직의 신진대사를 촉진하기 위해 진행됩니다. 명예퇴직은 근로자가 신청하면 사용자가 요건을 심사한 후 이를 승인함으로써 근로관계를 종식시키는 것인데, 부당한 사유로 선별해서는 안 되고 근속연수나 연령 등 일정한 기준에 부합되면 모두 신청을 받아들여야 합니다.

우리나라에서는 1990년대에 와서 기업들이 불황극복을 위한 자구책으로 명예퇴직을 도입해왔습니다. 경기부진에 따른 인원 감축의 수단으로 시행하여 왔던 것입니다. 그래서 겉으로는 자발성을 띠지만, 사실상 강제적인 분위기로 몰면서 정리해고 형태로 진행되는 경우도 많았습니다. 처음에는 대기업에서 주로 시작되었다가 이후로 중소기업으로 확산되었고 은행, 공무원, 학교까지 제도가 도입되었습니다. 정년이 보장되는 공무원이나 교사집단에서 명퇴를 신청하는 이유는 일을 그만두고 싶거나, 목돈이 필요하거나 정년 후 연금수령액이 오히려 줄까 봐 걱정하는 등의 개인적, 자발적 의사에 의한 경우가 많았습니다.

해고는 비자발적

해고는 근로자의 의사와 무관하게 사용자가 일방적으로 근로관계를 종료시키는 것을 말합니다. 근로기준법에서는 해고의 유형을 특별히 구분하고 있지는 않지만, 통상적으로 해고의 사유가 근로자에게 있느냐 아니면 사용자에게 있느냐에 따라 '일반적인 해고'와 '경영상 이유에 의한 해고'로 나누어 볼 수 있습니다. 통상해고와 징계해고가 일반적인 해고에 해당합니다. 통상해고는 '근로자가 근로계약상의 근로제공 의무를 이행하지 못함'을 이유로 근로자를 해고하는 것을 말합니다. 예를 들면, 근로자가 질병, 부상 또는 구속, 징역 등의 법적 판결을 받아 노무제공을 이행하지 못하게 됨에 따라 해고를 하는 경우가 이에 해당합니다. (직원수를 줄이기 위한 것이 아닌) 업무 효율화를 위한 직제개편에 따른 전보, 전적 등을 권유했으나 이를 거절하는 경우의 해고도 통상해고입니다.

징계해고는 사용자의 일방적인 의사표시로서 근로자와의 관계를 소멸시키는, 징계조치의 일환입니다. 징계해고는 징계처분으로서는 가장 무거운 기업 밖으로의 추방이라는 극단적인 처분이므로 '사회 통념상 해고를 할 만한 충분한 이유'가 있어야 합니다. 다른 종류의 징계로는 미흡하고, 그 근로자와 근로관계를 계속하는 경우 직장질서를 유지할 수 없고 기업 밖으로 추방하는 것 외에는 마땅한 방법이 없다고 인정될 정도로 근로자의 상당한 귀책사유가 있어야 한다는 것입니다.

정리해고란 사용자가 긴박한 경영상의 이유를 들어 근로기준법에서 정한 요건과 절차에 따라 근로자를 해고하는 것을 말합니다. 정리해고제도는 근로자의 생존권을 위협하는 극단적 고용조정의 수단이란 점에서 남용되지 않도록 엄격하게 제한하고 있습니다. 근로기준법에 따르면 정리해고의 요건은 ① 긴박한 경영상의 필요 ② 해고를 회피하기 위한 노력 ③ 공정한 해고기준의 설정과 대상자 선정 ④ 근로자대표와의 성실한 협의 ⑤ 집단해고에서 고용노동부장관에의 신고 및 ⑥ 우선재고용과 정부의 책무 등을 정하고 있습니다. (*근로기준법 제 24조) 사업장에 과반수로 조직된 노조가 있는 경우에는 그 노조와, 노조가 없는 경우에는 근로자 과반수를 대표하는 자와 해고를 하려는 날의 50일 전까지 통보하고 성실 협의할 것을 법적으로 강제하고 있기도 합니다.

자동소멸은 근로자와 사용자의 특별한 의사표시 없이 근로관계가 당연히 종료되는 사유에 의한 당연퇴직을 일컫습니다. 이러한 사유로는 근로자의 사망, 정년의 도래, 계약기간의 만료 등과 같이 객관적으로 명확한 퇴직사유가 발생한 경우에 해당합니다.

자, 여러분의 경우는 어디에 해당하나요? 100% 자발적 의사에 의해 퇴직하고 회사에서 수용되는 경우는 논란이 없겠지만, 대부분 문제가 발생하는 것은 본인의 퇴직 의사와 무관하게 본인이 수긍하기 어려운 이유를 들어 해고가 행해지는 경우입니다. 그러면서 권고사직이나 명퇴의 형식을 취하는 게 일반적입니다. 위 사례도 거기에 해당한다고 볼 수 있습니다.

요건이 충족되어야 해고할 수 있다

사업장의 상시 근로자 수가 5인 이상인 경우 사용자는 정당한 이유 없이 근로자를 해고할 수 없습니다. 그리고 사용자가 근로자를 해고하고자 할 때는 법에서 정해진 일정한 절차를 거쳐야 합니다.

우선, 사용자는 해고사유와 해고시기를 근로자에게 반드시 서면으로 통지하여야 합니다. 해고 시기는 해고의 효력을 발생시키고자 하는 시기로서 구체적인 날짜로 서면에 기재되어야 하며, 기재되어 있지 않거나 구체적이지 못하면 해고의 효력이 인정되지 않습니다.

해고가 정당한 이유가 없거나 해고 절차를 위반한 경우에는 근로자는 노동위원회에 부당해고 구제신청을 할 수 있습니다. 단, 구제신청은 상시 5명 이상의 근로자를 사용하는 사업장의 근로자만 가능하며 해고일로부터 3개월 이내에 가능합니다. 사직서, 권고사직서, 희망퇴직 합의서 등을 작성하게 되면 해고에 대한 구제를 받기가 어려우므로(해고가 아니라 퇴직이 되기 때문입니다.) 해고를 수용하지 않는다면, 이런 문서들을 절대로 작성해선 안됩니다.

부당해고 구제신청은 원직 복직 또는 금전 보상을 목적으로 신청할 수 있으며, 원직 복직의 경우 해고일부터 복직일까지의 임금상당액, 금전보상의 경우 해고일로부터 판정일까지의 임금상당액을 놓고 다투게 됩니다. 보통 신청일로부터 60일 이내에 판정이 내려지므로 60일 내외의 금품을 예상할 수 있습니다.

해고가 부당하다고 생각될 때, 근로자가 구제신청 다음으로 할 수 있는 조치는 부당해고소송입니다. 보통 부당해고에 대한 소송은 부당해고구제신청이 반려된 후 진행할 수 있는 행정소송과 바로 직접적으로 진행할 수 있는 해고무효확인소송으로 나뉩니다. 전자는 먼저 부당해고 구제신청을 거쳐야만 하지만 후자보다는 좀 더 빠르게 진행되며, 후자는 따로 해고구제신청을 먼저 해야 할 필요는 없으나 일반 소송과 마찬가지로 긴 시간이 걸릴 수도 있습니다.

'임원'의 권고사직은 정당한가?

제가 원치 않는 두 번의 실직을 할 당시 저의 직위는 이사와 상무였습니다. 회사에서는 "나와 회사가 서로 궁합이 맞지 않는다"며 사직을 권고 내지는 종용했습니다. 그리고 덧붙여 제가 "임원이기 때문에 즉시 고용관계를 종료할 수 있다"는 암시를 계속했습니다. 임원은 그렇게 해고가 용이한 거니 당연하게 받아들이라는 의미였습니다. 시쳇말로 "임원은 임시직원의 준말"이라더니 그 말이 실감되었죠. 그런데 정말 회사에서 임원은 그렇게 쉽게 고용관계를 종료시킬 수 있는 것일까요? 50대에 중소기업에서 재직하던 중이라면 이 분들은 '이사'나 '상무', '전무'같은 임원타이틀을 달고 있을 가능성이 높습니다. 이들은 임원이기 때문에 회사에서 나가라고 하면 아무 군소리 없이 나가야 하는 것일까요?

근로자는 함부로 해고할 수 없다.

'근로자'는 회사로부터 해고를 강요당하더라도 정당한 해고사유가 없다면 회사의 요구를 수용하지 않고 회사에 남을 권리가 있습니다. 타이틀이 '임원'이라 하더라도 실지로 '근로자'로서의 업무를 수행해 왔다면 똑같은 권리를 보장받습니다.

근로자란 직업의 종류와 관계없이 임금을 목적으로 종속적인 관계에서 사업장에 근로를 제공하는 자를 말합니다

좀 더 구체적으로 얘기하면, 업무의 내용을 본인이 스스로 결정할 수 있는 재량권 없이 대표이사나 사용자가 정하며 대표이사나 사용자의 지휘, 감독을 받아 일정한 업무를 수행하고 그 대가로 일정한 보수를 지급받아 왔다면 그는 근로자인 것입니다. 취업규칙 또는 인사규정 등의 적용을 받고, 근무시간이나 장소가 지정돼 있고 그에 대해 사용자로부터 구속을 받는다면 그 사람은 근로자인 것입니다.

이러한 기준들을 비추어 근로자로서의 요건이 충족된다면 통상적인 임원 타이틀을 달고 있더라도 근로자로 볼 수 있다는 것입니다.

근로자는 근로기준법에 의하여 고용이 보장되고 해고시에는 분명한 이유와 절차가 있어야 합니다. 만약, 그 해고가 부당하다고 판단된다면 3개월 이내 구제신청을 함으로써 노동위원회를 통해 구제받을 수도 있고, 부당해고가 무효라는 것을 확인하는 내용의 민사소송도 제기할 수 있습니다.

저의 경우에도 이사이고 상무이긴 했으나, 업무 내용과 수임 절차상 분명히 근로자였으므로 권고사직을 그렇게 쉽게 수용하지 않아도 되었고, 근로자로서의 저의 권한을 주장하며 회사와 맞설 수도 있었던 것입니다. 나가지 않고 버텨도 되고, 나가게 되더라도 부당해고 무효소송을 제기할 수도 있었던 것입니다. 하지만 당시는 이런 사실을 몰랐기 때문에 임원은 나가라면 나가야 한다는 식의 회사의 반 강압적 조치에 효과적인 대응이 안되었던 것입니다. 물론 맞설 수 있다는 원칙적인 규정과 달리, 실지로 맞설 때는 힘들고 괴로운 시간들을 견디어야 하겠지만…

정리해고 대상 직원 이름 써내라는 요구에 자신의 이름 쓰고 나온 임원

4

- 퇴직금 -

내 손에 남는 돈 따져보고요

근로자가 퇴직을 하게 되면 안정적인 퇴직 후 생활을 위해 회사는 퇴직급여를 지불합니다. 퇴직급여는 4050에게는 제2의 인생을 준비하는 밑받침이 될 수도 있고 국민연금과 함께 노후생활의 소중한 재원이 될 수도 있습니다. 그런데 퇴직금 중간정산으로 어디에 썼는지 모르게 연기처럼 사라지고 막상 퇴직할 땐 쥐꼬리만하게 남은 경우도 있고, 막상 수령할 때 세금문제로 수령방법이 고민되기도 합니다. 내가 받게 되는 퇴직금(또는 퇴직연금)이 올바르게 산정된 것인지 체크해보고, 어떤 방식으로 수령하는 게 나은 것일지 판단해 봅시다.

퇴직급여의 종류

퇴직급여제도는 크게 퇴직금제도와 퇴직연금제도로 나뉘며, 퇴직연금제도는 다시 확정급여형(DB, Defined Benefit), 확정기여형(DC,

Defined Contribution), 개인형 퇴직연금(IRP, Individual Retirement Pension) 등으로 나뉩니다. 이중 IRP는 개인이 가입하는 퇴직연금제도이므로 일반적으로 사업체에서 가입하는 퇴직연금은 DB형과 DC형의 두가지 방식이 있다고 보면 됩니다.

기존의 퇴직금 제도는 기업이 근로자의 퇴직금을 사내에 유보시켜 두었다가, 근로자가 퇴직 시 일시금으로 지불하는 방식입니다. 퇴직연금제도는 근로자의 퇴직금에 해당되는 금액을 외부 금융기관에 적립, 운용하도록 하여 기업이 경영악화, 도산, 소멸되더라도 근로자가 퇴직급여를 안정적으로 수령하게 만든 제도입니다. 퇴직연금제도가 2005년 12월 우리나라에 도입되어 현재 근로자 10인 이상의 기업에서는 퇴직연금제도 도입이 의무화되어 있기 때문에 50대 실직자들의 대다수가 퇴직연금에 가입되어 있을 겁니다.

DB형은 말 그대로 급여 즉, 받을 금액이 정해지는 퇴직연금입니다. 회사의 책임하에, 회사의 지시에 의해 금융회사에서 운용하며 근로자는 운용실적과 상관없이 받을 금액이 미리 정해진다는 측면에서 예전의 퇴직금제도와 흡사합니다. 회사는 직원에게 퇴직 직전 3개월간의 평균 월급에 근속연수를 곱한 금액을 지급하게 됩니다.

DC형은 월 적립금액은 정해지지만, 받을 금액은 향후 수익에 따라 달라지기 때문에 한창 납입 시점에는 연금 수령액을 구체적으로 알 수 없습니다. DC형은 근로자 본인이 직접 운용에 대한 책임을 지며 근로자의 지시에 의해 금융회사에서 운용하게 됩니다. 본인이 직접 운용하므로 다소 위험부담이 있겠지만, 본인의 투자성향에 따라 투자방법을 조정할 수 있어 성과에 따라 많은 퇴직연금을 수령할 수도 있습니다.

우선 퇴직금 방식과 확정급여형에서 받을 수 있는 퇴직급여를 계산해봅시다. 먼저, 평균임금과 계속근로기간의 정의와 규정범위를 알아야 합니다.

평균임금과 계속근로기간

평균임금은 월급보다 더 넓은 개념입니다. 일반적인 월급은 주로 기본급을 얘기합니다. 이 기본급에 직급수당, 직무수당 등 정기적으로 나오는 수당들을 포함해 '통상임금'이라 합니다. 한마디로 평소에 받는 노동의 대가가 통상임금인 것입니다.

이보다 더 확장된 개념인 '평균임금'은 통상임금의 모든 항목들에 더해 정기적으로 나오는 상여금, 휴일, 연장, 야간근로수당, 미사용 연차수당 등이 포함됩니다. 결국, 평균임금은 사용자로부터 받는 거의 모든 금품이 들어간다고 이해하면 쉽습니다.

<table>
<tr><th colspan="3">평균임금</th></tr>
<tr><th colspan="2">통상임금</th><td rowspan="2">정기적으로 지급되는 상여금, 휴일, 연장, 야간근로수당, 미사용 연차수당, 당직수당, 명절수당 등</td></tr>
<tr><td>기본급 (월급)</td><td>직급수당, 직무수당, 직책수당, 면허수당, 벽지근무수당, 기술수당, 위험수당 등(고정적, 정기적, 일률적 금품)</td></tr>
</table>

계속근로기간은 근로자가 입사한 날로부터 퇴직한 날까지의 기간을 의미합니다. 실제로 일한 기간이나 출근한 것과는 다른 개념입니다. 육아휴직, 출산휴가, 연차유급휴가, 생리휴가 등 법에서 보장된 휴가 또는 가족 돌봄 휴직, 병가 휴직 등도 근로기간으로 칩니다. 회사의 경영상 사정에 따른 휴업 등의 기간도 계속근로기간으로 봅니다.

개인적 사유로 구속되거나 무단결근한 경우에도 해고되기 전이라면 근로관계가 종료되지 않은 만큼 계속근로기간에 들어갑니다. 경영악화 등의 이유로 회사가 휴업을 한 기간, 업무상재해나 질병에 따른 산재 요양기간 등도 포함됩니다. 근로자가 대기발령이나, 징계처분 전보나 전직과 기업 내 인사이동 등을 이유로 일시적으로 일을 할 수 없더라도 계속근로기간으로 봅니다.

퇴직급여 계산방법

퇴직금과 DB형 가입자들은 퇴직 이전 30일 평균임금에 계속근로기간을 곱해서 퇴직급여를 계산해 볼 수 있습니다.

우선, 평균임금은 퇴직하기 직전 3개월 동안 근로자에게 지급한 임금 총액을 그 기간의 총 일수로 나누어 산정할 수 있습니다만, 대략 월급여 곱하기 근무연수로 계산하면 대략의 퇴직금을 알 수 있습니다.

기존의 퇴직금이나 DB형으로 퇴직급여를 받으시는 분들은 좀 더 정확히 확인해 보시려면, 고용노동부의 퇴직금계산기에 들어가서 자신과 해당되는 항목을 기입하셔도 본인의 퇴직금 금액을 알 수 있습니다.

DC형 가입자들은 회사가 매년 총급여의 12분의 1에 해당하는 금액을 본인의 퇴직연금계좌에 넣어주면 본인이 이를 운용해서 나중에 퇴직할 때 운용수익에 따라 퇴직급여의 금액이 달라지는 형태입니다. 처음 가입 당시에 펀드를 지정하여 연동하였을 것인데, 펀드를 잘 모르는 가입자의 경우 금융회사에서 제안하는 대로 연 2% 남짓한 원리금보장형으로 가입했을 가능성이 높습니다.

DC형 가입자는 본인의 퇴직연금을 운용하는 금융기관 홈페이지에서 직접 확인할 수도 있고, 금융감독원이 운영하는 '연금포털'을 이용하면 손쉽게 본인의 퇴직급여액을 확인할 수 있습니다.

일시금으로 받을 것인가? 연금으로 받을 것인가?

55세인 A 씨는 올해 실직을 하였습니다. 퇴직연금으로 1억 원 정도 나올 걸로 예상이 됩니다. 다행히 동서가 하는 사업체에 입사하기로 결정이 나서 굳이 이 돈으로 당장의 생활비에 보태야 하는 상황은 아닙니다. 하지만 최근 너도나도 주식투자 열풍이라 이 돈을 일시금으로 받아 해외주식에 투자를 하고 싶어합니다. 그런데 퇴직연금을 일시금으로 수령하게 되면 연금으로 받는 것보다 세금이 많다고 해서 어떻게 하는 게 좋을지 고민입니다.

기존의 퇴직금은 일시금으로 받거나 중간정산이 가능하다 보니 퇴직금을 받더라도 자동차를 구입하거나, 가구를 개비하는데 쓰거나 실직 상태에서 생활비로 사용하는 경우가 대부분이었습니다. 그러다 보니, 퇴직금의 원래 취지가 노후대비였는데 국민들이 노후준비를 제대로 못하게 됨에 따라 퇴직연금이란 형태로 퇴직급여 지급방식을 바꾸게 된 것입니다. 퇴직 시에 퇴직급여는 자동적으로 개인 퇴직연금제도인 IRP 계좌로 이전되어 본인이 중도에 일시금을 요구하지 않으면 가입 후 최소 5년 경과, 만 55세 이후에 연금형식으로 지급하게 되어있습니다.

퇴직 시 퇴직연금을 일시금으로 받게 되면 퇴직소득세를 즉시 납부해야 합니다. (퇴직소득세는 과세표준과 세율, 근속연수를 고려하여 계산되는데, 복잡하고 어려우니 국세청 홈페이지나 금융기관의 퇴직연금 계산기에 접속하여 근무기간, 기본급, 수당, 연간상여금 등의 정보를 입력하면 나옵니다.)

과세표준	세율	공제액
1,200만원 이하	6%	-
1,200만원 이상 4,600만원 이하	15%	108만원
4,600만원 이상 8,800만원 이하	24%	522만원
8,900만원 초과 1.5억원 이하	35%	1,490만원
1.5억원 초과 3억원 이하	38%	1,940만원
3억원 초과 5억원 이하	40%	2,540만원
5억원 초과 10억원 이하	42%	3,540만원
10억원 초과	45%	6,540만원

(2021. 01 기준) 퇴직소득세 기본 세율

그러나 퇴직금을 일시금으로 찾지 않고 그냥 IRP계좌(개인형 퇴직연금)에 넣어서 운용하다가 나중에 연금으로 받게 되면 여러 가지 과세이연 효과를 보게 됩니다. 연금소득세는 퇴직 시점에 계산했던 퇴직소득세의 70% (연금수령기간이 10년 이하인 경우)~60% (연금수령기간이 10년 초과인 경우)만큼만 과세합니다. 이 또한 일시에 내는 것이 아니라 매년 나눠서 내게 됩니다. 그러므로 세금으로 내지 않아 연금계좌에 남아 있는 돈은 운용수익을 기대할 수도 있습니다. 이를 찾아 쓰기 전까지는 퇴직금에 대한 어떤 세금도 내지 않아도 되니 당연히 금융종합소득종합과세도 그다지 걱정할 필요가 없습니다.

그리고 같은 수익률을 올렸다고 가정했을 때, 일반과세계좌에서는 15.4%의 이자소득세가 부과되지만 연금계좌에서는 연금으로 받기 전까지는 세금이 면제되고, 연금으로 받는 시점의 연령에 따라 5.5%~3.3%의 세율로 분리과세됩니다.

주변에 보면 높은 퇴직소득세를 내고라도 퇴직연금을 일시금으로 수령하는 경우가 많습니다. 이전에 퇴직연금의 썩 좋지 않은 수익률을 겪었거나, 생활비 등으로 목돈이 필요하다는 이유로 말입니다. 절세의 효과를 놓치는 경우들이죠.

대부분 퇴직연금의 실적이 안 좋은 이유는 1~2% 정도되는 원리금보장형으로 가입해서 IRP 운용수수료를 극복하지 못하고 있기 때문입니다. 저의 경우에는 글로벌 펀드에 연동시켜 시중 금리를 훨씬 상회하는 양호한 수익률을 보이고 있습니다.

그리고 저는 직장 이직 경험이 많아서 퇴직금을 일시금으로 받은 경험도 많습니다. 그러나 그렇게 중간에 받은 어중간한 목돈들은 어디에 어떻게 씌었는지 기억조차 없습니다. 제대로 도움이 안 되었다는 얘기입니다. 그래서 나이가 들면서 퇴직금은 일시금으로 찾아 쓰지 말고 나중에 연금으로 받고, 있는 자산도 연금으로 전환시켜 매달의 생활비로 만들어야 할 필요성은 더 절실해지더군요.

저금리 시대 마땅한 투자처가 없다면, 좋은 펀드를 잘 골라 퇴직연금을 운용하고 세제 혜택을 보면서 나중에 연금으로 받는 게, 일시금으로 받아쓰는 것보다 낫다고 생각합니다.

퇴직금 지급 규정

사용자는 근로자가 퇴직한 날로부터 14일 이내에 퇴직금을 지급하여야 합니다. 퇴직금과 DB형 가입자들은 퇴직 이전 30일 평균임금에 계속근로기간을 곱해서 퇴직급여를 계산해 볼 수 있습니다.

우선, 평균임금은 퇴직하기 직전 3개월 동안 근로자에게 지급한 임금 총액을 그 기간의 총 일수로 나누어 산정할 수 있습니다.

퇴직금 지급이 안되고 있다면 미지급 이유와 지급기일 등을 한 번 확인해보고, 계속 미뤄지는 상황이라면 노동청에 진정을 통해서 체불금품에 대한 신고를 할 수 있습니다.

다만 임금체불의 경우 회사에서 지불의사가 있더라도 지불능력이 없다면 체불임금을 지급받기가 힘들고, 반대로 지불능력이 있더라도 지불의사가 없다면 지급받기가 쉽지 않습니다.

체불임금을 받을 수 있는지 여부 및 받는데 얼마나 시간이 걸릴지는 구체적 상황에 따라 다릅니다. 노동부는 체불된 금액에 대해서 확인하고 형사처벌을 하는 기관이고 그 과정에서 미지급된 체불임금을 지급하라고 하기는 하나, 회사에 체불임금을 지급하도록 강제할 수는 없습니다. 따라서 체불확정이 되었는데도 회사 측에서 지급하지 않고 시간을 끈다면 민사소송 등을 통해서 못 받은 금액을 받는 수밖에 없습니다.

사업주가 계속 미지급할 경우 정부로부터 대신 체불금품 일부를 지급받는 소액체당금을 이용하는 방법도 고려해 볼 수 있습니다. 소액체당금이란 임금 및 퇴직금 체불 등과 관련해서 최대 400만 원까지 정부가 대신 지급해 주는 제도를 의미합니다.

위로금

근로기준법상에 퇴직 위로금, 권고사직 위로금, 명예퇴직 또는 희망퇴직에 따른 위로금 등이 규정되어 있지는 않습니다. 당사자 간의 별도의 약정 (근로계약서, 취업규칙, 별도 합의서)을 통해서 위로금 지급에 대한 합의를 할 수 있으나, 대부분은 관행에 의해 지급되며 그 또한 케바케 (Case by Case)입니다.

권고사직에 동의하고 퇴사를 한 후 추후 위로금을 달라고 이의를 제기할 수는 있으나, 이에 대해서 별도로 약정한 게 없다면 회사 입장에서는 줄 의무가 없고 주지 않아도 법 위반이 아닙니다. 그러므로 회사를 나가는 게 억울해서 위로금이라도 받겠다면, 권고사직을 동의하지 않은 상황에서 위로금을 요구해야 하며, 합의가 될 경우 분쟁의 소지를 예방하기 위해서 구체적인 금액과 지급시기 등을 서면으로 작성하는 것이 바람직합니다.

5

- 연금 -

일 안해도 또박또박 돈 나오게

수명이 길어지니 노후자금도 많아져야

우리나라 50대 실직자들 중에 실직 이후에 더 이상 일을 안 해도 될 정도로 (완전히 은퇴해도 좋을 정도로) 돈을 넉넉히 모아둔 사람은 많지 않을 것입니다.

미래에셋생명 은퇴발전소의 조사결과를 보면 대부분 50대인 은퇴예정자 가운데 퇴직 후 소득으로 여유롭게 생활할 수 있겠다고 답한 사람은 겨우 7.6%에 불과했습니다. 조사 대상자의 절반 이상(52.4%)이 '젊어서 저축을 더 많이 하지 않은 것'에 대해 아쉬워했습니다. 그리고 은퇴예정자 3명 중 한 명(35.6%)이 가장 시급히 해결해야 할 경제 현안으로 '정기적인 생활비를 마련하는 일'을 꼽았습니다. 50대 실직의 상황도 도긴개긴입니다.

만약 50대에 실직하고 재취업이 안되어 은퇴로 굳어지는 상황이 된다면 본인의 나머지 삶을 어떻게 살아갈지 막막할 수밖에 없습니다. 만에 하나 실직이 은퇴가 되어 더 이상 수입이 없다면 지금 당장 얼마의 돈을 갖고 있어야 앞으로 수명이 다할 때까지의 생활비를 충당할 수 있을까요? 물론 생활수준, 소비패턴, 부양가족의 수 등에 따라 다르겠지만, 부부 내외 둘이서 여생을 보낸다고 가정하고 은퇴 후 필요한 돈의 규모를 대강 가늠해 봅시다. 주거비, 식음료비, 의류비, 교통비, 병원 의료비 등등 지출해야 할 곳이 많겠지만 일단 밥값만 놓고 보시죠.

만약 올해 55세가 된 부부가 퇴직을 하고 둘 다 85세까지 산다고 가정하면 30년 동안 두 부부의 밥값으로 얼마나 필요할까요? 계산의 편의를 위해 두 부부가 하루 세끼 5천 원짜리 자장면만 먹는다고 가정해 봅시다. 그럼 85세 되는 해까지 얼마의 돈이 필요할까요? 자장면 값 5,000원 X 3끼 X 30일 X 12달 X 30년 X 2명 = 324,000,000원.

두 부부가 매 끼니 자장면만 먹고 30년을 산다고 가정해도 그 자장면 값만 해도 무려 3억 3천만 원가량 든다는 것입니다. 밥값만 해도 그 정도 든다면 이것저것 다른 생활비 다 포함하면 얼마나 많은 돈이 들겠습니까?

재財보다 산産을 만들어야 노후가 편안

인간이 가진 부를 다른 말로 재산財産이라고 합니다. 이 단어는 재물 재財 와 낳을 산産 두 뜻글자가 함께 뭉쳐서 생긴 뜻글자입니다. 재財는 모은 것, 쌓아 놓은 것입니다. 예적금, 펀드, 아파트, 상가, 땅 등을 모아 놓은 것이고 영어로는 Asset에 해당합니다.

산産은 지속적으로 발생하는 생산물 또는 소득입니다. 농경사회에서는 대부분의 사람들이 농업에 종사했기 때문에 그 당시 산産은 1년간 열심히 일해서 가을에 수확하는 농산물들이었습니다. 그러다 사회가 산업화되면서 농사짓는 사람들이 줄어들고 대부분 제조업 또는 서비스업에 종사하게 되었습니다. 그리고 노동의 대가로 수확물 대신 매달 정해진 날에 정해진 월급을 받고 있습니다. 현대인들에게는 월급이 바로 산産입니다. (연금부자들, 이영주 지음, p205-206)

실직 이후의 어려움은 여기서 시작합니다. 소득産이 없기 때문에 그동안 모아 놓은 재물財을 까먹을 수밖에 없고, 점점 줄어드는 재물을 보면서 점점 더 불안해지는 것입니다. 게다가 이제는 100세 시대 고령사회로 접어들면서 더 오래 살게 될 것인데, 모아둔 돈이 나가기만 하고 들어오는 돈이 없다면 시간이 갈수록 막막해질 수밖에 없습니다.

제가 미래에셋생명에서 FC(Finance Consultant)로 근무하면서 몇 번 재테크 박람회에 상담역으로 나간 적이 있었습니다. 미래에셋 부스를 설치하고 그 안에 미래에셋의 증권, 보험, 부동산 관련 계열사 소속 컨설턴트들이 포진하고 앉아서 관람객들에게 무료상담을 해 주었습니다. 대개 상담을 받는 관람객들은 서울에서도 부자 동네인 강남구, 서초구, 송파구에 사시는 5060 남녀 분들이셨습니다. 그리고 그분들의 고민거리도 크게 다르지 않았습니다. 대부분 10~20억대 이상의 집에서 거주하면서 전국에 한두 건의 부동산을 보유하고 있는 자산가들이셨습니다. 그분들은 대개 50억 대 이상의 재물은 가진 분들이셨는데, 안타깝게도 퇴직이나 은퇴를 하여서 더 이상 매달 들어오는 소득産이 없어서 생활에 곤란함이 있었습니다. 돈이 많은데도 쓸 돈이 없는 아이러니가 벌어지고 있는 것이었습니다.

연금이 얼마나 될지 챙겨보고 준비해야

그만큼 퇴직을 하게 되면 매월 발생하는 소득의 중요성이 뼈저리게 느껴집니다. 재물이 많든 적든, 아파트를 몇 채 갖고 있건 상관없이 살아있는 동안 일정한 수준의 소득이 계속 발생하는 것, 매월의 현금 Flow가 퇴직 후의 삶 또는 노후에 가장 필요한 것입니다.

일을 하지 않아도 매월 일정한 수준으로 내 손에 들어오는 현금, 바로 연금입니다. 연금은 인생 후반전을 잘 살수 있게 해주는 경제적 기반이 될 것입니다. 일을 더 이상 하지 않아도 내가 죽을 때까지 받을 수 있는 연금이 얼마나 될지 챙겨보고 그게 부족하다면 지금이라도 방법을 세워 준비해 둬야 합니다.

“확실성에서 불확실성으로, 안정성에서 불안정성으로, 기대에서 절망으로 인생 영역을 이전하는 것과 같다… 나락으로 떨어지는 심리를 그나마 받쳐주고 위로해 주는 천사의 그물이 연금이다.” (그들은 소리내 울지 않는다. 송호근 지음, P74)

연금이 있으면 마지막 순간까지 경제적으로 당당한 부모가 될 수 있습니다. 자식들은 부모 부양에 대한 부담도 덜게 됩니다. 노후의 금융자산을 목돈이 아닌 연금으로 갖고 있으면 훨씬 잇점이 많습니다. 퇴직금으로 받은 목돈을 가지고 있으면 자식이나 주위 사람들이 찾아와 빌려달라, 투자해라 요청도 많고 유혹도 많습니다. 어찌 그리 대박 아이템은 많은 건지…

시중에 이런 우스개 이야기도 있습니다. “퇴직금을 자식에게 안주면 욕먹어 죽고, 찔끔찔끔 주면 쪼들려서 죽고, 다 주면 굶어 죽는다”

잘되면 좋겠지만, 잘 안 되는 경우가 더 많은 걸 뻔히 아는데 이러지도 저러지도 못하고 참 난감합니다. 이때 연금은 확실한 거절의 명분이 됩니다.

연금이 목돈보다 좋은 10가지 이유

1. 목돈은 내가 지켜야 하는 것, 연금은 나를 지켜주는 것
2. 목돈 가진 사람은 불안하고, 연금 가진 사람은 꿈이 있다
3. 목돈 가진 사람은 현재 부자, 연금 가진 사람은 평생 부자
4. 목돈 가진 사람은 "왕년에 내가…"라 하고, 연금 가진 사람은 "나는 앞으로~" 라 한다.
5. 목돈 까먹는 것은 한도가 없지만, 연금은 까먹어도 한도가 있다
6. 목돈을 날리면 평생 힘들지만, 연금은 날려도 한 달만 참으면 된다
7. 목돈 가진 사람은 '호구'가 되고, 연금 가진 사람은 '갑'이 된다
8. 목돈 가진 노인은 일찍 가는 게, 연금 가진 노인은 오래 사는 게 자식을 도와주는 것이다
9. 목돈은 이벤트를 준비하는 것, 연금은 삶을 준비하는 것이다.
10. 목돈은 금융자산이지만, 연금은 사회제도이다 (연금부자들, 이영주 지음)

올리자, 3층 연금!

50대가 되면 그동안 내가 모아온 돈에서 연금이 얼마나 나올 수 있을까 관심을 갖게 됩니다. 서서히 은퇴를 앞두고 있는 시점인 데다, 실직이라도 하게 되면 당장 들어올 수 있는 돈에 대한 궁리를 해야 하기 때문입니다.

국민연금

나의 연금은 얼마나 나오나?

우리나라에서 제도적으로 마련되어 있는 연금체계는 공적연금, 퇴직

연금, 개인연금이 있고 흔히 3층 연금체계라고 합니다. 공적연금은 국가가 국민의 기본적인 노후보장을 위해 만든 연금시스템으로 국민연금 외에도 본인의 소속 직업군에 따라 공무원연금, 사학연금, 군인연금까지 4가지 연금이 있습니다.

퇴직연금은 기업에서 종업원들의 안정적인 노후를 지원하기 위해 실시하고 있는 제도입니다. 기업이 종업원들의 퇴직금 재원을 자체적으로 적립해 두던 예전의 퇴직금 제도와 다르게, 외부 금융기관에 예치함으로써 종업원들이 안정적으로 퇴직연금을 받을 수 있도록 합니다.

개인연금은 개인들 각자 금융기관을 통해 가입한 일반 연금상품들을 일컫습니다.

3층 연금제도 중에서 우리나라 국민 누구에게나 기초적인 노후 준비를 지원하는 것이 바로 공적연금이고 그중에 국민 대다수가 가입하고 있는 것이 국민연금입니다.

이제껏 자신이 준비한 연금이 얼마나 되는지는 국민연금관리공단(www.nps.or.kr)의 '내 연금 알아보기' 서비스를 이용하면 한눈에 볼 수 있습니다. 예전에는 국민연금 예상액만 확인이 가능했는데 지금은 퇴직연금, 심지어 본인이 개인적으로 별도 가입한 일반 연금상품에서 나오는 예상연금까지 합산해서 파악할 수 있습니다. 물론 이 예상액은 이제껏 불입하던 금액을 그대로, 요구하는 기간까지 잘 유지해서 내고 거치기간도 지킨다면 그만큼의 연금을 받을 수 있다는 예상액입니다. 어떤가요? 충분한가요?

국민연금 가입기간 동안의 월평균 소득에서 본인이 향후에 받을 수 있는 예상 연금액을 나누면 '소득대체율'이 되는데, 연금이 그전의 생활수준을 어느 정도 커버할 수 있는지 가늠해 볼 수 있습니다. 보통 40년 납부기준으로 40년 동안 월 소득에서 연금보험료를 뗐다고 가정했을 때의 소득대체율인 것입니다.

1988년 국민연금이 최초로 도입되었을 때 연금수령액 산정에 적용된 소득대체율은 70%였지만, 계속 줄어서 2008년도에 50%가 되었고 그 이후부터는 매년 0.5%씩 감소하여 2028년에는 40%로 줄어들게 됩니다. 즉, 연금수령액이 자신의 현 소득의 40% 수준밖에 안된다는 것입니다. 국민연금만으로는 예전의 생활수준을 유지하는 건 어렵다는 겁니다. 연금을 받기 위해 모은(앞으로 모을 거까지 포함) 돈이 노후의 필요생활비에 모자랄 게 예상된다면, 퇴직했다 하더라도 더 할 수 있는 일자리를 찾아야 하는 것은 물론이고 연금예상액을 더 불리기 위한 방법을 모색해야 합니다.

지금이라도 국민연금을 늘리기 위한 방법은?

국민연금 수령액을 높이려면 어떻게 해야 할까요? 국민연금은 가입기간과 그 기간 중 월 소득액에 따라 그 액수가 결정됩니다. 가입기간이 길수록, 가입기간 중 월 소득액이 높을수록 그만큼 연금액도 많아지는 것입니다. 월 소득은 본인이 정할 수 있는 게 아니고 월 소득의 9%를 정해 놓고 연금보험료로 떼니까 본인이 임의적으로 올리는 건 안되며, 가입기간을 늘리는 방법을 쓸 수 있습니다.

가입기간을 늘리는 방법에는 반납, 추납, 임의계속가입 등이 있습니다. 반납이란 1999년 이전 직장 퇴사 등의 사유로 수령했던 반환일시금을 이자와 함께 국민연금관리공단에 반납함으로써 국민연금 가입기간을 복원하는 방법입니다. 지금보다 소득대체율이 높았던 기간을 복원하는 것이므로 연금수령액을 높이는 데 아주 유리합니다. 본인이 해당되는지 꼭 확인해 보세요.

추납이란 소득이 없어 보험료를 내지 못했던 납부예외 기간에 대해 향후 본인이 원할 때 보험료를 내는 제도입니다. 추가로 보험료를 내면 그만큼 가입기간으로 인정돼 연금수령액이 늘어납니다. 사업중단·실직 등의 납부예외 기간뿐 아니라 무소득배우자도 추납이 가능하므로 배우자가 국민연금을 납부하게 하면 연금액이 커지게 됩니다.

임의계속가입이란 60세에 도달해 더 이상 의무가입대상이 아니지만 60세 이후에도 계속해서 국민연금에 가입하는 것을 말합니다. 납부기간이 10년 미만으로 연금을 받을 수 없거나 10년은 채웠지만 연금수령액을 높이고자 하는 분들이 가입합니다. 임의계속가입 신청은 65세 전까지 가능합니다.

이 외에 많이들 알고 있고 신청하는 연기연금이라는 제도가 있는데, 노령연금 수급요건을 충족했지만 연금 수령을 연기하는 방법입니다. 1회에 한해 최대 5년 동안 연금액의 50~100%를 연기 신청할 수 있습니다. 연기하는 1개월마다 연금액이 0.6%(연 7.2%)씩 늘어나므로 연금액을 높이는데 유리합니다. 현재 65세 때 예상 연금액이 100만 원이라고 하면, 그때 수령하지 않고 5년 뒤 70세 때 연금을 수령하게 되면 136만 원 정도를 연금으로 탈 수 있게 되는 것입니다. 그래서 지금 예상컨대, 이대로라면 연금액이 그렇게 흡족하지 않을 것 같다면, 연기 받는 시점을 늦추고 일할 수 있을 만큼 최대한 오래 일하는 게 좋습니다.

국민연금 내는 것도 버거울 때… 실업크레딧

실업크레딧은 국민연금 보험료 납부가 어려운 실업기간에 대해 구직급여 수급자가 희망하는 경우 국민연금 보험료의 일부를 지원하고 그 기간을 가입기간으로 인정하는 제도입니다. 다만, 일정수준 이상의 재산 보유자 및 고소득자에 대한 보험료 지원은 제한하여 저소득층 중심의 지원이라고 봐야 합니다.

재산 및 소득 제한기준(2019년 고시)을 보면, 재산세는 과세표준의 합이 6억 원 이하 또는 연간 종합소득(사업소득 및 근로소득 제외)이 1,680만 원 이하인 사람만 혜택을 볼 수 있습니다.

연금보험료의 25%를 본인이 부담하는 경우에 한해 국가에서 나머지 75%(최대 47,250원)를 지원하게 되며 1인당 구직급여 수급기간 중 생애 최대 12개월까지 지원받을 수 있습니다.

실업크레딧을 지원받을 때 연금보험료는 인정소득의 9%(국민연금보험료율)를 납부합니다. 여기서 인정소득이란 실직하기 직전에 받았던 3개월 간 평균소득의 50%에 해당하는 금액으로 최대 70만 원을 초과할 수는 없습니다.

예를 들어, 실직 전 3개월 간 평균급여가 180만 원이었다면 50%에 해당하는 금액이 90만 원이지만, 인정소득은 70만 원을 초과할 수 없으므로 70만 원이 됩니다. 여기서 국민연금보험료율은 9%이므로 월 보험료는 6만 3천 원인데 가입자가 15,750원(25%)만 내면 47,250원을 지원받게 되는 것입니다.

국민연금 실업크레딧은 국민연금공단 지사 또는 고용노동부 고용센터를 통해 신청할 수 있으며, 신청은 구직급여 종료일이 속하는 달의 다음 달 15일 이전까지 가능합니다.

퇴직연금

25년 일한 당신, 퇴직연금 얼마나 받을 수 있을까?

3층 연금 중 하나, 퇴직연금은 기업이 종업원의 노후를 보장하기 위해 제공되는 노후보장제도인데 예전의 퇴직금 제도에서 그 형태가 발전한 것입니다.

회사에서는 종업원들의 퇴직금 재원을 마련하기 위해 월 급여에서 일정한 비율만큼의 금액을 별도로 준비하게 되는데, 예전에는 회사 또는 회사의 대표가 알아서 준비하던 것을 퇴직연금제도로 바뀌면서 외부의 금융기관에 예치하게 만듦으로써 종업원들이 안정적으로 퇴직금을 받을 수 있도록 한 것입니다.

우리나라에서는 2005년부터 퇴직연금제도를 시행하고 있으며, 여러분이 아직 퇴직 전이라면 여러분의 퇴직연금은 각자의 선택에 따라 확정급여형(DB, Defined Benefit)이나 확정기여형(DC, Defined Contribution) 중에 들어 있을 테고, 퇴직을 했다면 IRP(개인형 퇴직연금, Individual Retirement Pension) 계좌로 옮겨져 있을 겁니다. (4장 '내 손에 남는 돈 따져보고요 - 퇴직금' 참고)

DB형은 말 그대로 급여 즉, 받을 금액이 정해지는 퇴직연금입니다. 회사는 직원에게 퇴직 직전 3개월간의 평균 월급에 근속연수를 곱한 금액을 지급하게 됩니다.

만약에 55세에 퇴직하시는 분이 최근 3개월간 평균급여가 500만 원이었고 한 직장에서 25년을 근무했다고 한다면, 그분의 퇴직연금은 대략 1억 2천 5백만 원이 됩니다.

DC형은 받는 퇴직급여가 그동안의 수익률에 따라 달라지기 때문에 일률적으로 계산할 수는 없습니다. 수익률이 운용수수료를 제하고도 플러스였다면 확정급여형으로 계산한 금액보다 많을 것이고, 그간 운용수익이 마이너스였다면 확정급여형으로 계산한 금액보다 적을 것입니다.

퇴직연금 무턱대고 보수적으로만 운영하지 마라!

그런데 퇴직연금을 가입해서 운영할 때 꼭 따져보고 잘 판단해야 할 포인트가 하나 있습니다. 우리나라 사람들은 퇴직금은 절대적으로 보장되어야 할 돈이라는 인식이 강하기 때문에 너무 보수적으로 접근하는 경향이 있습니다. 그래서 많은 근로자들이 안 불려도 좋으니 원금만 받을 수 있도록 하겠다며 DB형을 선택합니다. 사실, 직원이 퇴직 무렵에 자신의 급여가 많이 오른다는 보장이 있으면 DB형이 DC형보다 유리할 순 있으나, 최근에는 임금인상율이 낮고 심지어 임금피크제로 퇴직 무렵의 임금이 오히려 줄어들 가능성이 높습니다. 이럴 경우에는 퇴직 직전 3개월의 임금을 베이스로 계산하는 DB형은 DC형보다 더 불리합니다.

투자수익을 바라고 가입하는 DC형을 선택하고도, 막상 펀드에 연동시키지 않고 원리금보장형으로 가입하시는 분들도 많습니다. 물론, 직장 초기에는 펀드도 생소하고 투자에 대한 경험이 없어서 불안하다면 1~3년 정도는 원리금보장형상품으로 연동시켜 두는 게 좋습니다. 하지만, 이왕 DC형을 선택했다면 주식형 펀드를 잘 골라 좀 더 공격적으로 운영할 필요가 있습니다. 원리금보장형은 현재와 같은 저금리시대에는 2% 정도밖에 안되는데, 금융기간의 수수료를 제하고 나면 사실 나중에 받게 되는 금액이 원금 정도밖에 안됩니다.

물론 투자해서 수익을 남길 거라는 건 어느 누구도 장담할 수 없습니다. 하지만, 불확실한 투자의 세계에도 다음과 같은 통계적으로 입증된 경험치가 적용됩니다. 투자의 기간이 길어지면 안전성과 수익성의 두 마리 토끼를 다 잡을 수 있다는 것입니다. 이때 긴 투자기간이란 적어도 10년 이상 20~30년을 얘기하는 겁니다. 투자의 기간이 길어지면 투자에서 손실을 볼 확률은 0%에 수렴하게 되어 있어 투자의 안정성이 확보되는 것입니다.

(도표) 투자기간이 길수록 손실확률은 0%에 수렴

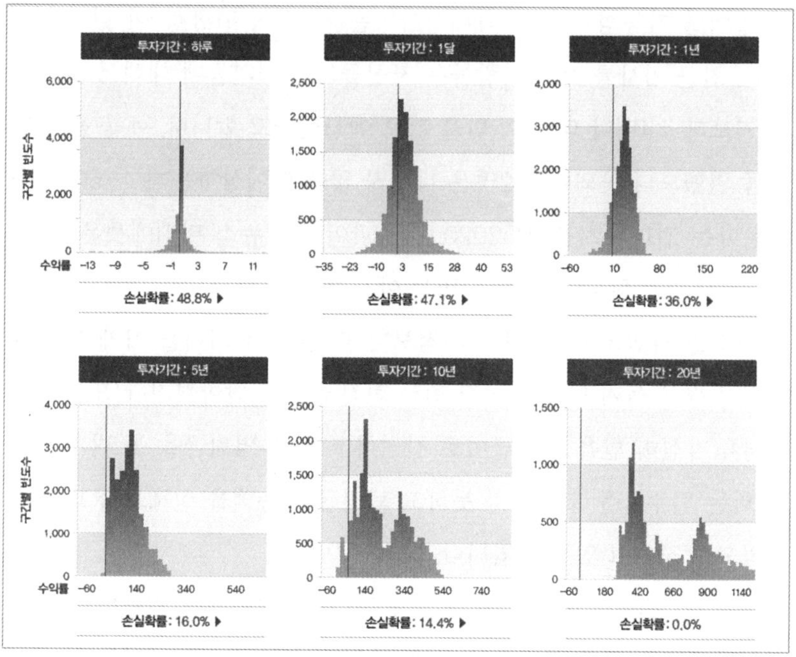

※자료: 삼성자산운용. 1년 미만: KOSPI PR, 1년 이상: KOSPI TR
기간: 1980.01.01~2016.12.31

게다가 지금의 경제를 30년 전의 경제상황과 비교해보면 몇 십 배 발전했을 것인데, 마찬가지로 30년 전 투자했다면 투자금도 우상향 직선 형태로 상승했을 것입니다. 투자의 일반적인 형태인 주식, 펀드의 장기 곡선을 보세요.

보통 20~30년 정도로 투자기간이 긴 퇴직연금의 경우, 원리금보장 상품으로 둔다는 것은 이처럼 안정적으로 수익을 노려볼 수 있는 투자 기회를 놓치게 되는 것이므로 매우 아까운 일입니다.

혹시 이 글을 보고 계신 여러분 중 퇴직을 하신 분, 자신의 퇴직연금

금액을 확인하곤 생각보다 적어서 놀라지 않았나요? 사람들은 좋은 일이 일어날 가능성에 대해 과대평가하는 "낙관적 편향성"이 있다고 합니다. 최근 기사를 보면 사람들은 자신들의 퇴직연금에 대해서 실제 받을 거보다 4.4배나 더 많이 받을 거로 예상한다고 합니다. 예를 들면 25년쯤 일했으니 못되어도 2억은 나오지 않을까 예상하는데 4~5천만 원 나온다는 겁니다. (출처: 2020.4.22 파이낸셜 뉴스 미래에셋은퇴연구소 "은퇴 앞둔 50대… 노후 준비는 아직 미흡")

대부분 자신의 예상 퇴직 시점보다 더 앞서서 퇴직을 하게 되거나, 여러 직장을 옮겨 다니며 이전 회사 퇴직금을 다 받아썼거나(또는 중간정산), 자신이 받을 퇴직급여로 산정하고 있던 명퇴금을 못 받게 되거나 하는 변수들을 고려하지 못하고 퇴직급여 총액을 실제보다 더 많을 거라고 생각하고 있는 것입니다.

게다가 DB형이었거나 DC형의 원리금보장상품에 가입했다면, 불릴 기회가 없었는데도 불구하고 오래 들었으니 불어났을 거라는, 상품에 대한 몰이해에서 오는 낙관을 하고 있는 것입니다.

이미 실직을 해서 현업에 근무하는 동안의 투자기회를 놓치신 분들이라고 해도, 현재 IRP계좌로 넘어가 있는 퇴직급여라도 좀 더 공격적인 투자를 고려해 봄 직합니다. IRP계좌의 퇴직금을 원리금보장형으로 그대로 두는 경우도 많은데 그건 요즘 같은 제로금리 시대에 은행에 그냥 그대로 두는 것과 다를 바 없습니다. 당장에라도 퇴직연금을 찾아서 써야겠다면 어쩔 수 없지만, 앞으로 10년 뒤쯤인 65세에 연금을 수령해서 쓰겠다면 그래도 10년 정도의 투자기간이 확보되는 거니, 원금 그대로 두는 건 아깝지 않나요? 장기투자를 해서 복리효과도 보고, 그래야 생각보다 적은 퇴직연금을 좀 더 불릴 수 있게 됩니다. 자고로 돈을 모으고 싶다면 돈이 일하게 해야 합니다.

개인연금

개인연금을 들어야 하는 이유

2020년 12월에 국민연금연구원이 발표한 내용에 따르면 적정 노후 생활비는 부부기준 월 268만 원, 개인기준 월 168만 원 입니다.

그런데 일반적인 직장인이 국민연금, 퇴직연금으로 받을 수 있는 돈은 대개 그보다 적습니다. 국민연금의 경우 20년 이상 가입한 수급자의 평균 연금월액은 92만 원이고 30년 이상 가입한 수급자의 평균 연금월액은 128만 원입니다. (출처: 국민연금관리공단 통계자료) 물론 근무 연수, 급여액, 연금 불입기간, 불입금액에 따라 개개인이 모두 다르고 오래 낼수록, 많이 낼수록 받는 금액은 당연히 많아집니다.

공무원들한테 연금 많이 준다고 부러워하고 질투하지 마세요. 그들은 근무하는 동안 많이 내고 오래 냈기 때문입니다. 공무원들은 일반 직장인보다 가입기간이 길고(공무원연금 평균 가입기간 27년 VS 국민연금 평균 가입기간 16년), 급여에서 보험료를 떼서 내는 비율이 높기 때문입니다(공무원연금 18% VS 국민연금 9%).

55세쯤 퇴직하는 일반 직장인의 경우, 퇴직 이후에도 국민연금을 지속적으로 불입하고 연금수령시기를 늦추어 월 연금액을 높이는 노력을 별도로 하지 않는다면, 월 100만 원 정도의 연금이 나온다고 생각하면 됩니다. 앞서도 언급한 것처럼, 실제 퇴직연금은 본인의 예상보다 1/4~1/5 정도밖에 되지 않는다 하니 퇴직연금에 대해서도 크게 기대를 못할 것 같습니다. 결국 국민연금, 퇴직연금만으로는 본인의 노후에 돈 걱정 없이 편안하게 보낸다는 것은 어려운 것입니다. 그렇다면 또 하나의 대안, 개인연금도 어느 정도 준비하여 국민연금, 퇴직연금, 개인연금 3층의 연금 수령구조를 만들어야 합니다. 개인연금은 의무납인 국민연금이나 퇴직연금과 달리 본인의 의사에 의해 일반 금융기관(개인연금상품은 연금이 종신토록 지급되는 기능을 가진 생명보험회사 상품이 일반적)에 개별적으로 가입한 연금상품을 일컫습니다.

2020년 4월 미래에셋투자와연금센터가 실시한 '대한민국 50대 직장인의 은퇴조사 인식 태도 및 운용계획' 조사 결과에 따르면, 50대 직장인 가계의 개인연금 보유율은 76%에 달합니다. 하지만 자신의 개인연금 적립액이 얼마인지 모르는 사람이 반을 넘는다고 합니다. 그만큼 개인연금이 필요하다고는 다들 인식해서 조금씩이라도 가입했으나, 그 금액이 크지 않고 관리도 되고 있지 않다는 걸 반증합니다. 이젠 나이가 많이 되어 연금을 준비할 수 없다고 자책하지 마십시오. 앞서 얘기한 것처럼, 고령사회에서는 일하는 기간을 더 늘려야 하고 그 기간 동안 조금이라도 더 연금을 준비해야 합니다. 만약 목돈이 있다면 그걸 일시불로 납입하고 연금으로 전환해서 받는 상품들도 나와 있습니다.

그리고 연금은 수령방식에 있어서 다른 어떤 금융상품보다 유리합니다. 연금이 개시되기 전까지 수익이 많이 붙었든 적게 붙었든 상관없이, 연금이 개시되면 가입자가 죽을 때까지 연금을 받을 수 있다는 점 때문입니다. 바로 종신형연금의 특징입니다. 연금을 가입하는 사람은 연금을 타는 시점을 미리 정하지 않아도 됩니다. 납입기간만 정해놓고 불입하다가, 납입이 끝나고 55세 이상이 되면 연금을 개시할 수 있습니다. 그리고 연금을 받는 방식도 정할 수 있습니다. 연금을 개시하는 시점에 본인이 건강 상태가 용이하고 의료기술이 발달해서 오래 살 가능성이 많다면 종신형으로 신청해서 본인이 살아있는 한 오래 받을 수 있도록 하면 됩니다.

반대로 건강 상태가 안 좋거나 다른 연금이 있어 굳이 오랫동안 나눠 받을 필요가 없다 싶으면 '확정형 연금'으로 연금 수령 방법을 신청해서 5년, 10년 등 일정한 기간 동안에만 원금과 이자를 나눠 수령함으로

써 월 연금 금액을 크게 할 수도 있습니다.

보험가입자가 중도에 사망해도 남은 연금은 유족들에게 지급됩니다. 결국, 연금 받는 방식은 계약자가 자신의 상황에 따라 유리한 쪽으로 결정하면 됩니다.

주택연금

3층 연금과 별도로 주택연금이 있습니다. 주택연금은 지금 살고 있는 주택을 담보로 매월 일정액을 연금 형식으로 받는 대출상품입니다. 고령자가 보유한 주택을 금융 기관에 담보로 제공하고 사망할 때까지 그 주택에 거주하면서 매월 일정액을 연금 형식으로 지급받고, 대출자가 사망하면 금융 기관이 주택을 팔아 그동안의 대출금과 이자를 상환받게 됩니다.

부부 중에 1명이 만 55세 이상이면 가입 가능하고 시가 9억 원 이하의 주택만 해당됩니다. 다주택자라 하더라도 합산 가격이 9억 원 이하이면 가입이 됩니다. 연금액은 기본적으로 나이가 많을수록, 주택 가격이 비쌀수록 더 많이 받게 되는데 65세 기준 주택 가격이 3억 원이라면 월 75만 2천 원을 받게 됩니다. 주택 가격이 변동되든, 물가가 변동되든 상관없이 가입시점에 결정되는 월지급액 그대로 지급됩니다.

2020년 12월부터 주택연금의 가입 문턱이 낮아졌고 보장성도 확대되었습니다. 주택 가격 상한이 현행 시가 9억 원에서 공시지가 9억 원으로 상향 조정됐습니다. 그리고 가입자 사망 후에 주택연금이 배우자에게 자동 승계될 수 있도록 하여 배우자의 연금수급권도 보장했습니다. 그동안 가입되지 않았던 주거용 오피스텔의 경우에도 주택연금에 가입할 수 있게 되었습니다.

'주택연금 예상액' 표 (단위: 천원)

연령	주택 가격								
	1억원	2억원	3억원	4억원	5억원	6억원	7억원	8억원	9억원
55세	153	307	460	614	767	921	1,074	1,228	1,381
60세	207	415	623	831	1,039	1,247	1,455	1,663	1,871
65세	250	501	752	1,003	1,254	1,505	1,756	2,007	2,258
70세	307	614	922	1,229	1,536	1,844	2,151	2,459	2,720
75세	383	767	1,150	1,534	1,917	2,301	2,684	2,936	2,936
80세	489	978	1,468	1,957	2,446	2,936	3,271	3,271	3,271

6

- 다운사이징 -

BMW족이면 어때요?

끊고 버리고 벗어나야

래칫효과(Rachet Effect)란 게 있습니다. 래칫은 한쪽 방향으로만 회전하도록 설계된 바퀴를 말하는 데, 시계 태엽을 감는 장치가 이것을 응용한 것입니다. 래칫효과는 소득수준이 낮아져도 소비성향은 그렇게 낮아지지 않는 현상을 일컫는 말입니다. 역회전하지 않는 래칫처럼 소비수준이 후퇴하진 않는다는 것입니다. 월 1천만 원 받아 700만 원을 쓰던 사람이라면 수입이 5백만 원으로 준다고 해서 지출도 반으로 줄여 350만 원으로 살진 못한다는 이야기입니다.

그래도 실직을 하게 되면 쓸 돈이 여유롭지 않아 바로 지갑 단속을 안 할 수 없습니다. 애들 교육비는 마지막 보루이니 손 못 대고, 만만한 문화생활비부터 줄이고 외식비도 줄여 보려 합니다. 냉장고 개비하려 했던 계획은 당분간 보류! 하지만 래칫효과에서 보듯이 사람들의 소비

탄력도는 그렇게 높지 않아 소득은 급전직하로 확 주는데 소비는 그처럼 줄이질 못합니다. 오히려 막연하게 다시 일자리를 갖게 될 거로 믿고 차후에 있을지도 모를 수입을 미리 끌어 다가 쓰기도 합니다. 냉장고에 성에 끼는 걸 결국 참지 못하고 카드를 긁는 것입니다. 대신 12개월 할부로, 다행히 무이자 행사기간이라니… 그래도 소비를 줄였다고 좋아해도 될까요?

이러한 소비행태는 소비가 이미 습관으로 굳어졌음을 보여주는 것입니다. 일회성의 행동은 금방 수정하고 바꿀 수 있지만, 습관은 고치기도, 바꾸기도 어렵습니다. 재취업이 언제 될지도 불투명하고, 창업을 하더라도 돈이 나오려면 한참 뒤의 일인데 쌓이는 카드 빚 어떻게 감당하려고…

습관이 되어버린 소비를 줄일 수 있는 방법은 없는 걸까요?

먼저 마음을 단단히 먹어야 합니다. 당장의 소비를 획기적으로 줄이지 않으면 가정경제는 파산을 맞을지 모른다, 아니 가정이 깨질 수도 있다고 생각해야 합니다. 실지로 실직 이후 이혼을 하거나 가족이 뿔뿔이 흩어져 해체되는 건 대부분 경제적인 문제에서 비롯되는 것입니다. 50대의 실직은 다른 연령대와 달리 은퇴로 굳어질 수 있는 위험이 있습니다. 줄일 수 있는 것은 줄이면서 혹시 장기전이 될지도 모를 수입제로의 상황에 대한 대비를 해야 한다는 것입니다.

게다가 50대는 인생의 반환점을 도는 시점이라 아예 실직을 넘어서 인생 후반전에 대한 대비를 해야 합니다. 실직 동안의 절약이 아니라 인생 후반전의 소비지출을 어떻게 할지를 결정해야 합니다.

이제는 설사 재취업을 한다 해도 노후를 바라보고 전반적인 가정경제의 규모를 줄이는 쪽으로 다운사이징(Down-Sizing)을 하지 않으면 안 됩니다. 영화관 가는 횟수 줄이고 맛집 덜 가는 차원이 아니라, 자가

용을 처분하고 살던 집을 줄이는 특단의 조치도 고려해야 한다는 것입니다. 이렇게 하지 않으면 절약하다가도 재취업을 하는 순간 다시 요요처럼 소비는 제자리로 돌아가게 될 것이고, 결국 얼마 지나지 않아 맞게 될 은퇴 시에는 노후빈곤이라는 더 큰 경제적 위기를 맞게 될지도 모릅니다.

근본적으로 생활 자체를 바꾸어야 한다

부자학의 세계적인 권위자 토마스 스탠리와 세라 스탠리 펠로는 "유행을 무시하고, 사람들의 견해와 영향력에 무관심하고 수입보다 검소한 생활을 하는 것이 소득을 재산으로 바꾸는 데 능한 사람들의 특징이다. 한결같이 절제하는 소비 습관이 자기 힘으로 부유해질 수 있는 사람들과 현재 부유한 사람들의 기본 표식이다."라고 하였습니다. (이웃집 백만장자 변하지 않는 부의 법칙 The Millionaire Next Door, 토마스 스탠리와 세라 스탠리 펠로 지음, 김미정 옮김, 비즈니스북스)

절제하는 소비습관이 부자를 만든다는 것입니다. 부자들의 쓰레기 봉투 안에는 진짜 쓰레기들만 들어 있다고 합니다. 소비를 하기 전에 '이 물건은 내게 진짜 필요(Needs)한 건가? 아니면 갖고 싶은 욕심(Wants) 때문인가? ' 따지는 습관이 요구됩니다.

'90일 완성 돈 버는 평생습관' 이라는 자기계발서를 쓴 일본의 재무 컨설턴트 요코야마 미츠야키는 돈을 모으려면 우선 "생활부터 개선하라"고 일갈합니다. 저 사람이 돈을 모을 수 있을까? 못 모을까? 하는 건 그 사람의 책상을 보면 알 수 있다고 합니다. 돈을 모으지 못하는 사람들의 공통점은 책상이 어지럽고 생활이 산만하다는 겁니다. 흐트러진 생활은 정리가 안된 삶이고, 그럼 자신이 이미 가지고 있는 것도 잘 모르고 잘 활용하지도 못하는 사람입니다. 자신의 취향을 정확히 파악하지도 못하고 변덕도 심한 사람입니다. 그러면 집안에 어딘가 있는 걸 또 사거나, 활용도가 떨어지는 물건을 사거나 곧 싫증 나서 잘 쓰지도 않을 걸 산다는 것입니다.

혹시 집안에 이런 건 없나요? 작년에 사 놓고 딱 한 번 입었던 옷, 한 페이지도 읽지 않고 그대로 꽂혀 있는 책, 냉동실 구석에 처박힌 지 일 년 된 음식재료, 평소에 맛집 찾아보는 거 말고는 별로 쓰지도 않는 무제한 데이터, 일 년 정기권 끊어놓고 한 달에 두 번 가는 피트니스 센터…

본질에 집중하는 삶

4~5년 전에 미니멀리즘이 대유행이었습니다. 불필요한 물건을 없애거나 더 이상 사지 않으면서 생활을 단순화시키고 그로 인해 생활의 안정, 마음의 평온까지 얻게 된다는 것입니다. 현재 회원 수가 24만 명이나 되는 온라인 카페 '미니멀 라이프'에서는 지금도 매일 '미니멀 게임'이 벌어지고 있습니다. 회원들이 매일 처분한 물건 리스트와 사진을 게시판에 올리는 것입니다. 집안의 물건을 줄임으로써 마음이 홀가분함을 느끼고, 아등바등한 삶에서 벗어나 진짜 자신이 무엇을 원하는지를 깨달으며 자유로워지게 되었다는 감상과 함께, 미니멀 라이프의 카페 대문에는 "최소한의 것 만을 소유하는 삶-인생의 본질적인 사실들 만을 직면해보려는 것이었으며, 마침내 죽음을 맞이했을 때 내가 헛된 삶을 살았구나 하고 깨닫는 일이 없도록 하기 위함"이라고 되어 있습니다.

정리의 여왕 곤도 마리에는 "손에 들어봐서 가슴이 두근거리는가 아닌가로 버릴 것과 남길 것을 구분하라"고 했습니다. 그렇게 정리하면 집안뿐 아니라 그 사람의 인생까지 변한다고 했습니다.

집안 정리 때문에 늘 골머리를 썩던 평범한 주부 야마시다 히데꼬는 요가의 수행법인 단행(斷行), 사행(捨行), 리행(離行)을 정리정돈에 도입해 단샤리(斷捨離) 정리술을 개발했습니다. "불필요한 물건이 들어오는 것을 끊고(斷), 공간을 차지하는 쓸데없는 것을 버리고(捨), 물건에 대한 집착에서 벗어나는(離)" 것입니다. 이렇게 단샤리를 실행하게 되면 자신을 성찰하게 되고 공간뿐 아니라 마음까지 정리되며 삶의 평온한 조화를 이루게 된다는 것입니다.

시인 장석주는 그의 저서 '단순한 것이 아름답다'에서 자신의 미니멀리스트로서의 인생관을 피력했습니다. "단순함의 미학 추구, 작은 집에서 살기 운동, 소식이 좋다는 인식의 확산, 적게 벌고 적게 쓰자는 각성 등은 사회 전반의 낭비와 소비에 제동을 걸려는 생태주의적 각성이며, 욕망을 제어하지 못하고 폭주하는 주류 문화에 대한 반동에서 촉발된 일종의 반문화운동으로서 새로운 문명의 패러다임이다. 성공과 소유가 행복을 가져준다는 믿음은 자본주의가 만들어낸 허구이고 거품일 뿐이다. 미니멀리스트는 자본주의가 유포하는 허구적 신화를 따르지 않고 가치와 충만함에 집중하는 사람들이다. 그러니까 미니멀리스트는 비본질의 삶에서 벗어나 본질의 삶에 충실하려는 사람들인 것이다."

50대, 단순히 소비를 줄이는 것에서 넘어서 인생을 콤팩트하게 정리하고 본질적인 가치에 충실한 삶을 시작해야 할 때입니다.

기꺼이 BMW 족이 되다

살을 빼려면 운동하는 것보다 식사량을 줄이는 게 더 효과적인 방법입니다. 탄수화물이 살찌는 데 가장 큰 비중을 차지하기 때문입니다. 가정경제의 지출규모를 줄이려면 가장 돈이 많이 들어가는 걸 줄여야 합니다. 바로 차입니다. 자가용을 운행하고 유지하는데 들어가는 비용이 가장 큽니다. 출퇴근 때 타고, 주말에도 가끔 야외로 타고 다닌다고 했을 때 유류대나 주차료, 정비료, 보험료, 간혹 생기는 사고처리비용 등을 합해서 중형차 기준으로 월 평균 50~70만 원은 들어갈 겁니다.

일반적으로 자가용을 몰고 다니는 사람들은 거기에 익숙해져서 한 두 정거장 밖에 안 되는 거리도 대중교통을 잘 이용하지 않게 됩니다. 그래서 실직하게 되더라도 어떻게든 차는 유지하려 듭니다. 만약 몰고 다니던 회사 차를 반납하게 되면, 그동안 배우자에게 잠깐 양도했던 본인 차를 다시 몰거나 소형이라도 다시 개인 차를 구매하기도 합니다. 젊은 2030세대들도 취업을 하게 되면 제일 먼저 차부터 저지릅니다. 그러나 근래 재테크 전도사로 유명세를 떨치고 있는 존리 메리츠 자산운용 대표는 말했습니다. 자동차를 구입하는 그 순간이 부자가 되기를 포기하는 순간이라고.

저는 이전 회사 다닐 때 임원용 자동차를 받아서 타고 다녔습니다. 기사는 없었지만, 유류비도 회사에서 다 내줬으니 차량을 위한 제 개인 비용이 들어가지는 않았습니다. 그러다가 퇴사를 하면서 그 차를 반납했습니다. 그리고 그때부턴 뚜벅이로 살기로 결심했습니다. 적어도 재취업이 되어 일을 다시 시작하지 않는 한 BMW(Bike, Metro, Walk)족이 되기로 한 것입니다.

2016년 5월에 보험설계사 일을 시작하고도 차를 장만하지 않았습니다. 전국에 고객이 많아 기동성이 절실한 상황도 아니었습니다. 자차를 갖게 되면 유류비도 부담되지만, 유류비보다 더 아깝고 신경 쓰이는 게 주차였습니다. 마땅한 주차 장소 찾느라 거리에서 낭비하는 시간도 아까웠고 10분에 1천 원씩이나 올라가는 주차비도 참 아까웠습니다.

대중교통을 이용하면 전혀 그런 걸 염려할 필요도 없습니다. 먼 거리면 예상 시간을 알아보고 좀 더 일찍 나가면 됩니다. 자동차를 이용하면 길이 막혀서 약속시간에 늦는 일이 비일비재하나 버스나 지하철은 거의 예정 시간대로 움직입니다. 네이버 지도로 행선지까지 가장 효율적인 교통수단을 선택하고 그 차편이 출발하는 시각에 맞춰 정류소나 역으로 나가면 됩니다. 버스 정류장에 있는 버스들의 도착 시각 알리미도 아주 유용합니다. 지도앱과 정류소 알리미만 있으면 절대로 약속시간에 늦을 것도 없고 시간을 허비할 일도 없습니다.

버스 타고 가며 모자란 잠도 보충할 수 있고, 지하철 타고 가며 아이패드를 꺼내 급한 업무를 볼 수도 있습니다. 출퇴근 때 짬짬이 시간 내는 것만으로도 1주일에 책 한 권을 읽을 수도 있습니다. 매 주말마다 마트에 가서 장을 봐야 한다고요? 차가 있으니까 필요 없는 것도 더 많이 사게 된다고 생각해 보진 않았나요? 요샌 온라인으로 신선식품들마저 바로 다음날 새벽에 받을 수 있습니다. 직접 매장에 가서 사야겠다면, 3만 원이면 짐 옮기는 카트 하나 장만할 수 있습니다. 장본 거는 장바구니나 박스에 넣고 카트에 실어 끌고 오면 운동도 되고 좋지 않을까요?

공유차, 쏘카

평상시엔 대중교통을 이용하더라도 꼭 승용차가 필요한 경우가 있습니다. 혼자 들 수 없는 짐을 운반해야 하거나, 가족들과 여행을 가야 하거나 그럴 때는 공유차를 이용하면 됩니다. 저도 네댓 번 이용해 봤는데 별 어려움 없이 잘 탔습니다.

우선 해당 공유차 앱을 다운 받고 회원가입을 합니다. 휴대폰을 인증하고 신용카드 및 운전면허증을 등록하여야 합니다. 그리고 대여시간 및 장소를 정하고 차종을 선택하고 선결제를 합니다.

차량은 기본적으로 4시간 이상 이용해야 합니다. 그리고 10시간 이상 빌려야 할 것 같으면 하루 기준으로 빌리는 게 유리합니다. 10시간 이상이면 하루로 들어가니까 일일 금액과 똑같기 때문입니다. 예상보다 차가 막혀 반납시간이 생각보다 지체될 수 있으니 좀 여유롭게 대여

시간을 확보하는 목적도 있습니다. 차종과 주중이냐, 주말이냐에 따라 탄력요금제가 적용됩니다. 차종에 따라 전국 일일 기준 요금이 75,000원부터 350,000원까지 있습니다.

차량손해면책 선택을 하게 되어 있는데, 쉽게 이야기하면 보험 처리할 때 자신이 얼마나 부담할지를 정하는 것입니다. 보험료를 적게 내면 자기부담금은 커지는 거고 많이 내면 자기부담금이 적은 겁니다.

차를 받는 장소는 자기가 출발할 지역의 인근 쏘카존으로 설정해도 되고(전국에 4,000개 이상의 쏘카존이 지하철, 주차장, 마트 등 다양한 장소에 있음), 조금의 돈을 더 내고 아파트 주차장이든, 건물 주차장이든 자신이 있는 곳으로 지정해도 됩니다. (이러한 부름 서비스는 하루 전에 예약 신청해야 함)

대여 예정 시각 1시간 내지 2시간 전쯤, 차가 원했던 장소에 도착해 있음을 알려주는 알람이 울립니다. 차량번호와 상세한 주차위치, 반납시간도 톡으로 전해줍니다.

탑승 전에는 차량의 손상 여부를 확인해야 합니다. 전면, 측면, 후면 등을 사진을 찍어서 앱 상에 올리게 되어 있습니다. 차량을 열고 닫는 것도 앱으로 하게 되어 있습니다. 처음에는 핸드폰 앱으로 차가 여닫히는 게 신기했습니다.

차량을 이용하고 나면 처음 대여했던 장소로 가져다 놓고 반납 신청을 하면 됩니다.

그리고 이용 중에 주유가 필요하면 차량 운전석 쪽에 꽂혀 있는 주유카드를 이용하면 됩니다. 개인카드로 주유를 하면 바로 환급이 안되고 복잡한 문제가 야기되니 개인카드를 사용하시면 안됩니다. 자신이 필요하다 싶은 만큼 주유를 하면 됩니다. 기름값은 주유한 양과는 상관없습니다. 처음 대여해서 반납할 때까지 움직인 거리에 따라 주행 후 자동

결제되기 때문입니다.

만약에 일행 중 다른 사람도 차를 몰게 될 것 같으면 미리 '동승운전자 등록'을 해두어야 합니다. 동승운전자는 예약자 외 1인에 한해서 등록 가능하며, 쏘카 회원이어야 하고 동승이용자는 예약자와 동일하게 스마트키를 이용할 수 있습니다. 그리고 혹시 반납 시간을 지킬 수 없을 것 같거나 차량을 좀 더 오래 대여하고 싶다면, 역시 앱에서 연장도 됩니다. 만약 다른 사람이 그 사이 그 차로 예약을 하면 반납 연장이 안되므로 애초에 반납 연장 안 해도 되게끔 가장 효율적으로 빌려 쓸 수 있는 시간만큼 예약하는 게 좋습니다. 반납 연장이 안되었는데 제시간 안에 반납을 못하는 경우에는 지연시간에 따라 30분~1시간당 1만 원 이상 페널티를 물어야 합니다.

그리고 만약 반납할 장소를 처음 대여 장소와 다르게 하고 싶다면 이 또한 미리 앱에서 신청해두면 됩니다. 대신 모든 차량이 되는 것이 아니라 부름 서비스 가능 차량에 한하며 다른 장소에 반납하기 옵션을 선택하면 됩니다.

만약 쏘카를 이용하는 경우가 잦을 거라고 예상되면 쏘카패스를 이용하는 것도 방법입니다. 쏘카패스는 월정액으로 1~2만 원씩 내는데, 그러면 쏘카를 대여할 때마다 최대 50%까지 대여비를 할인받기 때문에 자주 이용하는 사람들은 쏘카패스를 이용하는 게 유리합니다.

공유 자전거, 따릉이

서울에서는 따릉이라는 공유자전거를 운영합니다. 따릉이를 중심으로 이야기를 하겠습니다. 우선 따릉이 앱을 다운받아야 합니다. 그리고 회원가입을 합니다. 로그인이 되면 이용권을 구매해야 합니다. 앱 메인 왼쪽 상단 메뉴버튼을 클릭하면 이용권 구매페이지로 갈 수 있습니다.

이용권은 정기권과 일일권으로 나뉩니다. (2명 이상 최대 5명까지 여러 명이 같이 타는 경우, 단체권을 구매할 수도 있음) 정기권은 7일, 30일, 180일, 365일 네 개 기간의 옵션이 있고 각각 1시간 권과 2시간 권이 있습니다. 일일권은 일일회원 1시간 권과 2시간 권이 있습니다. 1시간에 1,000원이고 초과 시 5분마다 추가요금(200원)이 과금됩니다. 결제는 신용카드, 체크카드, 휴대폰결제 등이 되고 서울시 제로페이로 결제할 시에는 일일권이 50% 할인됩니다.

앱을 실행하면 자신이 있는 위치 근처에서 따릉이를 대여할 수 있는 대여소가 지도에 표시되어 나타납니다. 예전부터 있던 LCD형 따릉이가 있고 신형 따릉이인 QR코드형이 있습니다. 지도에 초록색 동그라미로 표시된 거치대는 LCD형이든 QR형이든 모두 대여, 반납 가능하고, 노란색 동그라미로 된 거치대는 QR형 뉴따릉이만 거치되어 있고 LCD형은 대여, 반납할 수 없는 곳입니다.

먼저, 앱 메인화면에서 대여하기 버튼을 누르고 난 뒤 자전거 QR코드를 찍습니다. (QR코드는 자전거 거치대 옆부분에 있습니다. 뉴따릉이의 경우 자전거 안장 밑) 앱에서 자전거 대여 신청을 한 후 자전거에 부착된 LCD화면의 홈버튼을 1~2초간 누르면 대여비밀번호를 누르라는 화면이 뜹니다. 미리 설정한 대여비밀번호를 입력하면 대여가 완료됩니다. 자전거를 타다가 잠깐 화장실을 다녀온다던가 쇼핑을 해야 해서 자전거를 바깥에 둬야 한다면 자전거 좌측에 보조 잠금장치도 달려 있으니 활용하면 됩니다.

자전거를 타다 보면 대여시간이 몇 분 남았는지를 알려줍니다. 대여시간을 초과해서 반납하게 되면 5분마다 200원씩 과금이 됩니다. 연장하려면 중간에 연장은 안되고, 그전에 빌린 자전거는 제시간에 반납을 하고 다시 빌려야 합니다.

반납은 원래 대여했던 곳이 아니라도 서울시내 어디 대여소든 가능합니다. 안장 밑 잠금장치 레버 가운데 튀어나와 있는 조그만 스위치를 누르며 아래로 당겨서 걸어주면 됩니다. 거치대에 자리가 없다면 자전거 좌측의 보조 잠금장치를 풀어서 자전거 단말기의 오른쪽 홈에 연결해 주어도 반납이 처리됩니다. 정상적으로 반납처리가 끝나면 반납완료 알림톡이 옵니다.

따릉이를 싸게 이용할 수 있는 팁이 하나 있습니다. 만약 일일권 2시간짜리를 끊었다면, 한번 대여 후 이용시간이 2시간만 넘지 않으면 하루 동안에 타고, 반납하고 다시 타기를 몇 차례 반복해도 됩니다. 즉, 2시간 안에 대여소를 찾아가서 반납한 뒤 다시 대여를 하면 시간이 리셋되어 또 2시간 동안 따릉이를 탈 수 있습니다. 전체이용시간은 10시간이고 20시간일 수도 있다는 것입니다.

주택규모를 줄여야 한다

우리나라 사람들 집에 대한 집착이 강합니다. 예전에 전세나 월세를 살면서 집 없는 설움을 겪었던 탓일까요? 어떻게든 본인의 집을 소유하려고 합니다. 해가 갈수록 집값이 천정부지로 솟으니 이러다간 내 집 없이 이집 저집 전전해야 할지도 모른다는 걱정 때문에 그렇게들 집에 집착하는지 모르겠습니다.

아이들이 크면서 집도 규모가 커집니다. 18평짜리 아파트에서 시작된 신혼집은 아이들이 대학생이 되면서 어느새 50평 대형 아파트로 되어 있는 것입니다. 이제 아이들이 다 커서 분가했습니다. 본인도 60이 다 되어 퇴직을 했습니다. 그래도 그 집을 유지할 건가요?

집을 줄여야 하는데 막상 쉽지는 않습니다. 아이들이 추억이 깃든 집이라며 팔지 말자고 합니다. 결혼하기 위해 이성친구라도 데려올 거 생각하면 크고 번듯한 집을 갖고 있어야 좋은 배필을 만날 것 같기도 합니다. 결혼하고 출가하더라도 명절이고 때 되면 애들이 손자 손녀 데리고 올 거고 온 가족이 다 모여야 하는데 집이 작으면 할아버지 할머니 위신도 안 설 거 같고… 집을 줄이지 않는 이유도 각양각색입니다.

하지만 일 년에 그런 날이 며칠이나 된다고 그 집을 유지하는가요? 아이들이 장성하고 집을 떠나고 나면, 게다가 실직이나 은퇴까지 하게 되면 주택을 줄여야 할 이유도 충분합니다.

규모를 줄이면 목돈이 들어옵니다. 그 목돈을 연금화 시켜 노후자금을 준비해야 합니다. 세금도 줄어듭니다. 집이 줄어들면 매달 들어가던 주거비용도 줍니다. 난방비, 냉방비 다 줄어들 것이고 관리비도 줄어들 것입니다.

또한 집이 작아지면 그만큼 그 집을 청소하고 유지하기 위해 들어가는 노동시간을 줄여줄 것입니다. 시간을 벌게 되면 그 시간을 본인의 계발에 쓰거나 여가활동에 활용할 수 있습니다. 정말 표시도 안 나는 집안일에만 메여 살 필요가 없지 않나요?

가치소비 - 온라인구매, 할인코너, 리퍼브매장

사고 싶은 물건이 있으면 어떻게든 사는 사람이 있습니다. 살 물건에 집착하다 보면, 안 사면 손해 보는 것 같은 생각이 드는 겁니다. 그러면 결국 사게 됩니다. 마시멜로를 눈앞에 두고 참지 못하는 아이들과 별반 다르지 않습니다.

소비에 앞서 잠깐 멈춤이 필요합니다. 당초 계획했던 구매가 아니라면 욕구를 이연 시키는 연습이 필요합니다. 당장 지갑을 열고 사기 전에 이게 정말 필요한 건지, 아니면 단순히 갖고 싶은 건지 생각을 해보는 겁니다. 봤다고 바로 구매를 결정하지 말고 매장을 한 바퀴 더 돌고 오든지 아니면 하루 뒤에 다시 가보는 겁니다. 제 경험상 그러고 나면 욕구가 사라지고 충동적인 구매를 많이 줄일 수 있었습니다. (오늘만 세일특별가로 준다고 하면 그러기도 쉽지 않지만…)

실직을 하면 적게 쓰고 절제하는 게 순리입니다. 품질은 우수하지만 가격은 저렴한, 즉 가성비 높은 제품을 찾아 소비하는 가치소비를 해야 합니다.

코로나 때문에 빚어진 결과이기도 하지만, 온라인 쇼핑몰을 통한 구매가 많이 늘었습니다. 같은 제품인데도 오프라인 매장보다 가격이 상대적으로 저렴합니다. 특히 품질의 차이가 없는 공산품인 경우, 여러 쇼핑몰을 비교하여 가장 저렴한 곳으로 찾아 들어가 구매하면 되니까 굳이 시간 들여, 발품 들여 더 비싼 돈을 지불하게 될 오프라인으로 가야 할 이유가 없습니다.

단지, 실제 제품을 입고 신어보고 눈으로 확인해 볼 필요가 있는 경우에는 오프라인 매장을 가야 할 수도 있습니다. 하지만, 거기선 구경만 하고 실제 구입은 온라인 쇼핑몰에서 하면 비용을 줄일 수 있습니다. 이른바 쇼루밍(Showrooming)을 하는 겁니다.

마트에서는 할인코너를 운영하고 있습니다. 유효기간이 임박한 것, 품질은 문제가 없으나 포장지가 조금 찢어졌거나 훼손되어 정상가에 팔 수 없는 것들입니다. 사서 오늘 저녁 찬거리로 먹으면 아무 문제 없습니다. 저녁시간대가 지나 영업종료 시점이 가까워지면 식품들은 할인행사를 하기도 합니다. 그때 사면 훨씬 저렴한 가격에 같은 품질의 제품을 구입할 수 있습니다.

리퍼브(Refurb) 매장은 초기불량으로 반품된 제품이나 고장 난 제품을 수리해 다시 내놓고 판매하는 곳입니다. 기능과 성능이 새 제품과

차이가 없지만 가격은 30~80%까지 저렴합니다. 미세한 스크레치가 있어서 싸게 파는 상품, 박스만 개봉됐던 반품상품, 이월상품 등이 있습니다. 경기도 용인에 있는 한 리퍼브 매장을 가 본 적이 있습니다. 매장에 있는 제품이 1,000여 종이라는데 특히 토스터, 드라이기, 면도기 등 소형가전이 많았습니다.

중년실직자가 아침에 가야 할 곳은?

7

- 가족 -

아내는 '낯익은 타인'이었다?

아빠 힘내세요! 가족이 있잖아요~

실직하고 세상이 무너진 것 같은 참담함과 고통 속에 있을 때 그래도 다시 설수 있는 건 가족 덕분입니다. 가족으로부터 위로와 격려를 받아 다시 일어설 힘을 얻게 되는 것입니다. IMF 직후 위태위태하고 힘든 일터에서 돌아왔을 때 아이들이 불러주던 '아빠 힘내세요'라는 동요에 위로받고 다음날 아침 다시 힘차게 출근하곤 하지 않았던가요? 괴롭고 피곤한 일들이 있어도 고사리 같은 손으로 어깨 주물러 주는 아이들이 있어 다시 마음을 다잡고 밝게 웃을 수 있지 않았던가요?

가족은 나의 안식처이고, 내가 살아가는 이유이고 마지막 보루인 것입니다. 50대 실직이라는 힘든 상황을 맞닥뜨리게 되었을 때 가족은 서로 '괜찮아' 다독거려주며, '잘 될거야' 긍정의 말을 나누며 '힘내자'라는 격려로 서로를 북돋워주는 존재인 것입니다.

실직을 하게 되면 그 사실을 본인이 받아들이기도 쉽지 않지만, 가족에게도 밝히기를 꺼려 하거나 힘들어하는 분들도 많습니다. 그래서 아침이면 갈 곳도 없는데 평상시처럼 양복 입고 집을 나서 공원이나 도서관을 간다는 웃픈 현실들을 만나게 됩니다. 아니 언제까지 그럴 건가요? 새로운 직장을 구하기 전까지요? 요새처럼 재취업이 여의치 않은 때 그게 언제 될지 알고. 그리고 그렇게 잠깐은 감출 수 있다고 하더라도 결국 가족이 알게 되지 않을까요? 또, 실직이 내가 그렇게 잘못해서 벌어진 일이 아니라 단지 나이가 많아서 밀려났을 뿐인데 그게 가족들한테 감추어야 할 만큼 잘못된 일인가요? 무슨 죄지은 것도 아니고.

한국의 가장들, 특히 지금 50대가 되는 남자들은 인생에서 책임만을 강요당해 온 가부장적인 사회 속에서 살아왔을 가능성이 높습니다. '맡은 일은 책임을 다해서 완수해야 한다', '가족을 책임지고 부양해야 한다', '자신의 행동과 인생에 책임을 질 줄 알아야 한다' 그렇게 배웠고 그렇게 살아왔습니다. 그리고 자신이 힘들고 아픈 건 감추었습니다. 울면 안된다고 배웠습니다. 약한 모습은 드러내지 않으려고만 했습니다. 책임 있는 모습이 아니고 비겁한 겁쟁이로 비치는 것 같았기 때문입니다.

내가 책임을 다해 살아가는 이유가 가족이기도 하지만, 내가 위로받고 격려 받아야 할 곳도 가족입니다. 이참에 가족 찬스를 쓰세요. 하루빨리 가족에게 본인의 실직 사실을 털어놓고 진솔하게 이야기하면서 가족들의 이해와 도움을 구해야 합니다. 남자라서, 가장이라서, 아빠라서 아파도 아프지 않다 하고 슬퍼도 슬프지 않다 했던 지난 세월을 그대로 답습하지 맙시다. 가족에겐 솔직해야 합니다. '아빠가 실직해서 지금 힘들다', '여보, 내가 지금 마음이 많이 괴롭고 아파' 라고 얘기하세요. 애들도 다 이해합니다. 생각보다 요새 애들 강합니다. 힘든 거, 아픈 거를 말 안하고 안 그런 척하는 건 본인에게도 좋지 않고 나중에 어차피 알게 될 가족들에게도 더 큰 상처가 될 수도 있습니다.

경제적인 위기, 가족에게 협조를 구하라

실직이 가져오는 가장 큰 위기는 경제적인 위기입니다. 그동안 외벌이 수입이었다면 가장의 실직에 따른 위협은 더 클 것입니다. 부인은 결혼 후 쭉 살림만 하던 사람이고 아직 자녀들은 학생이라 제 앞가림이라도 하려면 몇 년 더 걸리고, 연로하신 부모님 연금도 없으시다면…? 안타깝게도, 일자리도 소득도 자산도 없는 '닌자 가족'(NINJA No Income, No Job or Asset)이 되는 것입니다. 가족의 생활이 가장의 월급봉투 하나에 달려 있었는데 그게 들어오지 않게 되니 가족의 삶 전체가 위협을 받을 수밖에 없습니다.

재취업이 금방이라도 되면 좋으련만 50대가 다시 예전만 한 일자리 잡기는 쉽지 않습니다. 결국 그동안 모아둔 돈 깨서 생활비로 하거나, 노후대비하라는 퇴직연금 깨서 당장의 가족 생활비에 보태 쓸 수밖에 없습니다.

요새 2030을 캥거루족이라고 합니다. 사회에 나가서 홀로 설만큼 준비가 되어 있지 못하고 여전히 캥거루 새끼처럼 부모의 품속에 머물러 있습니다. 경기는 나쁘고, 일자리도 없고 게다가 요즘엔 코로나로 경제 회복이 언제가 될지 칠흑 같은 어둠 속에 있으니 어쩌겠습니까?

이런 상황에서 실직을 하게 되면 홀로서기 하려 해도 할 수 없는 자녀들과 계속 뒷바라지해주고 싶어도 할 수 없게 된 부모 간에 난감하고 안타까운 현실이 펼쳐집니다.

어쩔 수 없습니다. 실직으로 인한 경제적 위기는 내 의도와 상관없이 벌어진 현실이고, 혼자서 다 짊어지고 가기에는 너무 벅차고 방법도 없습니다. 실직 사실을 솔직히 털어놓고, 부모로서 해 줄 수 있는 한계를 명확히 하고 가족의 협조를 구해야 합니다.

"내가 이번에 여차여차해서 실직을 하게 되었다. 최선을 다해 빠른 시일 내에 이 상황을 헤쳐 나가겠다. 이미 다른 직장도 알아보고 있다. 당신(아내)이 지금껏 잘해 왔지만, 앞으로도 가정경제 잘 버틸 수 있도록 힘써 주길 바라. 당분간은 좀 더 아끼고 줄여보자."

"너희도 힘들겠지만 아빠도 힘든 터널을 지나게 될 거 란 걸 알아줬음 좋겠다. 당장에 집안 살림이 예전처럼 넉넉하진 않을 거다. 그래서 어쩔 수 없이 내린 결정이니 이해해 주고, 받아줬으면 한다. 너희 학교 졸업하고 결혼하는 것까지 어떻게든 서포트를 하려고 하는데 그게 생각만큼 쉽지 않을 수도 있다. 대학등록금은 어떻게든 내주겠다. 용돈은 너희가 아르바이트해서 벌어 써라. 대학원을 가겠다면 네가 장학금 받아서 갈수 있도록 했으면 좋겠다. 오피스텔 구해 주겠다는 건 보류하자. 좀 멀더라도 집에서 다녀라."

이제 와서 자녀들에게 예전보다 많이 못 준다고 미안해할 필요 없습니다. 지금껏 충분히 해줬습니다. 자녀들, 외국 같으면 이미 독립하고도 남았을 나이들입니다. 이참에 인생이란 원래 그저 얻을 수 없다는 걸 가르쳐 줄 수 있는 좋은 기회이기도 합니다. 부모라고 모든 것을 다 해 줄 수도 없고, 부모도 곤경에 빠지면 가족이 함께 희생하며 헤쳐나가야 한다는 사실을 잘 알 수 있도록 해야 합니다.

자식의 인생에 언제까지 얼마나 지원해줄지 생각하고 그 기준을 세우는 기회로 삼을 수도 있습니다. 50대 중에는 본인이 이루지 못한 꿈들을 아이들이 대신 이루어 줄 거라고 착각하는 사람들이 있습니다. 그래서인지 결과에 대한 냉철한 전망 없이 자식에 대해 무모한 투기성 투자를 하기도 합니다. 그러나 어디 아이들이 내 뜻대로만 자라주던가요? 시쳇말로 세상에 뜻대로 안 되는 거 세 가지가 있다고 하지 않습니까? 하나는 와이프고, 하나는 자식들이고 또 하나는 헤어스타일이랍니다. 물론 자신의 뜻대로 부인, 자녀의 인생을 끌어가려 해서도 안되고.

자식에 대한 투자 대비 결과는 그다지 만족스럽지 못하고, 그러는 사이 이제는 더 이상 투자하거나 지원할 수도 없는 상황에 봉착한 것입니다. 실직을 계기로 삼아 지금부터 자녀에 대한 투자를 줄여야 합니다. 자녀에게 너무 과도한 기대를 할 것도 아니고 자신을 너무 희생시키며 자식에게 다 해 주는 것도 바람직하지 못합니다. 최선을 다해 자녀들의 인생을 돕겠지만 자식들에게도 세상을 혼자서 헤치고 나갈 기회를 주고 연습시켜야 합니다.

아내는 '낯익은 타인'이었다?

보통, 남자가 은퇴를 하고 나면 부부간의 갈등이 잦아지는데 진화심리학자들은 은퇴 후 일어나는 부부간의 갈등 원인을 공간의 문제로 해석하기도 합니다. 가족의 생계를 책임지느라 한때 가정을 소홀히 하기도 했지만, 남편에게 가정은 언젠가는 돌아가야 할 고향과 같은 곳입니다. 하지만 부인 입장은 좀 다릅니다. 많은 시간을 남편과 떨어져 지내는 것에 익숙해 있던 부인은 가정을 자신만의 공간으로 생각합니다. 그런데 은퇴한 남편이 이 공간으로 침범해 들어오면서 부인의 생활리듬이 깨지고 부적응 상태에 빠진 것입니다.

일본의 신경정신과 전문의 쿠로카와 노부오 박사는 이러한 증상을 가리켜 '은퇴남편증후군'이라 명명합니다. 이 증후군은 남편의 은퇴와 함께 부인의 스트레스 강도가 높아지면서 몸이 자주 아프고 신경이 날카로워지는 증상을 말하는데, 이런 증상은 실직을 맞게 되는 50대에게도 유사하게 나타납니다.

아내 입장에서 남편의 실직은 심각한 고민꺼리입니다. 당장에 수입이 없어짐으로 인해 생기는 경제적 어려움도 문제지만, 남편이 하루 종일 집에 있는다고 생각하면 답답해서 미칠 지경입니다. 실직한 남편들의 인간관계라는 게 대부분 예전 직장을 중심으로 이루어졌기 때문에 직장을 나오는 순간 많은 관계가 끊어지고 외출할 일이 거의 없어집니다. 게다가 전부터도 이웃과의 교류는 거의 없는 편이다 보니 이제 와서 이웃집 사람과 인사를 트기도 껄끄럽습니다. 노는 것도 놀아 본 사람이 잘하는 법입니다. 평생 일만 하던 사람들은 실직하고 시간이 펑펑 남아도 걱정하는 데만 시간을 쓰지 놀 수도 없고 놀 줄도 모릅니다.

20~30년을 바깥에서 생활하며 주말에도 골프치랴, 낚시하랴 같이 마주하고 대화할 시간조차 갖지 못했던 남편이 하루 세끼 꼬박꼬박 먹어가며 집안에만 있게 되는 상황이 된 것입니다.

젊을 때야 함께 붙어있고 좋았지만 이제 '남의 편'이 된 듯한 사람인데 하루 종일 같이 있으라고요? 그동안 혼자 있을 때는 쉽게 아무거나 해서 먹든지 하기 싫음 안 하면 되던 밥을 이제 세끼 다 밥 해달라고요? 그동안 매일 바깥으로 돌며 가정사에 무관심하던 남편이 이제 와서 곁에 있어주고 같이 놀아달라고요?

그동안 아내들은 시부모 모시고 시집살이하느라 힘들었고 아이들 키워내느라 바빴습니다. 이제 시부모님은 돌아가시고 아이들은 다 커서 집에 잘 붙어있지 않아서 이제 자신만의 시간을 가져볼까, 음악 들으며 커피 한 잔 마시는 여유를 누려볼까 하는데 남편이 발목을 붙잡은 꼴입니다.

남편은 퇴직하고 하는 일없이 하루 종일 집에만 있으면 그전에 보지 못했던 아내의 일상이나 씀씀이를 보게 되며 이런 저런 간섭을 하게 되고 잔소리를 늘어놓게 됩니다. '이거 왜 여기에 두느냐?', '이거는 왜 이리 지저분하냐?', '이런 건 왜 샀나?', '무슨 일로 나가냐?', '언제 오느냐?' 등등.

함께 있는 시간이 많아지니 예전에 몰랐던 남편의 모습, 예전에 몰랐던 아내의 모습을 보게 되고 당황스럽기도 합니다. 이제 와서 상대의 습성과, 취향과 기준에 맞추려니 은근 스트레스고 힘듭니다. 20여 년을 같이 살아온 부부는 어느덧 '낯익은 타인' 이 되어 있습니다.

집안일을 나눠라. 요리도 배워라.

50대가 실직을 맞게 되면 부부간의 갈등이 잦아집니다. 경제적인 어려움과 심리적인 상처들로 인해 신경도 예민해지고, 스트레스 지수가 극도로 높아지며 울화가 치밀어 오릅니다. 상대에게 위로를 받아야 할 텐데 서로 마음의 여유가 없으니 오히려 사소한 일에도 짜증과 화를 내게 됩니다.

말다툼이 잦아지고, 상대에게 공격적인 말로 더 깊은 상처를 주게 되고 그러다 과거의 잘잘못까지 들추어내며 서로의 자존심에도 큰 흠집을 내게 됩니다. 결국 건잡을 수 없게 상황이 악화되며 심하면 이혼까지 이르게 되는 경우도 있습니다.

요즘 중년 여성들은 리버럴하고 액티브합니다. 예전 그 나이 때와 달리 친구들, 학교 동기들, 이웃 커뮤니티와 교류도 잦고, 이것저것 배우러도 다니고, 함께 여행도 다니고 사교적입니다. 동창 모임 나가는 아내 뒤통수에 '언제 와?' 하는 남편의 한마디는 아내의 마음과 행동을 불편하게 합니다.

실직하게 되어 집에 있게 되더라도 아내에 대한 의존적인 태도는 버려야 합니다. 아내가 집에 없어도 혼자서 밥해 먹고 혼자 있는 시간을 잘 보낼 수 있어야 합니다. 집안일도 나눠서 도와야 합니다. 쓰레기 분리수거도 해야 하고, 집 안 청소도 하고 세탁기에 빨래도 돌릴 줄 알아야 합니다. (세탁기 버튼 하나 누를 줄 몰라 아내 올 때까지 기다린다는 남편도 봤습니다.) 실직했기 때문에 그래야 하는 것이 아니라 진작에 그렇게 했어야 했습니다.

아내가 밥 차려주지 않으면 라면밖에 못 해먹는다고 하소연하지 마세요. 유튜브에 널려 있는 게 HOW TO 동영상들이고 블로그에는 레시피를 적어놓은 글들이 차고 넘칩니다.

특히, 50대 실직자들에게 요리하기를 적극 권장합니다. 아내가 외출하고 없으면 가장 곤혹스럽고 힘든 게 밥해 먹는 건데 자신이 해 먹을 수 있어야 합니다. 살아남는 중요한 노하우입니다! 검색창에 음식 제목만 넣으면 엄청 많은 레시피 글들이 나옵니다. 마트 가서 필요한 거 사고 그 레시피 대로 해먹으면 됩니다. 하라는 대로만 하면 내가 먹어봤던, 기대했던 맛이 나옵니다. 신기하게도!

아내가 즐겨 하는 취미활동이 있다면 잘 할 수 있게 응원하고 도와주세요. 다행히 남편도 함께 할 수 있는 거고 아내도 함께 하고 싶다면야 좋겠지만, 그렇지 않다면 아내가 좋은 시간을 가질 수 있도록 해주고 본인은 본인이 좋아하고 재미있어 할 수 있는 취미를 찾아 시간을 보내야 합니다.

이제 시간 많아졌으니 아내와 함께 여행도 가며 좋은 시간을 보내겠다고 혼자 맘먹지 마세요. 여행 짐 싸는 것부터, 나가서도 '남편 시집살이' 할지 모른다고 생각하는 아내가 마냥 좋아할까요? 아내는 남편보다 친구들과 편하게 수다 떨며 여행 다니고 싶어 할지도 모릅니다.

나를 위한 삶을 살아야 할 때

어려울 때 가족과 함께 하라고 하지만, 평상시 가족과 함께 해 오지 못했다면 갑자기 이제 와서 친하게 지내려 해도 쉽지 않습니다. 가족 간에 대화하는 것만 봐도 그 가족이 얼마나 끈끈한 관계였는지가 파악됩니다. 가족 간의 의사소통 패턴은 갑자기 만들어진 것이 아니기 때문입니다. 가족 간의 친밀도는 가족 간에 나누는 눈빛만 봐도 압니다.

그동안 자식들에게 엄한 아버지, 바쁜 아버지, 무관심한 아버지였다가 실직하고 나니 자녀들과 친하려고 한다는 게 자식들로서는 받아들이기 영 껄끄럽습니다. “은퇴하고 집에 가보니 자식들이 낯설더라”는 선배들의 가슴 아픈 얘기도 들었습니다. 그리고 선배들은 “자식을 키울 때는 배신을 당하게 될 걸 미리 준비하라”는 자조 섞인 조언까지 늘어놓았습니다.

인생 후반전에서는 가족에 대한 큰 기대를 갖지 않는 게 좋을 수도 있습니다. ‘품 안의 자식’입니다. 어차피 자녀들도 장성하면 부모를 떠납니다.

일본의 고령자 전문 정신과 의사 와다 히데키는 “혼자 사니까 불행하고 가족과 함께 있으니 행복하다는 사회 통념이 바뀌고 있다”면서 “이제는 부모를 골칫덩이로 취급하는 자녀와 함께 살기보다는 혼자 사는 고령자가 늘어날 것이다”라고 지적했습니다. (스마트에이징, 김동엽 지음, p73) 실지로, 지금의 50대는 자녀를 양육하기는 하지만 자신이 늙었을 때 자녀로부터 부양 받기를 원하는 사람은 거의 없습니다.

가족도 중요하지만 더 중요한 건 바로 자기 자신이고, 자신의 생각과 감정을 잘 관리하는 게 필요한 시점이란 걸 기억해야 합니다. 꼭 실직해서가 아니라 홀로 레이스를 펼쳐야 할 인생 후반전은 그렇게 살아야 한다는 것입니다.

우리나라 50대 남자들은 이제껏 자신보다 남을 위한 삶을 살아왔습니다. 가족에 대한 책임으로 자신의 희생이 익숙한 사람, 남에게 상처줄까 봐 거절조차 못하는 사람, 자신의 감정을 잘 참아내고 순응하는 데만 익숙해져 버린 사람, 타인에게 주파수를 맞추느라 자기 내면의 소리에는 귀 기울여 본 적이 없는 사람, '이기적이다' 라는 평가를 죽어도 듣기 싫어하는 사람, '원하는 게 무엇인가' 라는 질문에 선뜻 대답하지 못하고 얼버무리고 마는 사람. (남자가 은퇴할 때 후회하는 스물다섯가지, 한혜경 지음, P122)

우리나라 50대 남자들의 모습입니다.

자신의 삶보다 가족의 삶, 자녀의 행복에만 초점 맞춘 삶을 살다 보니 자신이 혼자 남았다고 느낄 때는 더 큰 좌절과 후회로 몸부림치는 것입니다.

이제부터라도 자신의 내면이 시키는 대로 따라갑시다. 자신의 욕망에 귀 기울일 줄 알아야 합니다. 100세 시대, 이제 반 온 겁니다. 자신을 소중히 여기고 돌볼 줄 알아야 합니다. 자기 자신을 먼저 사랑해야 합니다. 그래야 인생 후반전의 삶을 후회 없이 살수 있습니다.

8

- 건강 -

독립을 위해 돈보다 중요한 것!

또 건강이야기?

중년의 나이가 되면 누구나 건강에 걱정을 하기 시작합니다. 몸 군데군데 고장이 날 나이가 된 것입니다. 가장 많은 사람들이 걸린다는 중대질병인 암, 급성심근경색, 뇌출혈 말고도 여러 성인질환, 생활질환에 걸릴 확률이 높아집니다. 고혈압, 고지혈증, 당뇨, 관절증같이 평생 약을 달고 살아가야 할 만성질환에 걸리는 것도 이 시기입니다. 으레 이 나이때면 갱년기 증세도 겪게 되는데 불면증, 만성두통, 노안, 관절통증, 만성피로, 성기능장애, 성욕감퇴, 우울증 등 증세도 각양각색입니다. 아침에 먹는 약이 혈압약, 당뇨약, 전립선약, 칼슘제, 갱년기약, 비타민제, 눈영양제… 십 수 알인 경우도 있습니다. 오죽하면 "나이 들면 밥보다 약을 더 많이 먹는다" 라고 할까요.

한 조사에 따르면 50대의 69.5%가 만성질환을 앓고 있으며 최초 만성질환의 진단 연령은 평균 55.6세라고 합니다. 그리고 만성질환의 경우 대부분 복수의 질환을 앓고 있는데, 50대는 2.4개의 질환을 보유하고 있다고 합니다. (미래에셋은퇴연구소, '5060세대의 의료비 지출 및 보험보장 실태' 2020.9.2)

호모 헌드레드니, 120세 시대니 점점 인간의 수명이 늘어나고 있습니다. 위생상태, 생활여건이 나아지면서 인간의 평균적인 영양상태, 건강상태가 좋아지는 것도 한 원인이고, 의료기술의 발달로 그 기간이 자꾸 연장되는 요인도 있습니다. 그런데 이 글을 읽는 독자들도 공감하시겠지만, 누구에게나 오래 사는 게 중요한 게 아니라 얼마나 건강하게 사느냐가 더 관심사입니다. 골골거리며 아픈 상태로 오래 사는 건 무의미하고 오히려 삶의 질이 떨어지고 인간의 가치가 훼손되기 때문입니다. '구구팔팔이삼사 9988234' 라고 하지 않습니까? 99세까지 팔팔(88)하게 살다가 이틀(2)앓고 사흘째(3) 죽는 게(4) 좋겠다고. 언제 죽을지는 알 수 없고 내가 통제할 수 없는 변수이지만, 죽기 전까지 비교적 건강하게 사는 건 나의 노력 여하에 따라 이룰 수 있는 목표라고 생각합니다.

건강했기에 인생을 멋지게 산 사람들

할랜드 샌더스가 KFC를 창업할 때 그의 나이 64세였습니다. 그의 손에는 달랑 105달러의 돈 밖에 있지 않았습니다. 자신이 운영하던 레스토랑이 개발에 밀려 문을 닫게 되자, 샌더스는 돈을 벌기 위해 뭐라도 하지 않으면 안되는 상황에 놓이게 되었습니다. 결국 그가 선택한 것은 자신만의 닭튀김 요리법을 사람들에게 파는 거였습니다. 샌더스는 개조된 트럭에다가 튀김 도구를 싣고 미국 전역을 돌아다니기 시작했습니다. 손자들 재롱이나 보고 여생을 즐길 나이에 그는 닭튀김 비법을 팔기 위해 전국을 돌면서 1,008번이나 문전 박대를 당했습니다.

하지만 그는 포기하지 않았고 마침내 성공해서 KFC를 전 세계 100여 개국에 매장을 가진 거대한 글로벌 회사로 키웠습니다. KFC 매장 앞에 안경 쓰고 수염을 기른 채, 아래위로 하얀 양복을 입고 서 있는 할아버지가 바로 샌더스 자신의 모습입니다.

'나는 희망의 증거가 되고 싶다', '희망은 또 다른 희망을 낳는다', '희망수업' 등 일련의 희망에세이를 낸 서진규 씨는 여고를 졸업한 뒤 가발공장 여공, 골프장 식당 종업원 등으로 일하다가 가정부를 모집한다는 직업소개소의 광고를 보고 단신으로 도미를 하게 됩니다. 결혼한 뒤 미 육군에 자원하여 미국, 한국, 일본 등지에서 근무하며 군인의 삶을 살면서 남보다 늦게 입학하여 마흔 살에 대학교를 졸업했습니다. 마흔세 살에 하버드 대학교 석사 과정을 시작했고, 입학한 지 16년 만인 쉰아홉에 하버드대 박사학위를 받았습니다. 73세가 되는 지금도 희망연구소의 소장으로 있으면서 전국 강의를 통해 여전히 희망의 증거가 되고 있습니다.

레이크룩은 전 세계 가장 큰 패스트푸드점 맥도날드의 창립자입니다. 믹서 외판원이었던 레이크룩이 드라이브인 노점상을 하던 맥도날드 형제를 설득해서 맥도날드 1호점을 연 게 그의 나이 53세였을 때입니다. 구스타브 에펠은 57세에 파리 에펠탑을 세웠고, 세르반테스는 58세에 '돈키호테'를 완성했고, 톨킨은 62세에 '반지의 제왕'을 발표했습니다. 롤링스톤스의 리더이며 메인 보컬이었던 믹재거는 72세에 8번째 아이를 낳고 77세인 현재도 열정적인 공연을 펼치고 있습니다.

미국의 도리스 그래니 D 해덕은 열정적인 행동주의 정치인이자 작가입니다. 금융개혁 법안 통과를 위해 걸어서 5,100km에 이르는 국토 횡단을 하여 전국적으로 주목을 받았을 때 그녀의 나이 89세였습니다. 그

녀는 “나이를 탓하며 주저앉기엔 남은 인생의 기회가 너무 많다” 라고 했습니다.

요하네스 쿼스 부인 (Johanna Quaas)은 올해 94세입니다. 아직도 평행봉, 마루 등 체조를 멋지게 해냅니다. 유튜브에 그녀 이름으로 검색을 하면 영상들을 볼 수 있습니다. 일본의 평범한 할머니였던 시바타 도요는 2010년 99세의 나이에 ‘약해지지마’라는 시집을 출간하여 시인으로 등단했습니다.

WHO기준으로도 50대는 청년

나이가 들면 모든 기능과 역량이 떨어질 거라고 이 사회가 예단하고 있는 것은 아닐까요? TV, 광고, 영화 같은 대중매체에서 끊임없이 젊음을 우상화하고 50세만 넘으면 지적인 능력이나 신체적 능력이 떨어져서 뭐든 제대로 못하는 것처럼 묘사하고 있으니, 이 사회 구성원 모두가 나이 듦에 대해 그렇게 ‘배우고’ 머릿속에 그렇게 ‘심어진’ 건 아닐까요?

중년에 관한 연구를 오래 해온 사회학교수 윌리엄 새들러 교수는 ‘서드 에이지, 마흔 이후 30년 The Third Age’라는 그의 저서에서 흥미로운 경험담을 소개했습니다. 그가 동아프리카에서 교수로 있을 때 만난 현지 남자들의 나이가 공통적으로 자신의 생각보다 20세 정도 낮았다는 것입니다. 반면 미국인들은 그들보다 훨씬 빨리 늙는 경향이 있다는 걸 발견했다고 합니다. 그런 차이가 나타나는 이유가 재미있습니다. 아프리카 문화에서는 아예 노쇠라는 개념 자체가 없기 때문이랍니다.

아직 충분히 건강한 사람도 50대가 되면 ‘이제 난 늙어가는 거야. 몸이 예전보다 못해질거야’라고 무의식적으로 명령을 내려 노쇠의 길로 급속히 들어가는 건 아닐까요? ‘나잇값 해야지. 내가 이제 더 이상 뭘

해?' 하는 순간 늙어지고 점차 삶의 기회가 없어지는 건 아닐까요?

아일랜드의 극작가 오스카 와일드는 "나이 드는 게 비극적인 이유는 우리가 아직은 젊기 때문이다" 라고 했습니다. 우리는 아직도 마음속엔 소년소녀를 품고 사는데 -심지어 몸도 젊은데- 이 사회는 옛날 기준으로 나이를 규정하곤 그 나이에 맞는 상태를 강요하고 있는 건 아닐까요?

제 주변에도 두 부류의 친구들이 있습니다. 직업을 가졌건 그렇지 않건, 여전히 활발하게 활동하며 외모에도 신경 쓰며 젊게 살려고 노력하는 친구들이 있는 반면, 그런 친구들을 살짝 비아냥거리며 "나이대로 살아야지", "이제 와서 그런다고 뭐 달라져" 하면서 그런 노력을 순리에 어긋나는 쓸데없는 행위라고 보는 친구들도 있습니다. 제가 보기엔 젊게 살려고 노력하는 친구들이 실제로 훨씬 더 몸과 마음이 젊습니다!

2018년에 WHO(세계보건기구)는 전 세계 인류의 평균적인 건강상태와 기대수명, 사회적 역할 등을 종합해서 사람의 평생연령을 5단계로 나눈 연령구분표를 발표했는데

0세~17세까지가 Underaged(미성년자), 18세~65세가 Youth/Young people(청년), 66세 ~79세가 Middle-aged(중년), 80세~99세가 Elderly/Senior(노년), 100세 이상이 Long -lived elderly(장수노인) 이라는 것입니다.

발표에 따르면 50대는 중년이 아니라 청년입니다. 왜 50대가 사회에서 물러나야 하며 50대가 실직했다 하더라도 왜 그렇게 삶이 끝날 것처럼 두려워합니까?

미국 메이저리그 역사상 가장 위대한 포수였다는 요기 베라가 남긴 명언이 생각납니다.

"끝날 때까지 끝난 게 아니다" (It's not over till it's over)

WHO가 구분한 5단계 연령구분표

0세~17세	········ Underaged (미성년자)
18세~65세	········ Youth/Young people (청년)
66세~79세	········ Middle-aged (중년)
80세~99세	········ Elderly/Senior (노년)
100세	········· Long-lived elderly (장수노인)

실직은 사람을 병들게 한다

중년의 나이라는 이유만으로도 아프고 질병에 걸릴 확률이 높아지는데 실직을 하면 급속도로 건강이 나빠질 수 있습니다. 직장을 가지고 일을 할 때는 매일 아침 일정한 시간에 일어나서 정해진 시간에 밥을 먹고, 매일 비슷한 거리만큼 걷고 바쁘게 몸을 움직이게 됩니다. 매일 머리를 계속 써야 하는 일도 있습니다. 이 모든 행위들이 건강을 유지하는 비결이 됩니다. 매일 사람을 만나 대화를 하고 농담을 주고받으며 함께 웃을 수 있다는 것도 정신건강에 큰 도움이 됩니다. 하지만 실직을 하면 이 모든 것들이 일시에 중단됩니다.

일을 안하고 집에 있는 그 순간부터 건강하던 사람이 갑자기 병자나 폐인처럼 된 사례는 흔히 볼 수 있습니다. 매사에 의욕을 상실하니 활동량도 줄고, 활동량이 줄어드니 밥맛도 없고, 밥을 제대로 안 먹고 수면질도 떨어지니 몸 여기저기 아프고 쑤시거나 기력이 쇠하게 됩니다. 안색도 나빠지고 병자같이 될 수밖에 없습니다. 일 안 하면 금방 늙고 아프게 된다는 말은 진리입니다.

일이 최고의 치료제다

건강을 지키기 위한 방법은 수십, 수백 가지가 있을 것입니다. 그리고 각자의 몸 건강상태가 다르므로 자신에게 맞는 건강비법도 제각각 다를 수도 있을 겁니다. 그런데 실직으로 인해 생긴 병의 치료제는 딱 하나뿐입니다. 다시 일을 하는 겁니다. 실직으로 인해 야기된 걱정들을 다 떨쳐 버리게 할 것이고 다시 몸을 움직이게 만들 것이기 때문입니다. 일은 수면, 식사, 운동 등 건강을 지킬 습관들을 유지시켜 주고 건강한 정신상태로 유지시켜 줄 적당한 긴장과 스트레스를 제공합니다. 또한, 일은 마음에 위로가 되어 줄 수 있는 관계, 즉 사람들 간의 네트워크를 제공합니다.

간혹, 실직으로 그다지 큰 타격을 받지 않는 사람도 있습니다. 이제껏 벌어 놓은 돈이 많아서 그다지 경제적인 어려움이 없고 '더 이상 일 안하고 골프나 치고 여행 다니면서 여생을 보내련다' 하면서 50대에 맞이하는 실직을 은퇴로 삼는 사람들입니다.

부러운가요? 많은 전문가들은 인간은 일을 하지 않으면 더 빨리 늙는다고 합니다. 일로 만들어지는 규칙적인 습관이 몸을 적절히 쓰게 해서 좋은 상태로 유지시켜 주는 것뿐 아니라 두뇌의 작용에도 영향을 미치기 때문입니다.

두뇌전문가들은 아무리 돈이 많아도 은퇴 후 골프나 테니스를 꾸준히 하는 것만으로는 두뇌를 제대로 유지할 수 없다고 말합니다. 인간의 뇌는 적당한 자극으로 끊임없이 도전받을 때 가장 잘 작동하며, 너무 일이 과하거나 반대로 갑자기 너무 한가해진 상황에서는 잘 작동하지 않는다고 합니다.

"만약 돈이 많아 굳이 다시 직업을 갖지 않겠다는 사람이 있다면, 그는 사회 봉사활동이라도 해야 치매에 걸리지 않고 건강한 노후를 보낼 수 있다." 라며 '은퇴혁명 The New Retirementality'에서 미국의 노년 연구가 미치 앤서니는 "노쇠를 촉진시키는 가장 중요한 요인은 구시대적 '은퇴' 개념"이라고 했습니다. (제3의 인생, 김창기 지음, p243)

건강은 습관이다.

평상시 술, 담배 자주 하는 사람이 어느 날 10km 달리기를 했다고 해서 부쩍 건강이 좋아지진 않습니다. 건강하지 못한 사람이 갑자기 건강 체질로 바뀌는 신비의 묘약은 세상에 없습니다. 건강은 수학 공부와 같습니다. 투입한 공부시간이 많아야 성적이 올라가는 법입니다. 사칙연산을 할 줄 알아야 함수를 알 수 있고, 함수를 알아야 미적분과 확률통계로 넘어갈 수 있습니다.

건강도 수학과 마찬가지로 정직한 인과관계를 갖습니다. 투입량 대비 비례하는 결과치를 얻게 됩니다. 시간과 노력을 투입해야 근력과 지구력도 키워지고 면역성도 증진되는 것입니다. 그런데 꾸준히 시간과 노력을 투입하려면 결국 습관으로 몸에 붙어야 합니다. 건강하기 위한 노력은 습관처럼 해야 한다는 것입니다. 습관처럼 된 자기주도학습이 우등생을 만든다 하지 않습니까?

50대 나이쯤 되면 누구나 건강을 위해 습관처럼 하는 자신만의 건강 비법이 있을 것입니다. '저녁 9시 이후에는 아무것도 안 먹는다. 감식초를 매일 한 숟갈씩 마신다. 에스컬레이터를 안 타고 계단을 이용한다. 점심을 안 먹는다. 8시간은 꼭 잔다' 등등. 그동안 습관처럼 지키는 건강비법이 없었다면 단 하나라도 정해 오늘부터라도 지켜보시죠.

누구는 이렇게 생각할지도 모르겠습니다. '나이 50이 넘었는데 뭘 지금 와서 유별나게 건강 챙기냐고. 여태껏 안 아팠으니 지금 살던 대로 살면 되는 거 아니냐고.' 또는 '건강 챙긴다고 하고 싶은 거 못하면 오히려 그게 스트레스고 몸이 아프게 되는 거 아니냐고.'

천만의 말씀. 이제껏 안 아팠다고 앞으로 남은 반편생도 안 아플 거라 생각하는 건 오판입니다. 60, 70이 되면서 급격하게 체력이 떨어지고 면역이 약화되면서 질병들이 생깁니다. 몸이 쇠잔해지면 하찮은 사고에도 뼈가 다치고 근육이 다치게 됩니다. 한번 다치거나 아프면 회복력이 떨어져서 잘 낫지도 않습니다. 인생 후반전이 전반전보다 훨씬 불리한 체력적 조건으로 살아가야 합니다. 100세 시대입니다. 인생의 반은 젊었으니 큰 노력 없이도 건강히 살아왔지만, 나머지 절반을 건강하게 지내려면 많은 노력이 필요합니다.

몸에 안 좋은 줄 뻔히 알면서 하고 싶은 거 다 하고 건강유지 될 거라고 믿는 건 과욕입니다. 건강은 입력량에 따라 출력량이 결정됩니다. 노력한 만큼 건강 여부가 판가름 납니다. 술, 담배 할 거 다 하고 야식 먹고 운동 안 하면서 건강할 것이라고 요행을 바랄 순 없습니다. 몸은 정직합니다.

그리고 우리가 스스로 늙었다고 포기하는 순간부터 몸은 빨리 늙어갑니다.

정신건강도 챙겨야

물질은 시간이 지나면 그 가치가 자꾸 떨어지지만, 경험은 시간이 지날수록 아련한 추억이 되면서 더 가치가 느껴지는 법입니다. 여행가서 사 온 화장품을 쓰는 행복은 몇 달 못 가지만, 여행 가서 봤던 에메랄드빛 바다와 멋진 일출은 추억이 되어 오래오래 음미할 수 있습니다. 경험적 소비는 나만의 것이기 때문에 남들도 가진 똑같은 물질과는 비교되지 않는 만족감을 줍니다.

진짜 부유한 사람은 '금이 가득 쌓인 방을 지키고 앉은 사람이 아니라 청명한 가을 하늘 아래 호수 옆길을 걸으며 청아한 새소리를 들을 수 있는 사람' 입니다. 끊임없이 돈을 좇는 부자보다 밤하늘 별을 쫓으며 끝없이 상상에 빠져들 수 있는 사람이 더 행복하지 않을까요? 인생의 풍요로움은 물질이 아니라 감성에서 나옵니다.

감성을 충족시킬 수 있는 경험들을 많이 하는 것이 정신건강에도 좋습니다.

여행도 좋고 연극이나 뮤지컬 공연도 좋습니다. 음악도 큰 도움이 되고 노래를 불러보는 것도 좋습니다. 시를 읊어보는 것도 좋고 소설을 읽는 것도 괜찮습니다. 아내와 함께 영화나 드라마를 보면서 함께 울고 웃는 것도 얼마나 아름다운 모습인가요? 감성을 채워줄 수 있고 입가에 미소와 평온함을 줄 수 있는 꺼리들을 자주 즐기는 것이 필요합니다.

저는 마흔이 되는 해의 초에 불면증에 시달렸습니다. 나이 앞자리 숫자가 3일 때와 4일 때의 차이가 많이 느껴졌나 봅니다. 막연히 미래에 대한 걱정으로 불안하고, 두렵고 힘들었습니다. 그러다 우연히 '마흔혁명' 이라는 책을 접하게 되었습니다. 일본의 다케무라 겐이치라는 평론가가 쓴 책인데 딱 저를 위한 책이었습니다. 그 작가는 나이 마흔이 되면서 불안과 걱정으로 힘들어하는 중년들에게 '동심' 을 회복하라고 조언했습니다. 문화예술활동을 통해 생의 감동을 차곡차곡 쌓으면서 항상 젊은 감성을 유지하라고 했고, 나이와 상관없이 진정 자기가 하고 싶은 일을 찾아서 열정적으로 몰두하라고 했습니다. 그 책을 읽고 난 뒤에야 저는 아직 오지도 않은 일에 대한 걱정과 두려움을 떨쳐 냈고, 두발 뻗고 잠을 잘 수가 있었습니다.

49에서 50세가 되던 때도, 실직을 하게 된 때도 비슷한 불안과 두려움에 휩싸이게 됩니다. 처방은 다르지 않습니다.

사람은 성년기에도 여전히 장난기, 호기심, 상상력, 독창성, 흥분, 웃음, 즐거움 등으로 구체화되는 '어린아이의 특성'을 가지고 있습니다. 다만 나이가 들었다는 이유로 이런 특성들을 의도적으로 외면하고 억압해왔을 뿐입니다. 더구나 우리나라의 유교적 엄숙주의는 어린아이의 특성을 '어른으로 성장하지 못하는 인격장애' 쯤으로 여겨 왔습니다.

그러나 학자들은 이런 마음속 어린아이와 화해하고 포용하는 것이 중년의 정체성 위기를 극복하기 위한 중요한 과제라고 지적합니다. 마음속 깊이 있는 '동심'을 회복해야 합니다. 실직의 두려움을 떨쳐낼 수 있는 힘이 될 것입니다.

동심은 주변보다 자기 자신에 집중합니다. 다른 사람 눈치를 많이 보지 않습니다. 남들이 뭐라고 해도 자신이 좋아하는 걸 합니다. 돈이나 명예, 권력 같은 세속적인 잣대를 갖고 있지 않습니다. 뭔가를 시도하다 안되더라도 실망하지 않습니다. 또 해봅니다. '왜'라는 질문을 합니다. 궁금한 게 많고 호기심이 많습니다. 뻔한 것도 새롭게 봅니다. 저희가 어릴 때 봤던 말괄량이 삐삐가 생각나는군요. 책임이나 두려움 모두 내려놓으시고 마음을 편안히 해보세요. 좋은 것만 생각하고 자유롭게 상상을 즐기세요. 중년의 정신건강을 위한 묘책입니다.

인생의 마지막 순간을 생각해 본다

실직을 하면 '이제는 돌아와 거울 앞에선 누이' 같은 심정이 됩니다. 인생의 최정점을 지나 하강을 하면서 그동안 돌아보지 못했던 나 자신을 돌아보게 되는 것입니다. 그동안 외면했던 나의 내면 깊은 곳에서 울려 나오는 목소리에 귀 기울일 수 있는 좋은 기회이기도 합니다.

이제껏 추구해 왔던 모든 세속적인 욕망을 다 내려놓고 진지하게 삶에 대한 성찰을 해 보는 것입니다. 그러다 보면 그동안 한 번도 생각해 보지 못했던 인생의 마지막, '죽음'에도 가까이 다가가게 됩니다. 나는 누구인가, 왜 사는가를 생각하다 보면 나의 마지막은 어떻게 될 것인가, 어떤 사람으로 남을 것인가까지 생각이 미치게 되는 것입니다.

정신분석학자들은 "대체로 삶에 만족하지 못할수록 죽음에 대한 불안이 커진다" 라고 말합니다. 따라서 죽음에 가까이 다가간다는 것은 자신의 현재 삶을 소중하게 여기도록 만들어 내면적 충실을 기하도록 합니다. 죽음 전문가인 미국 정신의학자 엘리자베스 퀴블러 로스는 "살면서 느끼는 모든 두려움의 근원은 죽음에 대한 두려움이며 이것이 결국에는 모든 불행의 원인"이라고 지적하고 "영혼이 성장할수록 가장 큰 두려움인 죽음조차도 점점 작아진다" 라고 말했습니다. (제3의 인생, 김충기 지음, P292)

죽음을 마냥 두렵게만 생각할 게 아니라 죽음에 대한 생각을 정리하고 자신의 죽음에 대해 생각해 보게 되면, 그게 결국 이제까지의 삶에 대해 돌아보게 하고 앞으로의 남은 삶에 대해 더 소중하게 생각하게 되는 계기가 된다는 것입니다.

자신의 죽음에 대한 생각을 정리해보는 구체적인 방법으로는 우선, 내일 당장 자신이 죽는다고 생각하고 진지하게 유서를 써보는 방법이 있습니다. 그동안 복잡하게 얽혀있던 본인의 인생이 정리되는 느낌이고 잘못했던 일들이 반성되며 앞으로 남은 후반전 인생을 어떻게 살아야겠다는 생각과 다짐을 하게 됩니다. 인생에서 집착했던 것들이 하찮게 여겨지며 마음이 너그러워집니다.

관에 들어가 누워 보는 체험 프로그램도 있습니다. 묘비명에 새길 내용도 직접 작성해 볼 수도 있습니다. 그리고 자신의 장례식에 올 만한 사람들이 자신을 뭐라고 평가할지를 정리해 보는 것도 자신의 삶에 대한 좋은 되새김이 될 것입니다. 내가 소홀했던 관계들에 대해 생각하게 되고 미워했던 마음들을 털어버리는 계기가 되기도 합니다.

저는 정규직에서 실직한 후 보험 일을 하고 있기 때문에 남들보다는 죽음에 대해 가까이 있습니다. 종신보험이란 게 죽음을 전제로 하는 것이고 사망보험금이 얼마나 나오는지를 알고 있어야 합니다. 아직 제 고객은 해당 없었지만, 고객의 유족에게 사망보험금을 받아다 드린 동료들도 있습니다.

아침교육에서 죽음에 대한 영상을 몇 번 본 적이 있었습니다. 그중 하나가 호스피스 병동 다큐멘터리였습니다. 처음에는 충격이었습니다. 다른 사람의 죽음을 정면으로 마주한 게 처음이었기 때문입니다. 살아 있을 때 가족들과 나누던 대화의 모습을 보여주고 마지막 순간에 가족들이 모여 지켜보는 순간에 임종하는 모습도 담겨 있었습니다.

죽음을 앞둔 한 달 전부터 임종의 모습까지 보여준 그 영상들을 보고 나서 처음엔 너무 놀랐다가, 곧이어 너무 안타까웠다가 형언할 수 없는 감정의 소용돌이를 겪었습니다. 끝날 때쯤에는 가슴이 먹먹해서 자리에서 일어나지도 못하고 눈물을 흘리고 있는 나 자신을 발견했습니다. 한참이 지나고 마음이 좀 진정된 후에야 제 죽음도 생각해 보게 되고, 되돌아 제 삶을 반성하게 되고, 제 주변 사람들을 돌아보고 생각하게 되었습니다. 다 보고 나면 가족에게 전화하게 되더군요.

그리고 정말 인생에서 맞닥뜨리는 어려움들은 아무것도 아니라고 느껴지고 지나간 모든 게 감사하게 느껴집디다. 심지어 실직마저도! 결국 남은 삶에 대한 애착과 용기를 갖고 열심히 살아야겠다는 다짐을 하게 되고, 저도 나중에 웰다잉(Well-Dying) 하고 싶다는 생각으로 마무리하게 되었습니다. (주: 유튜버에서 '호스피스 다큐'라고 치면 많은 영상이 나옵니다. 그중에 KBS 명작 다큐 '블루베일의 시간 - 생의 마지막을 준비하는 사람들' 꼭 보길 권합니다.)

죽음을 간접 체험하고 나면 이런 생각이 듭니다.

'실직, 그것은 아무것도 아니다! (Losing My Job, It's Nothing!)'

57세 아버지와 18세 아들의 티격태격 111km 춘천 라이딩

9

- 인간관계 -

잠수타지 마세요

실직 후 인간관계의 변화

실직을 하게 되면 기존의 인간관계에 많은 변화가 생깁니다.

첫째, 직장생활을 하면서 맺게 되었던 공적인 관계들은 급격하게 떨어져 나갑니다. 어차피 이해 당사자로 만났던 관계라 실직을 함으로써 더 이상 이해가 생길 가능성이 없어졌기 때문에 실직 후 몇 개월 내에 완전히 소멸됩니다. 자신이 현직에 있었더라면 집안의 경조사라도 찾아와주고 축의금이나 조의금을 내줄 만한 사람들이었지만, 이제 끈 떨어진 신세라 찾아올 리 만무합니다. 그로 인해 실직자는 자신이 더 이상 지위나 권력, 힘을 갖지 못함을 깨닫고 심리적으로 급격히 위축되기도 합니다. 그런 관계 중에 일부이겠지만, 예전에 직장생활 할 때 특별히 친한 관계에 있었던 동료나 예전 거래처 사람들과 동병상련을 느끼며 술친구가 되고 친근한 관계가 되기도 합니다.

둘째, 사생활에 관한 얘기를 스스럼없이 할 수는 없지만 술자리나 운동을 같이 하던 지인들 부류가 있습니다. 직장 내에서 동호회 활동을 같이 하던 사람들, 대학 선후배, 동창들 모임 같은 부류의 사람들입니다. 이 또한 관계들이 조금씩 정리되면서 축소되는 경우가 일반적입니다.

대학 동창회를 예로 들면, 몇 번 참석하다 동기들과의 처지가 비교되고 실직한 자신이 초라하게 느껴지기 시작하면 더 이상 동창 모임에 참석하기 어려워집니다. 직장에서 결성된 클럽도 마찬가지입니다. 운동을 같이 하고 술도 한 잔씩 하던 관계인데, 실직을 하고 나서도 나오라고는 하지만 나가기가 괜히 불편해지는 모임입니다. 안 나가고 안 만나면 자연히 멀어집니다.

셋째, 결국 실직자들에게 의미가 있는 관계는 가족들이거나 친한 친구, 친한 선후배 간의 소그룹 네트워크입니다. 친근한 관계이면서 사생활에 대한 이야기도 서로 공유할 수 있는 공간으로 실직자의 주변에 거의 유일하게 남아있게 될 관계입니다. 재취업을 하지 않으면 여생을 이렇게 협소한 공간 속에서 살아야 함을 의미합니다. 가끔 관계를 넓혀 동창들 모임에도 나가고 예전 직장동료들 모임에도 나갈 수 있으나, 결국에는 이러한 친밀한 관계로 돌아올 수밖에 없는 '축소와 위축의 귀로' (그들은 소리 내 울지 않는다. 송호근 교수) 위에 실직자들은 놓여 있습니다.

넷째, 친한 친구나 선후배 간의 네트워크는 실직한 이후에 오히려 관계가 강화되기도 합니다. 어떤 일이 생길 때마다 상의하고 어울릴 수 있는 집단이기 때문입니다. 심리적 거리감이 없고 터놓고 얘기할 수 있는 집단이므로, 실직이라는 어려운 상황에 처한 자신이 위로받기 위해 또는 조언을 얻기 위해 자주 만나게 되는 네트워크인 것입니다.

다섯째, 가족은 경제적으로, 심리적으로 안정을 누리는 가장 근본적이고 중요한 관계입니다. 이러한, 가족 관계에서 안정을 누리지 못하면 다른 모든 관계, 네트워크도 불안해집니다. 가족구성원 누군가의 상황이 어려울수록 가족관계는 더 가까워져야 하는데, 오히려 실직으로 인해 가족관계가 더 멀어질 수도, 힘들어질 수도 있습니다. 실직은 안정된 생활의 근간을 흔들어버리기 때문입니다.

그동안 가족구성원들이 건강한 가족관계가 유지되도록 관리하지 않았다면, 실직해 돌아와보니 가족이라는 울타리가 상처받은 영혼을 보듬어줄 공간의 역할을 상실했을 수도 있습니다. 이미 자식들은 몸과 마음 다 당신 곁을 떠났고 그동안 홀로 지낸 아내는 이미 '낯익은 타인'이 되어 있을지도 모릅니다. 서울대 송호근 교수는 50대 실직자들이 집으로 돌아가는 시간을 다음과 같이 묘사했습니다.

"퇴직은(실직은) 가족에 대해 그동안 방치해 온 자신의 무지와 무관심을 낯섬과 소외로 돌려받는 지옥의 시간이자 자성의 시간이다" (그들은 소리 내 울지 않는다, 송호근 지음, p176)

실직했다고 잠수타지 마라

50대들이 실직을 하게 되면 갑작스러운 관계 단절로 인한 고립감, 외로움, 심리적인 무력감에 빠져들 수밖에 없습니다. 혼자 버려졌다, 세상은 나 혼자라는 생각에 많이 힘들어집니다. 제 경우도 40대 때만 해도 그러지 않더니 50대에 실직할 때는 훨씬 힘들었습니다.

우울증이 생겼습니다. 하루 온종일 아무것도 먹지 않고도 배가 고프지 않았습니다. 침대에 누워 있기만 했습니다. 흐린 날씨엔 더 우울해졌고 창문 쪽으로 시선을 돌려 바보 같은 생각까지 하기도 했습니다. 실직을 하면 단순히 직장만 잃는 것이 아니라 자신의 명예, 자신감, 자존감다 잃는 것이고 그런 상실의 마음이 심해지면 죽음의 그림자까지 어른거리기도 하는 것입니다.

사실, 본인 하나 죽는다고 세상이 달라지거나 꿈쩍 않습니다. 애꿎게 남은 가족들만 힘들게 할 뿐입니다. 자기 스스로 생을 마감하는 건 무책임한 행동입니다. 저희 모친이 예전에 하신 말씀이 "네 몸은 내가 낳았으니 내 거다. 아프게 하거나 다치게 하면 안 된다. 이 생에서 관리를 맡았을 뿐이니 관리 잘 하라" 하셨습니다.

아직 살 날이 창창하고 할 것도 많은데 인생 반 밖에 안 와서 마감한다면 얼마나 억울한 일입니까? 이뤄놓은 건 적지만 이루고 싶은 게 아직 남아 있는 이상, 그게 아까워서라도 극단적인 선택을 할 수는 없는 것입니다.

실직했다고 해서 잠수타서도 안 됩니다. 세상과 소통할 끈을 남겨 놓아야 합니다. 제 주변 50대 동기나 선후배들도 실직하면 바로 잠수타는 경우를 많이 봤습니다. 물론 자신의 마음을 정리하고 신변 정리가 필요해서 일 수도 있으나 그게 오래되면 안 됩니다. 실직을 했다고 인생의 실패자도 아니고 도망자가 되어서도 안 됩니다. 왜 그리 숨나요?

직장인이라면 누구나 실직을 합니다. 누구는 좀 더 일찍 하고 누구는 좀 더 늦게 한다는 차이가 있을 뿐입니다. 어찌 보면, 전 회사를 남들보다 좀 더 일찍 나온 게 오히려 잘 된 거 같습니다. 그래도 몸과 마음이 온전하고 능력이 있었기에 또 다른 일을 시도해볼 수 있었던 거 아닌가요? 회사에만 얽매어 있었더라면 지금같이 제 사업을 해 볼 기회를 갖기 어려웠을 수도 있습니다.

실직했다고 해서 자신을 무능하다고 낙인찍거나 죄인이 되어 스스로를 가둘 이유가 없습니다. 그건 어리석은 일입니다. 오프라인은 못 나가도 온라인은 유지하는 게 좋습니다. 그래야 새로운 일자리에 대한 정보도 얻고, 남들의 도움도 받을 수 있고 비슷한 처지의 사람들을 보면서 자신이 외롭지 않다는 걸 확인하기 때문입니다. 세상과 끊임없이 소통하십시오. 때론 카톡과 밴드를 통해 보는 글과 사진이라도 그 위안이 얼마나 큽니까?

어떤 이들은 실직을 하면서 인간관계를 제대로 정립하게 되었다고도 합니다. 그 전에는 그렇게 친하게 굴고 자신에게 잘 해 줬던 사람이, 자신이 실직을 하고 직책과 직위의 견장이 떨어져 나가는 그 순간, 연락을 끊더랍니다. 그리곤, 자신이 전화를 해도 바쁘다며 피하는 걸 보고 '아, 이 사람이 내가 좋아서 만난 게 아니구나, 대기업 상무를 좋아했던 거구나, 그런 네트워크가 필요했던 거구나' 알게 된다는 겁니다. 그러면서 인간관계도 옥석이 가려지더란 겁니다. 그러다 보면 실직하고 6개월~1년쯤 지나면 핸드폰 연락처의 많은 관계들이 자연히 정리되는 것입니다.

반면, 예전 직장동료인데 그 직장을 나오고 난 뒤에도 간혹 자신의 안부를 물어봐 주고 술자리도 함께 하며, 격려하고 위로해 주며 지속적으로 인간적인 관계를 유지하는 사람도 있습니다. 그 사람은 당장의 이해득실을 따지지 않고 긍휼하는 마음이 있기 때문일 것입니다. 저는 실직과 재취업을 몇 번 반복하면서, 제가 실직했을 때도 저를 위로해 줬던 그분들을 결코 잊지 않았습니다. 살다 보면 좋은 날도 오고 그러면서 저도 그분들에게 신세를 갚을 날도 왔습니다. 그때 느낀 거! 나가면 춥고, 언젠간 또 만나고, 나간 사람 잘해 줘야겠다!

취미를 함께 하는 감성 네트워크의 필요

네트워크가 줄어드는 나이라고 하지만 50대에 오히려 새로운 네트워크가 생기기도 합니다. 취미활동 동호회 사람들입니다. 요즘 50대들은 그들의 선배들이 50대일 때 보여주던 것과는 굉장히 다른 라이프스타일을 보여줍니다. 디지털 지향적이고, 훨씬 더 활동적이고 사교적입니다. 동호회 활동에도 적극적으로 참여합니다. 50대들이 많이 소통하는 네이버 밴드에 가보면 4050 또는 50대로 연령 제한을 두고 회원을 받고 있는 수백 개의 취미동호회 밴드들이 있습니다. 등산, 골프, 사진, 공연감상, 영화 등등.

취미활동을 제대로 하고 싶으면 동호회에 들어가는 게 좋습니다. 좋아하는 건 여럿이서 함께 해야 더 재미난 법입니다. 동호회에서 같은 취미를 가진 사람들끼리 정보를 나누고, 도움을 받고 새로운 걸 배워가면서 점점 더 실력이 늘어나는 맛이 있습니다.

저도 대학교 친구들끼리 하는 밴드 외에 별도로 가입되어 있는 취미동호회 밴드만 해도 네다섯 종류에 10여 개가 넘습니다.

뮤지컬이나 연극 등의 공연을 할인된 가격에 단관(단체관람)하러 다니는 공연 밴드가 4~5개 있습니다. 대개 이 밴드들은 4050끼리만 모여 있는 경우가 많습니다. 밴드 내에서 공연정보들을 공유하고 리더가 할인 관람의 기회를 제공하면 신청을 하고 함께 공연을 보는 것입니다. 또래들끼리 오프라인 공연장에서 만나 멋진 작품들을 함께 즐기며 뒤풀이 자리로 이어져 관람에 대한 감상을 나누는 재미도 쏠쏠합니다.

그다음으로는 드론을 띄우는 사람들끼리 모인 밴드들에 가입되어 있습니다. 서로 갖고 있는 기종은 다르고 실력 차이도 나지만, 덕분에 많은 정보도 얻고 드론 비행 실력도 쌓을 수 있습니다. 본인이 찍은 드론 영상을 함께 공유하며 즐기기도 합니다. 제가 하는 일과 관련되는 재무 관련 밴드도 네댓 개 가입이 되어 있습니다. 최근 경제 금융 관련 정보들도 습득하고, 전문가들의 포스팅에서 깊이 있는 지식들을 배웁니다.

시와 사진에 관한 밴드도 두세 개 가입되어 있습니다. 마음에 드는 시나 사진이 올라오면 복사해 두었다가 저의 다른 SNS채널에 올려서 다른 이들과 공유하기도 합니다. 웃기는 동영상이나 짤 영상이 올라오는 밴드와 퀴즈, 유머들이 올라오는 밴드에서도 가끔 재미있는 컨텐츠를 다운받아 친구들끼리 공유하며 유쾌한 시간을 갖기도 합니다.

요즘 50대들, 얼마나 재밌게 놀고 즐겁게 사는지!

10

- 취미 -

잘 놀아야 잘 산다

당신의 취미는 무엇입니까?

우리나라 사람들 특히 50이 넘어가는 중년층 남자들은 입사지원서 중에 '취미'란을 만나면 당황합니다. 아무리 생각해봐도 딱히 자신의 취미라고 밝힐 만한 것이 없습니다. 빈칸으로 남겨 놓기 찜찜해서 억지로 생각해 낸 게 독서, 영화감상입니다. 막상 쓰려면 다른 지원자들과 변별력이 없어 보여 고민입니다.

50대 남자들이 취미가 없는 이유는 자신이 좋아하는 것보다 남이 기대하는 것만 하면서 살았기 때문입니다. 취미는 일하는 시간 외에 자신이 하고 싶은 걸 하는 거니 대개 일과는 관계가 없습니다. 근데 이때까지 50대의 삶은 가족이나, 친척이나 사회가 자신에 대해 기대하는 모습을 실현하기 위해 일에만 주로 집중했습니다. 초등학교 때 급훈이었던 '근면 성실 최선을 다하자'가 50 평생을 살아오면서 가장 중요한 삶의 준칙이 되어 왔습니다. 일 이외의 것에 신경 쓰면 성실하지 못한 사람이 되는 거고 기대에 부응하지 못하는 삶이 될 판이었습니다.

요새야 일과 자신의 삶 간의 균형, 워라벨(work + life balance)이 사회의 합의된 가치이지만, 50대들은 항상 일이 우선이었고 자신의 삶, 자신이 하고 싶은 취미는 언제나 뒷전이었습니다. 취미활동에는 시간과 돈, 노력, 열정이 필요합니다. 시도해보고 싶은 취미가 있어도 평소에 일에 치어 사니 취미활동에 투여할 자원이 없습니다. 평일 저녁시간은 술 마시며 네트워크 관리하느라 바쁘고 주말에는 소파와 몸이 일체형이 되니 별도의 취미를 만들 여력이 없습니다. 취미도 부지런해야 할 수 있고 체력이 있어야 할 수 있습니다.

노는 인간 '호모 루덴스'

보험 세일즈맨으로 27세에 억만장자가 되었고 지금은 40여 개가 넘는 회사를 운영하고 있는 세계적인 대부호 폴 J. 마이어. 그는 수익의 50%를 기부한다는 원칙을 평생 지켜 오고 있고 93세인 현재도 전 세계 사람들에게 인생성공 비결을 전파하고 있습니다. 폴 J. 마이어는 인간의 삶을 하나의 수레바퀴에 비유했습니다. 이 삶의 수레바퀴는 가족·가정, 직업·재정, 지성·교육, 신체·건강, 사회·문화, 정신·윤리 등 6개의 바퀴살로 지탱되는데 이 6개 분야가 골고루 균형 잡힌 삶을 영위해야만 비로소 성공적인 삶이라고 말할 수 있다는 것입니다.

가족·가정 분야는 삶의 근간이며 행복의 원천이 되는 가족관계에 대한 것이고, 직업·재정 분야는 '하고 싶은 것은 하고 하기 싫은 것은 하지 않을' 경제적 자유에 대한 문제이고, 지성·교육 분야는 살아가면서 알아야 할 지식이나 갖춰야 할 지혜의 필요성을 언급한 것입니다.

신체·건강 분야는 건강하지 못하면 다른 어떤 것도 이룰 수 없다는 사실을 강조한 것이고, 사회·문화 분야는 감성을 키우는 문화 예술이나 사람 간의 만남이 삶을 더 풍성하게 만들어준다는 얘기이고, 정신·윤리 분야는 사회라는 공동체를 살아가는 데 필수적인 윤리도덕적 규범에의 준수를 일컫는 것입니다. 취미활동은 특히 이 중에서 사회·문화 분야나 신체·건강 분야에서 그 사람의 경험을 확대시켜 주고 감성을 채워주는 역할을 하게 됩니다.

취미는 '즐거움을 얻기 위해 좋아하는 것을 지속적으로 하는' 것입니다. 일이 아니니까 '노는 것, 놀이'입니다. 원래 인간은 일보다 노는 것을 좋아합니다. 그래서 네덜란드의 철학자 요한 호이징아는 인간을 호모 루덴스(Homo Ludens), 즉 '노는 인간' 또는 '놀이하는 인간'이라고 규정하지 않았습니까?

'나는 아내와의 결혼을 후회한다'라는 책을 쓰고 그 책을 쓴 걸 후회하고 있다는 김정운 교수는 본인의 저서 '노는 만큼 성공한다'에서 우리나라의 진짜 문제는 경제가 아니라 '못 노는 거' 라고 했습니다. 삶의 재미가 없는 집단심리학적 질병, 즉 '놀면 불안해지는 병'이 진짜 문제라는 것입니다. 폭탄주, 룸살롱, 노래방 빼면 상상하지 못하는 한국인의 빈약한 여가문화가 개인은 물론 국가경쟁력의 발목을 잡는다고 일갈합니다.

"사는 게 전혀 재미없는 사람이 창의적일 수 없는 일이다. 성실하기만 한 사람은 21세기에 절대 살아남을 수 없다. 세상에 갑갑한 사람이 근면 성실하기만 한 사람이다. 물론 21세기에도 근면 성실은 필수불가결한 덕목이다. 그러나 그것만 가지고는 어림 반 푼어치도 없다. 재미를 되찾아야 한다." (노는 만큼 성공한다, 김정운 지음, P16)

실직과 취미활동

이제 실직을 했습니다. 그런데 참 아이러니합니다. 평생 나만의 시간을 갖기 위해 허겁지겁 살아왔는데 50대에 실직을 하고 막상 시간이 많아지면 그 시간을 어떻게 해야 할지 잘 모릅니다. 재취업을 준비하는 시간을 빼고도 예전에 직장 다닐 때보다 훨씬 많은 자유시간이 주어집니다. 매일 소파에서 TV만 보고 있으면 내 스스로 너무 비참하게 느껴집니다. 그렇다고 뒷동산 오르내리는 걸로만 그 아까운 시간을 보낼 수도 없습니다.

실직을 해서 갈 곳이 없고 네트워크가 끊어지면 혼자 있는 시간이 많아집니다. 송호근 교수는 이러한 상황에 대해 '무한한 시간 속에 내장된 고립과 고독의 공세' 라고 표현했습니다.

이러한 고독한 시간에 익숙해지는 법을 배워야 합니다. 혼자 잘 놀아야 합니다. 혼자 잘 놀기 위해서는 좋아하는 취미를 가져야 합니다. 취미를 통해 설렘과 즐거움, 기쁨과 재미를 누려야 합니다. 취미는 실직에서 오는 스트레스를 극복할 에너지를 주고 앞으로 인생 후반전을 살아갈 동반자로서 위안과 즐거움을 줄 것입니다.

사진 찍기, 그림 그리기, 맛집 순례, 자전거, 노래 배우기, 골프, 캘리, 꽃꽂이, 요리, 색소폰 연주, 수영, 도자기 빚기, 갤러리 순례, 커피, 와인, 레고, 체스, 별 관측, 뮤지컬 감상…

세상은 넓고 할 만한 취미는 많습니다.

취미는 이기적이다

골프는 장점이 많은 좋은 운동이고 취미입니다. 풍광 멋진 자연에서 맑은 공기 마시며 좋은 사람들과 함께 할 수 있는 좋은 운동입니다. (필드 한번 나갈 때마다 전기압력밥솥 하나 살 수 있는 돈을 내야 한다는 게 걸리긴 하지만…) 나이가 들어서도 할 수 있는 몇 안 되는 운동 중 하나이기도 합니다.

그런데 저는 우리나라 남자들이 4050이 되면 '당연히', '으레' 골프를 치는 현상이 못마땅합니다. 4050이 되면 할 수 있는 취미가 '골프' 뿐만은 아닐 텐데 딱 그 나이가 되면 누구나 골프채를 잡으려 합니다. 골프에 전혀 관심이 없던 사람도 나이 40이 되면 골프연습장을 가고 부장, 이사가 되면 골프 치러 가느라 주말이 바빠집니다.

그간 정말 하고 싶었는데 사정이 허락지 않아 못하다가 이제 할 만한 여건이 되어 시작하게 되었다면야 괜찮은 거죠. 하지만 그다지 골프를 좋아하지도 않으면서 어쩔 수 없이 하는 사람들을 보면 안타깝습니다. 매 주말 연습장에 가서 화풀이하듯 볼을 치고 오는 사람들을 종종 봅니다. 딱 봐도 강습 한 번 받은 적 없는 잘못된 동작으로 막스윙을 해대고 있습니다.

싫은데도 영업을 위해 어쩔 수 없이 하는 사람은 제외! 동료들이 삼삼오오 모여 지난 주말 필드 다녀온 이야기하는데 거기에 끼이지 못하는 자신이 뒤처질까 봐, 소외될까 봐 어쩔 수 없이 하는 4050일 가능성이 큽니다. '40대 부장 정도면 골프 정도는 해야지?' 라는 유무언의 사회적 압박에 굴복한 것입니다. 억지로 가지는 취미활동이 되어 버린 것입니다. 사실 골프는 차와 마찬가지로 자신의 사회적 위치를 드러내는 '지위재' 이기도 합니다. 지위재가 주는 사회적 압박에 굴복해 마지못해하고 있다면 이건 취미가 아닙니다. 스트레스 받는 일의 연장입니다.

취미는 철저하게 이기적입니다. 본인이 정말 하고 싶은 걸 취미로 택해야 합니다. 그래야 재미있고 충분히 즐길 수 있습니다. 남이 어떻게 생각하든 상관없이 자신이 좋아하는 걸 제멋에 자기가 하고 싶은 방식대로 즐기는 게 취미입니다. 골프도 그래야 스트레스 받지 않고, 재미와 즐거움이 생기고 매너가 우러나오게 되는 것입니다.

실직하면 치르는 의식(儀式), 여행!

농구 경기 중에 가끔 감독은 심판에게 작전타임을 요청합니다. 그리고 선수들을 불러다가 물을 마시고 땀을 닦으며 휴식을 취하게 하고 작전을 수정해서 지시합니다. 사실, 작전타임의 더 중요한 목적은 상대방의 위세에 눌려 잘 안 풀리고 있던 경기의 흐름을 바꾸는 데 있습니다.

'나는 누구인가?', '이제껏 무엇을 위해 살아왔나?' 정체성 위기가 오는 실직의 순간에 그런 작전타임이 필요합니다. 송호근 교수는 자신의 책에서 그 과정을 '정체성 갱신에 치르는 모종의 의례(儀禮)와 의식(儀式)'이라고 표현했습니다. 그런 의식이 필요한 이유로 "자신이 정체성 혼란에 부딪혔고 이를 수선하기 위해 노력하고 있다는 분명한 신호를 뇌에 각인해야 하기 때문이다. 그렇지 않으면 중년에 진입한 뇌는 끊임없이 멘탈붕괴가 진행되고 있음을 알아차리고, 빨리 수선하라고 시시각각 채근한다. 일상생활의 호흡과 리듬이 자주 끊기는 것이다"라고 했습니다. 그것을 극복하기 위해서는 "아예 일정 기간을 정해서 '정체성 수리 중'이라는 팻말을 뇌 속에 걸어두는 편이 낫다. 팻말 걸어두는 방법이 의례와 의식이다. 작가들이 가끔 절필 선언을 하고 미지의 여행을 떠나듯이"라고 그 솔루션을 제안했습니다. (그들은 소리 내 울지 않는다, 송호근 지음, P82-83)

필자가 추천하는 '실직 후 의식(儀式)'도 여행입니다. 제가 40대 중반에 실직했을 때 유럽여행을 한 달간 하게 되었습니다. 당시 아들이 8살이었고 교회 뮤지컬팀에 소속되어 있었는데 마침 그때 그 팀이 프랑스 아비뇽 문화제에 맞추어 아비뇽, 파리, 로마 등지로 공연을 떠난다길래 보호자로서 따라나섰습니다. 보름 정도 공연을 한 뒤, 공연팀은 한국으로 들어가고 아들과 둘만 남아 나머지 보름 동안 배낭여행을 다녔습니다. 부다페스트에서 전철을 잘못 타 밤 12시에 정반대 방향 엉뚱한 마을에 내려진 일, 스위스 피르스트산에 올랐다가 마지막 곤돌라를 놓쳐 세 시간을 걸어 내려온 일 (핸드폰도 안되고…이역만리 한국에서 온 40대 중반 남자와 8살 아이가 스위스 산꼭대기에 고립되었다는 사실을 아는 사람은 아무도 없었습니다!) 등 우여곡절이 많았습니다. 두어 달치 월급 정도되는 큰돈이 들어갔지만 '그때 아니었으면 그런 값진 경험을 할 수 있었을까, 아들과 깊은 정서적 교감을 나눌 수 있었겠나' 싶습니다.

4년 전쯤에 대학 동기들끼리, 역시 대학 동기인 김진세 정신과 의사가 쓴 책 '길은 모두에게 다른 말을 건다'의 출간 기념 북콘서트를 가진 적이 있었습니다. 진세가 일에 치여 번아웃되었을 때 무작정 떠났던 산티아고 순례자의 길을 걸으면서 만났던 사람들, 겪었던 일들, 느꼈던 감정들, 생각들을 쓴 책입니다. 그때 이후로 산티아고 순례자의 길은 제 버킷리스트에 추가되었습니다.

"삶의 의미를 잃고 그럭저럭 살아갈 때, 가끔은 나만의 길로 걸어봐야 한다… 다른 길을 걷는 과정이 스스로를 돌아보게 하기 때문이다"라는 글귀가 아직도 기억이 납니다.

여행은 단순한 쉼이 아닙니다. 구경꺼리와 먹을꺼리만은 더더욱 아닙니다. 여행은 인생에서 작전타임 같은 것입니다. 이전의 본인이 살아온 궤적을 훑어보고 어땠는지 평가해볼 수 있는 기회인 것입니다. 자신의 삶을 돌아보고 차분히 정리해 볼 수 있는 시간인 것입니다.

릴케는 "세상에는 오직 한 가지 여행만이 있다. 너 자신의 내면으로의 여행"이라고 했습니다. 실직했으면 우선, 여행을 하며 자신을 돌아보며 정리하고 계획하는 시간을 가져 보시라고 권합니다. 여행을 하지 않으면 성 아우구스트가 얘기하듯 “인생은 채워 넣어야 할 한 권의 책”인데 그 안에 단 한 줄도 적어 넣지 못할지도 모릅니다.

신나게 놀아 보세 '범내려온다' 안무 따라하기

PART 2

재취업

11

- 일 -

돈 필요 없어도 하세요

일에서 손 놓는 시기 72세

하나금융그룹이 우리나라 50~64세 퇴직자 1,000명을 상대로 한 조사 결과 10명 중 6명 이상이 45~54세에 직장을 그만뒀지만, 이들이 실지로 일에서 완전히 손을 놓은 시기는 평균 66세였다고 합니다. (하나금융그룹 행복연구센터 '대한민국 퇴직자들이 사는 법' 2019. 11월 조사)

서울시 복지재단의 통계에 따르면 우리나라 남성은 72.2세까지 일한다고 하고 OECD는 우리나라 사람들이 평균 71세까지 일한다고 합니다. 멕시코를 제외하면 우리나라 사람들은 OECD국가 중에서 가장 나이가 많이 되도록 오래 일하는 국민들인 것입니다. 통계청 자료에 따르면 정년퇴직자 중 55세에서 79세 고령층 인구의 59%가 취업을 희망하고 있는 것으로 나타났습니다. 일에서 완전히 손을 놓는 시점에 대해서 밝힌 것과는 조금 다른 수치들이지만, 결론적으로 해석은 똑같습니다. 어쨌든 50대 중반에 실직했다고 거기서 주저앉거나 일을 완전히 그만두는 사람은 없다는 것입니다.

50대의 실직이 일에서 완전히 손을 놓은 은퇴가 되어서는 안되고, 다시 일거리를 구해야 하는 가장 큰 이유는 당장의 경제적 어려움 때문입니다. 직장인은 자신의 급여로 매달 생활을 해 온 건데 그 월급의 파이프라인이 끊긴 것이니 빨리 다른 곳으로 라인을 연결해줘야 살아갈 수 있기 때문입니다.

아직은 청춘, 건강하게 살기 위해서

그리고 당장의 생계 말고도 이유는 더 있습니다. 호모 헌드레드 시대로 수명이 늘어났기 때문입니다. 예전의 우리 부모님 세대는 55세~60세에 회사를 나온다는 건 곧 은퇴를 의미했고, 그 후부터는 연금을 받아가며 10~20년 정도 여생을 사시면 된다고 생각했습니다. 연금이 마련되지 않았더라도, 장성한 자식들한테 얹혀사는 게 당연하다고 여겼기에 아등바등 더 이상 일을 할 필요가 없었습니다. 하지만 지금은 이미 평균수명 80을 넘겼고 '살수록 기대여명이 더 늘어나고 있는' 장수시대에 살고 있습니다. 언제 죽을지를 내가 결정하지 않는 한 우리는 우리 생각보다 더 오래 살게 될 것입니다.

과거 50대였던 우리 부모님이나 회사 선배님들이 거절의 뜻을 밝히실 때 '이 나이에 무슨…'이라는 말이 당연했으나, 지금 50대는 그런 말을 뱉을 수 있는 나이가 아닙니다. 공자는 이립(而立)이라 해서 뜻을 세우는 나이를 30세라고 하였는데, 당시 평균 수명이 60이 채 안 되었으므로 이를 100세 시대로 환산하면 50세가 이립에 해당하는 나이가 아닌가요? 50이라 해봤자 이제 뜻을 세우는 나이인 것입니다. 아직 일을 손에서 놓을 수 있는 나이가 아닙니다.

시사주간지 타임의 유럽총괄 편집장인 캐서린 메이어는 생물학적 나이를 떠나 왕성하게 활동하는 사람을 지칭하여 '어모털리티(Amortality)' 라는 신조어를 만들어냈습니다. 죽음 또는 언젠가는 죽어야 함을 뜻하는 모털리티(mortality)와 반대어로 만든 것입니다. 이 어모털리티 종족이 현대사회에서 출현하여 노동과 직업의 개념을 바꾸어 놓고 평생 현역으로 활동하고 있다는 것입니다. 할 수 있는 동안 좋아하는 일을 계속해야 합니다. 그게 육체적으로도 정신적으로도 건강하게 살아갈 수 있는 비결입니다. 이제 여러분도 어모털리티 종족의 훌륭한 일원으로 살게 될 것입니다.

이와 비슷한 개념이 영국의 사회철학자 피터 래슬릿이 새로운 인생 단계로 규정한 '서드에이지(the third age, 제3연령기)' 입니다. 이 새로운 단계는 유년기(제1연령기)와 성인기 및 중간경력직 일자리로 구성된 '제2연령기' 를 지나 의존적인 노년기(제4연령기)로 진입하기 전 단계입니다. 대략 자녀양육의 의무가 끝나는 시기인 중년 시기 이후부터 80세까지입니다. 실직하게 되는 50대 중반들이 바로 서드에이지로 진입하게 되는 시기이고 서드에이지의 막내격인 것입니다.

"은퇴를 앞두고 있거나 실직으로 말미암아 은퇴를 강요당할 처지에 놓인 이 세대들은 과거의 선배들과 달리 자신에게 주어질 긴 시간을 '휴식' 이 아닌 '인생 2막' 의 시작으로 설계해야 한다는 생각이 강하다. '일로부터의 자유' 라는 낡은 꿈이 아니라 '일할 수 있는 자유' 라는 새로운 꿈을 꾸고 있는 것이다. 이렇듯 '일' 은 새로운 시기의 핵심이자 명백한 특징이 되고 있다." ('명견만리' 정치·생애·직업·탐구 편, KBS ' 명견만리' 제작팀 지음, p103)

소득 크레바스를 넘고 노후대비를 위해서

55세에 회사를 나와도 앞으로 살아갈 날이 30년 이상은 족히 남는 셈입니다. 오래 살게 되면 오랫동안 돈이 필요하다는 뜻이고 그럼 오랫동안 일을 하며 그 파이프라인을 유지해야 합니다. 일을 하지 않아도 돈이 나오는 파이프라인인 국민연금은 안타깝게도 60대 중반에야 시작됩니다. 하나금융그룹 조사에 따르면 50대 실직자들이 국민연금을 받는 시점까지의 '소득 크레바스' 기간은 평균 12.5년이라고 합니다. 소득 크레바스는 50대에 퇴직해 60대에 연금을 받을 때까지 소득이 없는 기간을 뜻합니다. 그 기간을 최소화시키려면 실직하고도 재취업하거나 자영업에 뛰어들어서 계속 돈벌이를 해야만 하는 것입니다.

50대 중에 노후준비가 다 되어 있는 상태에서 퇴직하는 사람은 거의 없습니다. 은퇴 가구에 대한 조사에서 노후자금이 충분하다고 여기는 사람은 8.2%에 불과합니다. 그리고 노후준비에 대한 걱정은 '앞으로 늘어날 의료비(71.7%)', '노후자금 부족(62.0%)', '자녀의 결혼비용(56.2%)' 등의 순으로 컸습니다. (하나금융그룹, 동 조사) 은퇴하기 전 충분한 노후자산을 모은다는 건 그만큼 어렵고 긴 기간의 수입을 요구한다는 것입니다. 최고의 노후대책은 '평생 일자리'이고 최고의 재테크는 '오랫동안 일을 하는 것'입니다.

내가 살아있음을 확인하기 위해서

지금의 중년들은 20대 말에 직장을 다니고부터 자신의 삶에서 일을 최우선 과제로 삼고 살아왔습니다. 회사에 있는 시간이 하루의 반이었고 하루 중 가족보다 직장동료들의 얼굴을 더 오래 마주하며 살았습니다. 해야 할 일이 있으면 야근과 주말근무를 당연히 여겼습니다. 집안일로 휴가를 내려 해도 상사한테 얘기할 때 쭈뼛쭈뼛했던 사람들입니다.

시골의 아픈 노모를 자주 찾아뵙지 못해도 일이 바빠서라는 이유가 당연했던 사람들입니다. 매일 출근하는 자신을 뿌듯해하며 자신의 일을 자랑으로 여겼던 사람들입니다. 일이 삶의 전부는 아니더라도 대부분이었던 사람들입니다.

그랬던 사람이 갑작스럽게 실직을 하게 되면 멘붕에 빠집니다. '나는 뭐지' 자신의 존재이유를 상실하면서 깊은 절망에 빠지게 되고, 갑자기 생긴 시간들이 오히려 더 힘들고 고통스럽습니다.

시간은 많아졌으나 그 많은 시간들이 불안과 초조만 더 낳게 되고, 조직에서 빠져나와 자유로운 몸이 되었으나 그 자유로 말미암아 소외되고 고립된 자신의 모습을 보게 됩니다. 아이러니가 아닐 수 없습니다. 실직하고 난 뒤 TV 시청이나 신문 보기로 많은 시간을 보내며 무료한 생활패턴을 반복하는 것은 자신을 더 초라하게 느끼게 만들고 결국 정신적인 우울감으로 이어집니다.

사람은 아침에 일어나면 갈 곳이 있어야 합니다. 아침에 일어나 갈 곳이 있다는 것, 누군가가 나를 필요로 한다는 것 그리고 어딘가에 소속되어 있다는 것이 안정감과 자존감을 줍니다. 아침마다 하는 "여보, 나 갔다 올께~" 라는 한마디 말이 자신이 살아 있음을 확인하고 자긍심을 심어주는 말입니다.

일은 소득 확대뿐 아니라 전반적인 삶의 질을 향상시켜 줍니다. 일은 자신의 삶의 표현 방식이며 삶 그 자체이기도 합니다. 일을 통해 자신의 존재감을 확인하게 되고 정서적인 안정을 꾀할 수 있습니다. 일을 통해 여러 장애물을 넘으면서 능력도 더 키워지고, 성숙하고 발전하게 됩니다. 인맥을 쌓고 커리어가 만들어집니다.

마르크스와 엥겔스는 '호모 파베르 (Homo Faber)' 즉, '노동하는 인간' 을 주창했습니다. 인간은 노동을 통해서 자신의 본질을 확인하고 자아를 실현하며, 살아가는 이유와 의미를 갖게 된다는 것입니다.

그동안 모은 돈이 많아서 또는 물려받은 재산이 많아서 경제적인 이유로는 더 이상 일을 하지 않아도 되는 상황이라 해도 일은 해야 합니다. 그 일이 돈을 버는 게 목적이 아닌 봉사활동이나 재능기부라 해도. 스스로를 보다 가치있게 인식하고 삶의 의미를 새롭게 찾기 위해서라도 일을 갖는다는 것은 매우 중요합니다.

12

- 현실 -

'왕년에는' 빨리 버리시길

50대 재취업을 위한 전략

맥아더가 인천상륙작전을 진두지휘할 때가 몇 살이었을까요? 70세였습니다. 아니 미군에는 정년도 없나요? 그렇게 오랫동안 장군을 했단 말인가요? 정확히 얘기하면 맥아더도 군대에 재취업한 것이었습니다. 57세이던 1937년에 예비역 대장으로 은퇴를 했다가 1941년 맥아더가 61세 때 미국의 대일관계가 긴박하게 돌아가자 육군소장으로 다시 복귀했던 것입니다.

이후 2차 세계대전의 격전장에서 진두지휘하다가 65세 때 오성장군이 되었고, 1950년 70세 때 한국전쟁이 일어나자 국제연합군(UN군) 최고사령관으로 임명되어 한국전에 참전하게 됩니다. 그리고 불리한 한반도 정세를 전환하기 위해 인천상륙작전을 펼쳐 혁혁한 공을 쌓고, 71세 때 당시 미 대통령이던 해리 트루먼과의 대립으로 사령관의 지위에서 해임되면서 완전히 은퇴를 하게 된 것입니다.

50대 누구나 오래 일을 하고 싶어 합니다. 그러나 일부를 제외하곤 50대면 누구나 실직이나 퇴직, 은퇴를 합니다. (실직은 '원하지 않은', 퇴직은 '원한', 은퇴는 '완전히 그만둔' 이라고 구분하면 이해가 좀 쉬울 것 같습니다.) 그리곤 누구나 다시 재취업을 원하지만, 누구나 맥아더의 경우처럼 재취업이 쉬워 보이진 않습니다.

재취업이 어려운 이유부터 객관적으로 보자

50대들의 재취업이 어려운 이유는 무엇인가요? 그것은 그들이 실직하게 된 이유와 일맥상통합니다. 실직의 원인이 무엇이었던가요? 회사에 해를 끼쳤던가요? 큰 사고를 쳤나요? 일부 실수나 잘못이 있었을 수는 있으나 본질적인 원인은 나이 탓입니다. 피라미드형으로 된 회사의 조직 특성상 나이가 되면 그중에 살아남는 사람은 소수이고 자연히 다수는 회사를 나와줘야 합니다. 나이 때문에 회사를 나가도록 내몰린 것입니다.

나이 들었기 때문에 업무능력이 떨어질 것이고, 나이 들었기 때문에 체력도 떨어질 테고, 나이 들었기 때문에 젊은 직원들과의 융화도 안될 수 있고, 나이 들었기 때문에 새로운 기술이나 트랜드에 약할 것이고, 나이 들었기 때문에 조직의 혁신에 동참시키기 어려울 테고, 나이 들었기 때문에 급여에 대한 회사의 부담도 커진다고 회사에서는 50대에 대해 평가했을 것입니다.

이런 평가들은 실지로 본인이 가진 능력과는 큰 상관이 없습니다. 50대라는 나이에 대해 내린 회사의 판단이고, 사회의 편견이고 다음에 재취업을 시도할 회사의 인사팀장이 가지게 될지도 모를 선입견인 것입니다.

재취업은 사회가 50대를 어떻게 보고 있는지를 냉정하게 인지하는 데서부터 출발해야 합니다. 본인이 아직 30대 때의 지적 능력이 있고, 40대 때의 체력도 되고, 선배들한테 인정받고 후배들한테 존경받던 사람이라고 생각해도 사회는 그렇게 생각해 주지 않습니다.

처음 실직을 하는 대부분의 50대들은 재취업을 만만하게 생각합니다. '그동안 했던 경력이 어딘데, 내가 가진 기술이 얼마나 대단한 건데… 뭐 안되면 이전보다 조금 작은 회사로 가면 되겠지' 하며 낙관적으로 생각들을 합니다. 하지만 재취업을 시도한 회사들로부터 불합격과 거절 통보를 계속 받으며 6개월쯤 지나면 '아, 내가 생각을 잘못했구나!' 그때부터 불안하고 조급해지기 시작합니다. 50대의 능력에 대한 회사나 사회의 평가는 생각보다 냉혹하고 견고합니다. 안타깝지만 인정해야 합니다. 어쩔 수 없습니다. 실체와 상관없이 보편적 인식이 그렇다면 그 인식에서 출발해야 합니다.

회사는 왜 날 뽑아야 하지?

이러한 불리한 인식을 극복하고 재취업이 되려면 무엇보다 자신의 핵심역량을 잘 정리하고 그게 표현될 수 있도록 해야 합니다. 다른 재취업 지원자들과 비교하여 본인의 차별적 포인트는 무엇이 있는지를 찾아내고 그게 부각되어야 합니다. '유관업무경력 10년 이상인 자'라는 건 기본적인 지원 자격이고 필요조건에 불과합니다. 다른 지원자들이 가지지 못한 본인만의 강점, 차별 포인트를 찾아내는 게 중요합니다.

자리에 따라 같은 50대 중반의 지원자와 경쟁할 수도 있고, 3040 나이대의 지원자들을 물리쳐야 할 수도 있습니다. 3040 지원자가 많을 걸로 예상되는 중간관리자 지원에는 그들에 비해 상대적으로 풍부하고 다양한 경험을 부각하는 게 중요할 수 있고, 50대의 비슷한 연령대의 지원자와 경쟁하게 될 때는 자신이 얼마나 젊은 마인드를 가지고 있고 직원들을 잘 통솔할 수 있는지를 강조하는 게 더 나을 수도 있습니다.

나이가 많아서 갖게 되는 장점도 많습니다. 나이가 들면 '전체를 보는 통찰력이 있습니다. 신중함에서 현명한 판단을 할 수 있습니다. 조율하고 관리하는 능력이 뛰어납니다. 책임감이 있고 성실합니다. 배움에 대한 열의가 있고 가르치는 능력도 뛰어납니다.' 등 약점을 강점화해서 어필할 수도 있습니다.

기업에서 어떤 신제품을 기획하고 마케팅할 때는 '내가 가진 기술과 노하우'가 중요한 게 아니라 '소비자가 진정 원하는 게 무엇인가?'가 더 중요한 기준이 되어야 합니다. 기업체에 입사를 지원할 때도 마찬가지입니다. 내가 가진 이력보다 더 중요한 건 그 회사가 어떤 사람을 원하느냐입니다.

본인이 어떤 사람이라는 것보다 회사가 원하는 사람이 어떤 사람인지를 잘 생각해 보아야 합니다. 본인이 과거에 무엇을 했다는 건 주 포인트가 아닙니다. 앞으로 그 회사를 위해 무엇을 해줄 수 있을까가 더 중요합니다. '지원자에 대해 회사는 어떤 기대를 갖고 있을까?'라는 관점에서 생각해 보아야 합니다.

기획부문의 임원을 뽑는데, 실무기획을 잘하고 파워포인트 작성에 유능한 50대를 원하지 않을 수 있습니다. 기획에 대한 많은 경험은 기본이지만, 선발의 주요 포인트는 까다로운 사장님의 미래 비전을 얼마나 잘 이해하고 의도를 파악할 수 있는 사람일지를 보는 것일 수도 있습니다. 영업부문의 중간관리자를 찾고 있는데, 영업을 잘하는 사람이 아니라 영업부서원들을 잘 화합시켜줄 온화한 리더십을 가진 인물이 채용의 포인트일 수도 있는 겁니다.

눈을 낮춰라

재취업의 필수요건! '내가 왕년에…'를 빨리 버려야 합니다. 과거에 얼마나 큰 기업에 다녔든, 얼마나 많은 연봉을 받았든, 얼마나 멋진 일을 했든 다 잊어야 합니다. 현업에 있는 50대 근로자들 대부분 퇴직이나 실직을 하고도 막연하게 이런 기대들을 합니다. 아직 자신은 능력 있고 쓸만하니 (지금보다 조금 작은 규모이긴 하겠지만) 중소기업에 임원으로 가서 (지금보다 조금 빠지긴 하겠지만) 꽤 높은 연봉 받으며 몇 년 더 일할 수 있지 않을까?

나와서 재취업을 위한 노력이 번번이 좌절되면 그제야 그 기대가 착각이었음을 깨닫습니다. 아주 극소수의 50대 실직자들만이 그런 영전의 행운을 누리게 됩니다. 그마저도 유효기간 2년의 자리지만. 50대의 재취업은 기회가 그렇게 많지도 않고 그렇게 예전만큼 좋은 조건이지도 못합니다. 실직하고도, '이 정도 급여는 받아야지', '내가 어떻게 그런 일을 할 수 있어?', '회사 복지가 영 안되어 있네?' 이런 거 생각하고 있으면 재취업 못합니다.

50대 실직자들에 대한 사회적 평가는 여러분이 생각하는 것보다 낮고, 실지로 재취업 되어 일을 하는 상황은 여러분의 기대에 훨씬 못 미칩니다.

저도 실직하고 처음에는 중소기업들의 문을 두드렸습니다. 뭐, 중소기업으로 가면 임원을 그대로 달고 간대도 수입이 줄 거라는 건 예상했었고 수용할 자세가 되어 있었습니다. 그전 직장에서의 연봉이 1억 대 중반 정도였으니 1억 언저리는 받을 수 있지 않을까? 완전한 착각이었습니다. 중소기업들의 현황에 대한 무지였고, 저의 가치에 대한 과대평가였고, 재취업 시장에 대한 몰이해였습니다. 지원했던 중소기업들 중 몇 군데 면접을 봤는데 번번이 떨어진 건 제가 기대한 연봉수준과 중소기업에서 해 줄 수 있는 수준과의 갭차이가 컸던 것도 주 이유였습니다.

얼마 전 통계청에서 발표한 자료를 보면 재취업한 중·장년 임금근로자의 62.5%는 월평균 임금이 200만 원 미만이라고 합니다. 400만 원 이상 벌고 있는 재취업자는 7%밖에 안됩니다. 기대보다, 생각보다도 더 재취업자의 급여가 낮다는 사실을 인지하여야 합니다. (2019. 12. 25 세계일보 "재취업 중·장년 '팍팍한 삶…' 10명 중 6명 월 200만 원 미만")

좋았던 시절은 갔습니다. 기대수준을 낮추고 이전보다 낮은 수준에서 타협할 각오를 하여야 합니다. '저 정도는 받아야지' 하는 생각을 갖고 있으면 재취업은 어렵습니다.

일을 가리지 마라

수입에 대한 기대 말고도 50대 실직자들이 버려야 할 건 또 있습니다.

'내가 어떻게 그런 일을…'

큰 조직에서 일하다 중소기업으로 직장을 옮기게 되면 업무분담이 제대로 되어 있지 않아 혼자서 여러 가지 일을 해야 하는 경우가 많습니다. 마케팅과 영업을 같이 하라고? 인사와 회계를 같이 해야 한다고? 그렇습니다. 중소기업에서는 그렇게 업무영역이 중복되게 일을 해야 하는 경우가 허다합니다.

심지어, 부서원 숫자가 적어서 타이틀은 임원이지만 하는 일은 사원, 대리처럼 일해야 하는 경우도 많습니다. 파워포인트 안 써 본지 언젠데 다시 하라고? 복사기 사용해 본적 20년이 넘었는데 내가 직접 문서 복사하라고? 그거 싫다면 재취업 어렵습니다.

자신보다 나이 어린 상사와 함께 일해야 하는 자리도 있습니다. 50대에 재취업하게 되면 현역시절 부하직원이나 자식뻘 되는 사람에게 업무지시를 받아야 하는 경우도 많습니다. 공(功)은 폼 나게 젊은 상사가 가져가고 자신은 빡세게 실무 일을 해야 하는 자리도 있습니다. 그거 체면 구겨진다고, 맘 상할 거 같다고 그런 자리 마다하면 재취업은 어려울 수밖에 없습니다. 체면 버리고 궂은일 마다하지 않아야 재취업의 기회가 생깁니다. 아쉽지만, 폼 나고 멋진 일은 젊은이의 몫으로 남겨두고 이제 음지에서 양지를 지향해야 할 나이입니다.

여러 군데 우물을 파라

실직을 부끄러워하지 마세요. 당신이 아주 잘못해서 회사를 나오게 된 게 아니라면 나이가 들었기에 밀려 나오게 된 겁니다. 나이 드는 게 죈가요? 실직한 게 부끄러워할 일인가요? 50대 중반에 실직하지 않는 게 더 이상한 겁니다. 재취업을 위해선 감추고 있을 게 아닙니다. 가족에게도 통보하고 주변 친구, 지인들에게도 빨리 알려야 합니다. 그래야 소개도 받을 수 있고 정보도 공유 받을 수 있습니다.

50대에 재취업한다는 건 쉬운 일이 아니니 여러 군데, 여러 방법으로 재취업의 기회를 늘려야 합니다. 일반적으로 실직자들이 일자리를 구하기 위해 많이 활용하는 구직방법은 인터넷 구직사이트, 주변 사람들 소개, 대중매체, 모바일 앱, 거주 지역 내 구청/동사무소 공무원, 직접 방문, 직업소개서 등의 순서입니다. 50대가 가장 많이 활용하는 방식도 인터넷 구직사이트입니다.

(도표) 실직자들의 구직방법

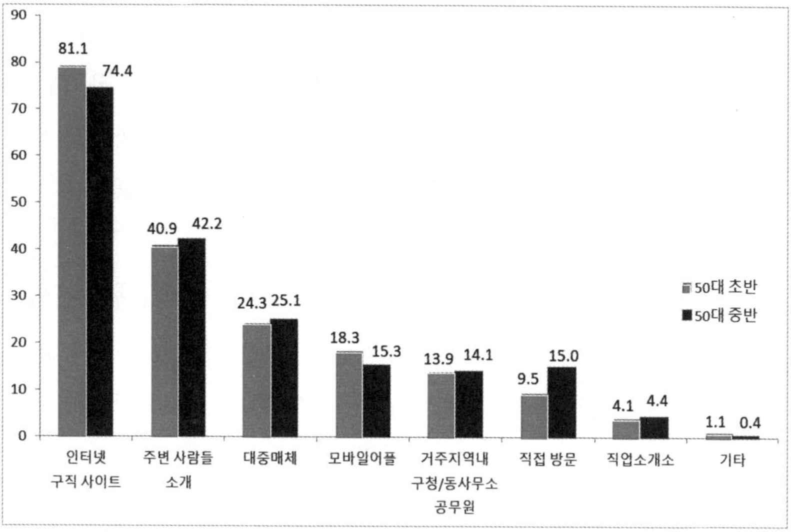

(서울시의회 의뢰, 씨에스넷 조사, 2019. 9.11~ 9.19)

구직 정보를 얻는 가장 대표적인 취업정보사이트는 고용노동부에서 운영하는 워크넷입니다. 기업체들의 개별 구인정보를 확인할 수도 있고, 채용정보 상세 검색코너로 들어가 희망하는 직종과 지역에 맞는 일자리를 알아볼 수도 있습니다. 실직한 후 실업급여를 받기 위해 등록과 신청을 하는 곳도 워크넷이므로 실직 이후 필히 들어가서 봐야 할 사이트입니다.

장년워크넷으로 들어가면 40세 이상의 중·장년 퇴직자들이 '신중년 인생 3모작 패키지 서비스', '전직지원 서비스', '금융특화 전직서비스' 등 좀 더 특화된 서비스를 받을 수 있습니다. (자세한 내용은 15장 '국가의 도움도 챙겨서 받고 – 워크넷' 참고)

그 다음에 흔히들 활용하는 민간 취업정보사이트로는 인크루트, 사람인, 잡코리아, 링크드인, 알바몬 등이 있습니다. 인크루트, 사람인, 잡코리아 등은 정규직을 주로 채용하는 포털입니다. 링크드인은 헤드헌터들이 많이 활동하고 있어서, 이력서를 올려두면 헤드헌터들의 중개를 받을 수 있습니다. 또한, 이력서를 영문으로 작성해두면 글로벌 기업체의 한국지사로의 채용기회도 생깁니다. 알바몬이나 알바천국 등은 비정규직, 일시 계약직 직원으로 지원할 수 있는 기회가 좀 더 풍부합니다.

사실 50대 실직자들이 새로운 직업을 갖는 데 있어서 공공기관이나 인터넷 직업포털 보다 더 큰 도움을 받을 수 있는 것이 있습니다. 바로 인맥을 통한 지인들의 소개입니다. 지인에 의해 소개받고 지원하는 게 채용 가능성이 훨씬 높아집니다. 그 일에 대한 정확한 정보를 얻을 수 있고 본인에 대해 잘 아는 지인이기에 나에게 맞는 일자리를 제안했을 가능성이 높고, 공개채용이 아니라 네트워크를 통한 채용이므로 경쟁률이 낮고 나에 대한 우호적인 추천까지 있었다면 채용될 가능성이 훨씬 높아지는 것입니다. (16장 '언제나 사람이 힘입니다 - 인맥' 참고)

그전부터 알고 지내던 헤드헌터들이 있다면 모두 연락해서 이력서를 뿌려야 합니다. 헤드헌터들은 자신에게 인력 서칭을 의뢰한 구인기업에 자신이 소개한 구직자가 채용이 되면 그 구인기업으로부터 수수료를 받는 시스템으로 일을 합니다. 구직 실직자로서는 밑질 게 없는 장사입니다.

뽑히기를 기다리지 않고, 먼저 지원할 수도

공개채용이나 인맥을 통하지 않고 구직자 본인이 직접 업체를 골라 역으로 채용을 제안할 수도 있습니다. 구인공고 여부와 무관하게 지금 당장 사람이 필요하지 않더라도, 구직자가 고른 특정 회사에 자신이 이런 능력이 있으니 자신을 뽑아달라고 역제안을 펼치는 방법입니다.

특정 영역에서 오랜 전문적 경력이 있는 구직자가 그 회사의 처한 상황을 파악하고, 회사의 당면과제를 해결해 줄 수 있다고 역제안하는 겁니다. 일이 어렵거나 인기가 없어 구인난을 겪고 있을만한 기업을 찾아 자원할 수도 있습니다. 재취업이 어렵다고는 하나 여전히 험하고 힘든 3D업종에서는 인력이 부족할 수도 있기 때문입니다.

"저는 이런 경력이 있고 이런 일을 잘 할 수 있습니다. 현재 귀사에서는 이런 당면과제가 있지 않나요? 제가 잘 할 수 있을 것 같으니 인터뷰 기회를 주시면 감사하겠습니다." 그 회사에 제안서를 이메일로, 우편으로 보내어 역제안을 하는 방법입니다.

이러한 역제안 방법은 회사에 자신의 적극성과 활동성을 어필하여 운이 좋으면 경쟁 없이도 채용되는 기회가 될 수도 있습니다. 당장에 계획이 없어 채용은 어렵더라도 구직자에 대해 긍정적인 인상을 갖게 되어 다음에 상황이 되면 우선해서 기회를 줄 수도 있을 것입니다. 또한, 이런 역제안 방법은 회사로부터 채용여부를 빠르게 확인받을 수 있다는 장점도 있습니다.

재취업을 시도해 봤는데 잘 안 된다고 해서 섣불리 창업이나 귀농을 결정하는 사람들이 있습니다. 창업은 어디 쉬운가요? 재취업보다 훨씬 위험한 High Risk게임입니다. (23장 '가게를 하시겠다고요? - 창업' 참고) 귀농? 농사가 그렇게 만만해 보이는가요? 얼마 안 되는 퇴직금 다 날리고 시골에 몸만 덜렁 남게 될지 모를 모험입니다. (24장 '나는 자연인이다! - 귀농, 귀어, 귀산촌' 참고) 인생 후반전은 돈 버는 게 만만치 않기 때문에 그동안 모은 돈을 쏟아부어야 하는 창업이나 귀농에는 신중해야 합니다.

실직하기 전에 미리 창업이나 귀농에 대한 준비를 오랫동안 잘 해 놨고 자신 있다면 상관없습니다. 그렇지 않다면 재취업을 우선으로 노려야 합니다. 급하게 창업, 귀농을 결정하지 말고 먼저 최선을 다해서 재취업을 시도하는 게 좋습니다. 그러면서 창업, 귀농에 대한 정보도 같이 습득하고 배울 거 있으면 배워가며 시간과 공을 들여 충분히 준비해야 합니다. 만약, 창업과 귀농에 대한 준비가 덜 된 상태에서 재취업이 된다면 먼저 재취업을 하세요. 그리고 퇴근 후, 주말에 열심히 창업, 귀농에 대한 준비를 하시면 됩니다. 다음의 실직과 퇴직을 대비해서.

50대, 이 나이에 공부하고 배우라고? 또? 왜?

13

- 취업 -

이력서는 머리에! 자소서는 가슴에!

실직을 해도 명함을 만들어라

'예전에 누군가를 만나게 되면 자연히 명함을 건네며 OO회사 부장이 아무개라고 했는데, 이제 모르는 사람을 만나 날 소개하려면 뭐라고 해야 하지? 굳이 실직했다는 걸 이야기해야 하나? 회사 그만두고 사업 준비 중이라고 할까? 명함이 없으니 날 뭐라고 이야기해야 할지 모르겠네…'

20년 이상 직장생활을 하다 보니 당연히 자신이 소속되어 있는 회사, 부서, 직책, 직위가 명기된 명함이 있었고 자신을 소개하는 데 별 어려움이 없었습니다. 그러나 실직을 한 순간, 명함도 없고 자신을 뭐라고 해야 할지 표현할 방법이 없습니다.

명함은 그 사람의 직업, 직책과 연락처를 알려주는 매개체일 뿐 아니라 세상에 대한 존재감 과시, 자신감 표출이기도 합니다. 실직하면서부터 명함을 내밀지 못하게 되니 자연히 위축될 수밖에 없습니다. '명함의 상실은 사회적 자존감의 상실이며, 힘의 추락이며 좌절' 이라고도 하지 않습니까.

저는 실직을 했다 하더라도 명함을 만들라고 조언 드리고 싶습니다. 명함은 자신을 남에게 소개하는 도구입니다. 회사에 소속이 되어 있든 아니든 명함을 가질 수 있는 것입니다. 자신의 과거의 이력을 담아보면 어떨까요? 작고 간단한 이력서라고 간주하는 것입니다. 어느 회사에서 얼마 동안 어떤 일을 했다는 식으로 명함을 만드는 것입니다. 저 같은 경우엔, 제가 광고회사를 마지막으로 나와서 실직한 상태에서 이런 명함을 만들었을 것 같습니다. "금강기획, BBDO코리아 등 유수 광고대행사에서 광고 AE로 25년간 근무 / 마케팅 서 '어떻게 사게 할 것인가' 저술 / 학교, 기업 마케팅 강의 다수 - 마케팅 전문가 이치원" 하는 식으로. (명함을 만들기도 전에 다른 일을 시작하게 되어서 그럴 필요가 없어져 버렸지만요)

명함은 눈에 띄게! 갖고 있게!

명함을 이렇게도 만들어 볼 수 있을 것 같습니다. 자신의 이력을 단 한 줄의 압축된 글로 표현해서 담아 보는 겁니다. 예를 들면 "볼펜 한 자루도 가성비 높은 걸로 - 25년 구매전문가 OOO", "단둥의 뒷골목 맛집까지 안다 - 20년 중국무역 전문가 OOO", "숫자와 함께 살아온 30년 - 회계전문가 OOO" 이런 게 쑥스럽다면 간단히 "인사관리부문 경력 23년 OOO", "자동차 공장 SCM부문 경력 20년"같이 간단하게 자기 경력을 함축적으로 써도 좋을 듯합니다. 거기에 전화번호 이메일 등을 명기하고 필요하면 자격증 같은 것도 적어두는 것입니다.

자신의 꿈, 자신의 취미를 적어 자신을 표현할 수도 있습니다. "사람들에게 위안이 되는 사진을 찍고 싶은 OOO", "마음이 아픈 사람들을 위한 마음 다독이 OOO", "4050 후기 청년을 위한 유튜버 OOO" 같은 식으로요.

재취업을 위한 면접 자리든, 동호회 활동을 나가 처음 인사하는 자리든 어쨌든 누군가 새로운 사람을 만날 기회는 생깁니다. 명함은 상대방과의 대화를 쉽게 이끌어 내고, 아이스브레이킹 하게 하고 자신을 강하게 인식시킬 수 있는 것입니다.

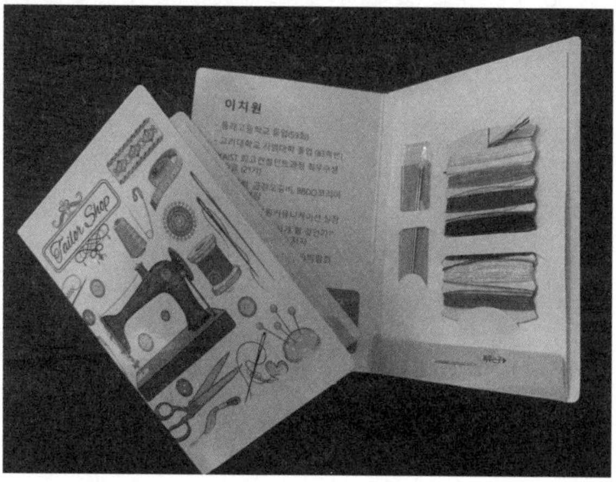

제가 명함대용으로 만들었던 배포용 반짇고리. '버리시지 못하게 만들었습니다', '지금은 바느질실 같은 관계지만 나중에 동아줄 같은 관계가 되기를 원합니다', '리필도 해 드립니다' 하는 식의 멘트와 함께 건네면 다들 경계심을 누그러뜨리고 미소를 짓습니다.

이력서는 자신을 마케팅하는 것

기업에서 어떤 특정 제품을 마케팅한다고 가정해 봅시다. 경쟁 제품 대비하여 모든 면에서 우수한 제품이란 존재하기 어렵습니다. 어떤 부분이 좋고 더 나으면 어떤 부분은 경쟁 제품보다 못합니다. 모니터가 커서 좋은데 눈 나빠지기 쉽고, 정수기의 기능이 많아 좋은데 다른 거보다 더 비싼 법입니다.

그러면 자사 제품이 더 매력적이게 보이게 하고 더 손에 잡히게 하려면 마케팅이 필요할 텐데 어떻게 해야 할까요? 우선, 소비자들이 제품의 어떤 면을 더 중요하게 생각하는지를 명확히 알아야 합니다.

만약 우리의 장점 부분을 제품 선택의 중요한 준거로 생각하고 있다면 그 장점 부분을 잘 전달시키면 될 것입니다. 정수기의 정수기능을 가장 중요하게 생각한다면 깐깐하게 걸러주는 정수기능을 강조해야 하고, 모니터의 화질을 중요한 구매기준으로 삼고 있다면 화소수를 적극 알려야 하는 거죠. 우리가 갖고 있지 못하거나 약한 부분을 더 중요하게 생각하고 있다면 우리 제품 선택할 때 생길지 모를 Barrier를 없애주는 것이 더 중요한 과제가 될 수도 있습니다. 가격이 비싼 거 때문에 소비자들이 우리 제품을 구매하는 걸 꺼려 한다면 가격을 상쇄할만한 좋은 기능들을 더 강조하거나 이 제품을 사용하는 사람들의 품격을 이야기함으로써 가격 Barrier를 없애주는 커뮤니케이션을 해야 하는 겁니다.

어떤 회사에 지원해서 수많은 경쟁자들을 물리치고 본인이 직원으로 뽑히고자 한다면, 역시 마케팅과 비슷한 과정을 거쳐야 합니다. 경쟁자들에 비해 나의 강점은 무엇이고 약점은 무엇인가? 장점은 잘 드러내고 약점은 잘 방어해야 합니다. 특히 구인을 하는 기업들과 첫 만남을 하게 되는 이력서와 자기소개서에서 말입니다.

이력서를 쓸 때 이거는 꼭!

이력서를 쓸 때는 오타가 없고 문법적으로도 오류가 없이 써야 하는 것은 기본입니다. 이력서를 통해 문서작성능력도 확인할 수 있으므로 전체적으로 잘 정리하는 것도 중요합니다. 이력서는 본인이 지원하는 업무에 대한 수행능력을 보이기 위해 그간 쌓아왔던 경험과 실적을 근거로 작성하는 것입니다. 그래서 과장이나 거짓 없이 간결하고 일관성 있게 작성해야 합니다.

이력서에는 기본적으로 들어가야 할 요소들을 빠뜨리면 안 됩니다. 개인 연락처를 꼭 명기하세요. 메일 정보만 기입하면 급박하게 연락을 할 수가 없습니다. 구직자가 절박하지 않은 상황인가보다 오해할 수도 있습니다. 아주 뛰어나고 지금 당장 꼭 모셔야 할 필요한 인재가 아니라면 굳이 그런 사람에게 회사가 아등바등 연락할 필요성을 느끼지 못할 것입니다.

그런데 이력서 작성에서 무엇보다 더 중요한 건 바로 자신의 능력이 잘 드러나도록 써야 한다는 것입니다. 기업에서 요구하는 자격요건을 잘 파악한 다음 그것과 관련 있는 부분을 구체적이고 정확히 명기하는 게 좋습니다. 중요한 포인트는 지원하는 기업에서 그 자리에 어떤 사람을 뽑고 싶어 할까를 곰곰이 생각해 보시라는 겁니다. 본인이 가진 능력 중에서도 회사가 원하는 인재상에 방점을 찍어 이력서를 작성해야 한다는 것입니다.

이력상에 공백 기간이 있는 경우는 어떻게 할까요? 헤드헌터를 통해 재취업을 진행 중이라면 그 불리함을 헤드헌터에게 털어놓고 의논을 하는 것도 방법입니다. 헤드헌터가 오랜 경험상 그 불리한 공백 기간에 대해 어떻게 명기를 하는 게 유리할지 코치해 줄 수 있을 것입니다. 사실, 무조건 많은 내용이 있다고 좋은 이력서는 아닙니다. 밝혀봤자 별로 도움이 안 될 이력은 과감하게 생략하는 것이 나을 수도 있습니다.

이직이 잦았다면 당연히 직무나 업종이 일관되지 않고 들쭉날쭉할 테니 회사 측에서 보기엔 그 구직자의 성실성이나 신뢰성에 대해 의구심을 가질 수도 있습니다. 제가 있던 광고회사는 비교적 이직 자체에 대해 관대한 편이나 그래도 한 직장에 적어도 3년은 있었어야 경력관리가 됩니다.

이직이 많았던 구직자라면 이직 이력이 거의 없고 업종도 일관되게 유지한 동료에 비해 경쟁력이 떨어질 확률이 높습니다. 이직이 많아서 이력서가 좀 지저분하다면 자기소개서를 잘 써서 잦은 이직에 대해 이해가 되게끔 해 줄 수도 있습니다.

자기소개서도 꼭 쓰라!

저는 자소서를 제출하기를 요구받지 않아도 작성해서 내는 게 좋다고 생각합니다. 50대의 경우 재취업할 자리는 중간관리자나 임원일 가능성이 큽니다. 그렇다면 그런 구직자에게 기업은 어떤 역량을 기대할까요? 업무역량 외에도 조직을 잘 이끌어 가고 융화가 잘 될 수 있는 분을 찾지 않을까요? 특히 50대 실직자에게는 조직에 대한 융화를 중요한 채용 기준 중에 하나로 볼 것입니다.

그런데 그런 역량은 이력서로만 알아보기엔 부족함이 있습니다. 그래서 본인의 경험 스토리를 풀어서 쓴 자기소개서가 그러한 개인역량을 드러내기에 좀 더 용이합니다.

자기소개서는 기업의 인사담당자가 지원자의 지원동기와 직무역량뿐 아니라 성격이나 태도, 가치관 같은 비 업무적 정보까지 얻고자 하는 입사지원서류입니다. 이력서가 자신의 경력을 객관적인 팩트 위주로 담담하게 기술한 것이라면 자기소개서는 비하인드 스토리들로 구성되어 지원자에 대해 더 깊이 있게 알 수 있게 하는데 도움을 줍니다.

자소서에서 가장 중요한 것은 자신의 경험을 잘 명기하는 것입니다. 경험을 통해서 자신의 노력이 어떻게 쏟아 부어졌고, 어떤 생각을 하게 되었으며, 결국 어떤 결과물을 만들어 내게 되었는지를 보여주라는 것입니다. 자신만의 스토리를 담담하게 풀어내어 인사담당자의 흥미와 관심을 불러일으켜야 합니다. 자신만의 포인트(강점)를 진정성 있게 작성하는 것입니다.

제가 팀장이나 임원일 때 저희 회사에 지원하는 지원자들의 이력서나 자소서를 검토하고 면접까지도 많이 봤었는데, 대부분 이력서보다는 자소서를 통해 그 지원자를 더 잘 파악했습니다. 성장배경, 어려움을 극복했던 사례, 직무에 임하는 자세, 본인의 업무 및 인성의 강점, 리더십 역량, 가치관, 세계관, 창의성 등 여러 요소를 복합적으로 볼 수 있기 때문입니다.

요즘 지원자들의 이력은 다들 좋고 훌륭합니다. 이력서의 경력 팩트로는 변별력이 안 생기는 경우가 많습니다. 경력이 다소 부족하거나 역량이 조금 떨어지더라도 자기소개서의 진솔한 글에 감동해서 면접까지 보게 되고 결국 채용되는 사례도 많습니다.

그래서 자소서를 신경 써야 합니다. 자소서가 필수 제출서류에 없다 해도 자소서까지 제출해서 읽어보게 한다면 면접관은 지원자에 대해 더 관심을 기울이게 될 것입니다. 시간적 여유를 갖고 자소서도 차분하게 준비해보세요.

이력서는 인사담당자의 머리를 움직이게 하고 자소서는 그의 가슴을 움직이게 합니다. 양수겸장을 펼쳐야 합니다.

14

- 면접 -

한 사람의 일생이 오는 것!

진정성 있게, 열정적으로, 미소로

면접이 별건가요? 사람 만나서 자신이 살아온 얘기를 나누는 건데… 그런데도 면접을 아주 힘들어하는 사람들이 많습니다. 특히, 대학교를 졸업하고 처음 들어온 직장에서 수십 년을 근무한 50대 퇴직자라면 면접은 20~30년 만에 처음 겪는 일이라 어색하기도 하고 두렵기도 할 것입니다. 면접 잘못 보면 재취업 안될 거고, 재취업에 면접 보는 기회까지 갖는 게 쉬운 일도 아닐 거라 생각하니 잔뜩 부담감이 생깁니다. 그럴수록 심리적으로 위축되고 긴장되니 머리도 잘 안 돌아가고, 평상시 잘하던 이야기도 그날따라 더듬게 되는 거죠.

저는 이직이 잦은 광고업계에 있다 보니 피면접자로서 또 면접자로서의 경험도 많습니다. 그리고 아이디에이션, 토론식 회의, 프레젠테이션 등 남 앞에서 저의 의견을 논리적으로 피력하고, 다른 사람이 저의 의견에 설득될 수 있도록 하는 훈련과 경험을 끊임없이 해 왔습니다. 그래서 비교적 그런 자리를 힘들어하지 않고 여유 있게 대하는 편입니다.

면접이든, 설득이든, 프레젠테이션에서든 잘하는 비결은 같습니다. 너무 긴장하지 말고 여유 있게 해야 합니다. 대신 진정성 있는 태도로 성실하고 열정적으로 임해야 합니다. 그러려면 면접도 많은 연습과 경험이 필요합니다.

면접을 잘 할 수 있는 몇 가지 구체적 Tip.

첫 전화통화부터 면접은 시작된다

서류로 지원을 한 뒤 모르는 번호로 전화가 오면 면접 보러 오라는 전화일 수도 있다는 걸 명심하세요. 물론 사무 여직원으로부터 걸려온 전화일 수도 있으나, 중소기업 중간관리자나 임원급의 면접 통보라면 인사 총괄 본부장이나 팀장이 직접 연락해 온 것일 수도 있습니다. 그들은 면접 자리에 동석하게 될지도 모를 사람들입니다. 전화 너머 목소리 톤이나 구사하는 언어에서 이미 면접은 시작되었을 지도 모릅니다.

때론 인력을 상시 모집한다고 공지되어 있는 기업에는 구직자가 직접 기업의 인사담당자에게 전화를 해서 취업을 시도할 수도 있는데, 이때 자신의 경력을 적극적으로 어필하고 면접 기회를 가질 수 있도록 설득하는 게 중요합니다. 이 또한 이미 전화상에서 1차 면접은 이루어지고 있는 것입니다.

지원동기를 물어오면 본인의 장점을 잘 부각해라

진정 이 회사에 들어오고 싶어서 온 것인지, 그래서 일할 자세가 되어 있는 것인지를 파악하려고 하는 질문입니다. 그 질문에 대해 “내가 이제껏 해왔던 일들이 이런 일들이다. 나는 그런 분야에 전문성을 갖고 있다고 자부한다. 이러한 나의 능력이 귀사의 발전에 보탬이 되고자 지원한다" 가 모범 답안이 될 것입니다. 즉, 자신의 경력과 노하우를 바탕으로 적극적으로 얘기해야 합니다. 50대 구직자는 평균적으로 20년 이상의 경력을 가진 그 분야에서의 베테랑입니다. 자신감을 갖고 열정적으로 본인을 어필할만한 자격을 갖추신 분들입니다.

좀 더 그 기업의 상황에 대한 분석을 했다면 그 기업이 겪고 있는 문제점, 과제를 구체적으로 언급하며 자신이 솔루션을 제공해 줄 수 있는 전문가임을 자신 있게 어필하는 것도 방법입니다. 단 과도한 자랑이나 잘난 체로 비쳐서는 안 됩니다.

본인의 단점이 뭐냐고 물어오면 순진하게 이것저것 나열하지 마라

때론 솔직함이나 순진함이 자신의 발목을 붙잡습니다. 기업에서는 순수하고 인간적인 사람을 뽑는 게 아닙니다. 능력 있어서 일을 제대로 할 사람을 뽑습니다. 면접은 소개팅과도 같습니다. 소개팅 나가서 자신을 멋진 사람으로 비추는 것도 바쁜데, 부족한 거 모자란 거 강조해 봤자 좋을 거 하나 없습니다. 오래 사귀면 단점마저도 좋아 보이는 순간이 오겠지만, 서로를 잘 알지 못하는 첫 만남에서 단점을 많이 노출하는 것은 너무 리스키 합니다. 자신의 진솔한 모습을 보이기 위해 적당한 수준에서의 단점을 얘기할 수는 있겠지만, 그마저도 없애기 위해 노력하고 있다고 마무리 짓는 게 좋습니다.

희망하는 연봉을 물어보면 구체적인 숫자를 말하지 마라

본인이 희망하는 연봉의 수준을 너무 높여 잡으면 당연히 채용이 안 됩니다. '내가 왕년에~' 에 사로잡혀 희망연봉을 높여서 얘기하면 기업

입장에서는 부담스러운 연봉 때문에 그 사람을 뽑을 수 없게 됩니다. 대부분 중년의 퇴직자들이 재취업을 원해서 면접을 가게 되면 그 기업은 예전에 자신이 다니던 기업보다 더 규모가 작은 중소기업일 가능성이 높습니다. 본인이 생각했던 것보다 연봉이 훨씬 더 열악할 수 있습니다.

어차피 채용 여부는 우선 그 사람의 능력과 인간 됨됨이로 결정 납니다. 연봉은 추후 구체적인 협상을 통해 네고를 해서 결정짓는 경우가 대부분입니다, 굳이 먼저 이야기 안 한다고 뽑을 사람을 안 뽑지는 않는다는 얘기입니다.

'연봉수준은 제 경력을 감안해 주시고 회사의 방침이 있으실 테니 적절한 수준에서 협의해서 정해지면 될 것 같습니다.'라고 하거나, 사전에 그 회사의 연봉수준을 알아봐서 그 수준에서 연봉을 얘기하는 게 좋습니다.

화합할 수 있는 원만한 성격임을 어필하라

50대 구직자에 대해서는 인사담당자들이 꼭 우려하는 부분들이 있습니다. 젊은 직원들보다 일에 대한 열정이 떨어질 거라는 우려, 건강도 안 좋을 거라는 우려도 있고 기존 젊은 직원들과의 융화에 대한 걱정들입니다. 부정적으로 비칠 요인이 많이 있다면 그걸 해소하고 없애려는 노력들이 선행되어야 합니다. 매일 운동을 한다거나, 자전거를 타고 춘천까지 갔다 올 체력을 갖고 있다거나 하는 게 자랑 같지만, 인간적인 면모와 성실성이 엿보여 그게 먹힙니다. 모임에서 회장이나 총무를 맡아서 오랫동안 하고 있다면, 조직에서의 화합에 대한 우려를 불식시키는 팩트일 수 있으니 알려주는 것도 도움이 됩니다.

예상 질문을 뽑아서 리허설하라

예전에 광고회사 다닐 때 경쟁 프레젠테이션을 하게 되면, 보통 같은 내용으로 대여섯 번 이상 리허설을 했습니다. 여러 번 연습하면 훨씬 자신감이 붙고, 어디 부분에 방점을 찍을지 명확해지고 질문에 대한 답변이 술술 나와 대처를 잘 했던 거 같습니다.

괜히 얘기했네 하는 실수를 안 할 수 있도록 본인이 할 답변에 대한 충분한 대비를 하여야 합니다. 잘 하다가도 말 한마디 실수에 전체 면접을 망칠 수 있습니다.

표정은 밝게, 미소를 띠며 여유 있게

UCLA 심리학과의 알버트 메리비안 박사의 연구결과에 따르면 말(내용)에 의한 의미 전달 기능이 목소리나 표정 및 태도 같은 비언어적인 요소들보다 결코 효율적이라고 볼 수 없다고 합니다.

'메리비안 법칙'이라 불리는 이 인간의 속성은 비언어적 요소들(시각적 요소 55%+청각적 요소 38%)이 사람의 첫인상을 결정짓는 데 훨씬 더 주요하다는 것입니다.

면접장에 들어서는 순간 면접관들이 구직자의 어떤 걸 가장 먼저 볼까요? 바로 복장과 헤어스타일입니다. 복장은 단정하게, 헤어스타일도 깔끔하게 가야 합니다. 특히 복장은 전략적으로 접근할 필요가 있습니다. 지원하는 기업이 보수적인 조직이라면 아주 포멀한 정장 스타일로 입고 가는 것이 무난할 것이고, 광고회사같이 리버럴한 조직이라면 세미 캐주얼, 비즈니스 캐주얼 정도가 적절할 것입니다. 그 기업의 CI(Corporate Identity) 칼라에 맞추어 옷을 입고 갈 수도 있습니다.

면접 시 얼굴표정은 어떻게 해야 할까요?

이거 안되면 난 큰일이야 하는 식으로 긴장하고 얼굴이 굳어 있으면 면접관도 부담됩니다. 여러분은 20여 년 이상의 경력을 가진 베테랑이란 걸 잊지 마세요. 자신감을 갖고 가슴과 어깨를 펴고 당당하게 면접에 임하시면 됩니다. 너무 몸을 많이 움직이거나 다리를 떤다는 등의 나쁜 습관이 있다면 면접 전에 연습을 통해 꼭 고쳐야 합니다.

시선처리를 부담스러워하는 분들이 있습니다. 면접관과 시선을 맞추지 못하거나 다른 데를 보며 이야기하면 말하는 내용이 아무리 좋아도 신뢰를 할 수가 없습니다. 평상시에 가족이나 지인과 눈을 마주하며 대화하는 것을 연습해 두는 것이 좋습니다. 면접관과 아이 콘택트, 시선을 마주하기 부담스러우면 면접관의 눈 아래, 콧등 부분이나 턱 정도에 시선을 맞추고 얘기하면 됩니다. 그럼 시선을 다른 데로 돌리고 있다고 느끼지 않을 것입니다.

말하는 내용에 대한 이해도를 높이기 위해 적절한 제스처를 함께 구사한다면 베테랑 같은 전문성과 자신감을 느끼게 될 것입니다.

말은 너무 빠르지도 느리지도 않게, 너무 작지 않게 적당한 속도와 크기로 해야 하는데 '적당한'의 수준을 잘 모르겠으면 주변 사람들에게 말해보고 어떠한지 물어보세요. 녹음해서 본인의 목소리를 들어보는 것도 좋은 방법입니다.

중년의 여유를 보여주세요. 가끔 유머를 넣어줘도 괜찮습니다. 인간적인 매력을 어필하는 것, 자신감이 있으면서도 겸손한 사람, 열정적이면서 배려가 있는 사람, 성실한 사람, 경륜과 지혜가 엿보이는 중년이 가질 수 있는 장점을 최대한 부각하시면 됩니다.

회사에도 질문을 해라

대개 면접 말미에 면접관이 면접 대상자에게 회사에 대해 궁금한 것은 없는지 물어보는 경우가 많습니다. 이때 꼭 질문을 하세요. 묵묵부답

가만있으면 단순히 질문꺼리가 없어서 그렇거니 하고 생각할 수도 있겠지만, 구직에 적극적이지 않다고 느낄 수도 있습니다. 질문할 기회가 생기면 모두가 집중할만한 질문을 던지세요. 물론 미리 생각하고 가야 합니다. 평소에 그 회사에 대해 얼마나 애정과 관심이 있었는지를 보여 줄 만한 질문이면 더 좋습니다. 그 질문을 통해 본인이 기업에 대한 사전공부를 충분히 했고 기업의 니즈를 충족시켜 줄 수 있는 사람으로 포지셔닝 할 수 있다면 더할 나위 없을 것입니다.

요새는 구직자들의 스펙이 다들 좋아서 구직자 간에 큰 변별력이 안 생깁니다. 회사에 대한 질문이 변별력을 만들어 줄 수 있습니다. 강하게 인상을 남기게 될 것입니다. 성실함도 보여주게 될 것입니다. 하나 명심할 것은, 수박 겉핥기식의 기업분석을 통해 얻은 정보만으로 내가 '아는 걸 드러내기 위한' 질문(앞부분에 장황하게 자신이 아는 바를 널어놓는 식의 질문은 질문으로 느껴지지 않습니다)은 본인의 가식적인 태도를 표출하는 악수가 될 수도 있습니다.

자기소개 미리 외워서 준비해 두자

면접 서두에 면접관이 구직자에 대한 대강의 아웃라인을 그려보기 위해 본인이 직접 자기소개를 해달라고 주문하기도 합니다. 정말 간단한 자기소개인데도 준비가 안되었으면 막상 하려고 해도 입이 열리지 않거나 버벅거리게 됩니다. 블링크라는 책을 보면 어떤 물건을 살지 말지는 2초 이내의 첫인상에서 결정 난다고 합니다. 자기소개가 바로 그 첫인상을 주는 아주 중요한 순간입니다. 축구에서도 초반 5분, 후반 5분이 중요하다고 하지 않습니까? 면접에서 자기소개 시간이 바로 축구에서 이야기하는 마의 5분이고 기회의 5분이기도 한 것입니다. 면접 때 긴장하지 않고 자기소개를 깔끔하게 할 수 있도록 미리 준비해 두어야 합니다. 그것도 임팩트 있게끔! "몇 년도에 OO대학교를 졸업하고, OO 회사에서 무슨 일을 하고…" 같이 이력서를 읽는 것처럼 말고! 그건 지금 면접관이 자신의 책상 앞에 놓여 있는 이력서를 보면서 이미 읽고 있는 내용입니다. 자신을 간단명료하게 표현할 수 있는 포인트를 정확히 짚어주는 겁니다. '풀무원=무농약', '볼보=안전', '초코파이=정' 같이 본인을 한마디로 규정할 수 있고 남들보다 뛰어난 본인의 차별적 강점을 명확히 하는 컨셉 같은 거 말입니다.

"한 회사에서 생산관리 파트만 30년을 일한 생산관리 베테랑입니다. 특히, 무슨 공정에서…", "작년만 하더라도 무슨 무슨 건을 성사시킴으로써 회사에 순이익을…", "특히, 이러이러한 분야에서는 국내 어느 누구보다도 잘 한다고 자부하고 있습니다" 등.

면접 시 비호감을 주지 않기 위한 TIP

인사담당자들이 뽑은 최악의 꼴불견 면접 지원자 유형 BEST 8

(출처 : 브레이크뉴스, 국내외 기업에 재직 중인 인사담당자 1,264명 조사, 복수응답)

1. 면접에 늦는 게으름형 지원자 (59.9%)
2. 회사에 대한 정보도 없이 면접에 임하는 성의 부족형 지원자 (32.9%)
3. 자신감 없는 태도로 일관하는 무기력형 지원자 (30.5%)
4. 면접에 어울리지 않는 복장과 액세서리를 한 센스 없는 지원자 (29.2%)
5. 제대로 이해할 수 없는 줄임말과 신조어를 쓰는 외계언어형 지원자 (22.6%)
6. 이력서에 쓴 것과 다른 모습을 보이는 지킬앤하이드형 지원자 (18.2%)
7. 면접 도중 핸드폰이 울리는 무매너형 지원자 (17.6%)
8. 높임말 제대로 사용할 줄 모르는 무식형 지원자 (16.5%)

위 설문조사를 중 1,3,4,7은 '비언어적 요소', 2,5,6,8 은 '언어적 요소'로 볼 수 있습니다. 인사담당자는 지원자가 보여주는 언어적, 비언어적인 요소를 통해 지원자에게 호감이나 비호감을 갖게 되고 이러한 판단이 지원자의 취업 성사 여부에 영향을 줄 수 있다는 것을 알 수 있습니다. 따라서 면접관에게 호감을 줄 수 있는 요소들을 파악하고 미리 준비한다면 긍정적인 이미지로 기억될 확률을 높일 수 있을 것입니다.

이 질문 꼭 나온다! 역량파악을 위한 대표 질문들

(출처 : 워크넷 면접전략 중에서 인용)

업무능력 파악

지원자가 지원한 곳의 직무를 알고 있는지, 왜 하고 싶은지, 잘 하기 위해 어떤 준비를 했는지, 업무에서 어떤 목표를 가지고 노력을 할 것인지, 회사에 대해 관심이 있는지, 어떻게 기여할지 등을 파악하기 위한 질문들입니다.

Q : 지원한 직무가 어떤 일을 하는지 이야기해보세요.

Q : 이 업무를 하고자 하는 이유는 무엇인가요?

Q : 이 직무를 잘 수행할 수 있다고 생각하는 이유는?

Q : 본인을 채용해야 하는 이유가 무엇인가요?

Q : 우리 회사에 대해서 어떻게 알고 있나요?

Q : 입사 후 어떤 계획과 목표를 가지고 있나요?

회사 정보를 충분히 숙지하고, 지원한 직무에 대해 조사한 다음, 자신만의 정의를 내려 보는 것이 좋습니다. 직무에 대한 분석과 특징을 알고 있다는 것을 어필할 필요가 있고, 주장을 할 때는 구체적인 근거를 갖고 하는 것이 좋습니다

적합한 성향 파악

지원자는 조직에 합류했을 때 적응을 잘 할 수 있는지, 업무 중 자연스럽게 발생할 수 있는 갈등과 어려움을 어떤 마음으로 받아들이고 현명한 해결책을 제시하는 성향인지를 파악하기 위한 질문들입니다.

Q : 여럿이 힘을 합쳐 좋은 결과를 냈던 경험이 있나요?

Q : 실패한 경험이 있는지, 어떻게 극복했나요?

Q : 주변에서 자신을 어떤 사람으로 생각합니까?

Q : 본인의 단점은 무엇입니까?

Q : 팀원과 갈등이 생길 때 어떻게 대처하겠습니까?

서로의 입장을 듣고 대화로 풀었다는 식의 뻔한 대답보다는 갈등이 생기는 원인 분석, 반복되지 않기 위한 방법 등을 구체적으로 제시해주는 것이 효과적입니다. 또 갈등이 있었지만 잘 해결했다는 과거 사례를 인용하는 것도 방법입니다.

15

- 워크넷 -

국가의 도움도 챙겨서 받고

기관/단체의 재취업 지원 프로그램

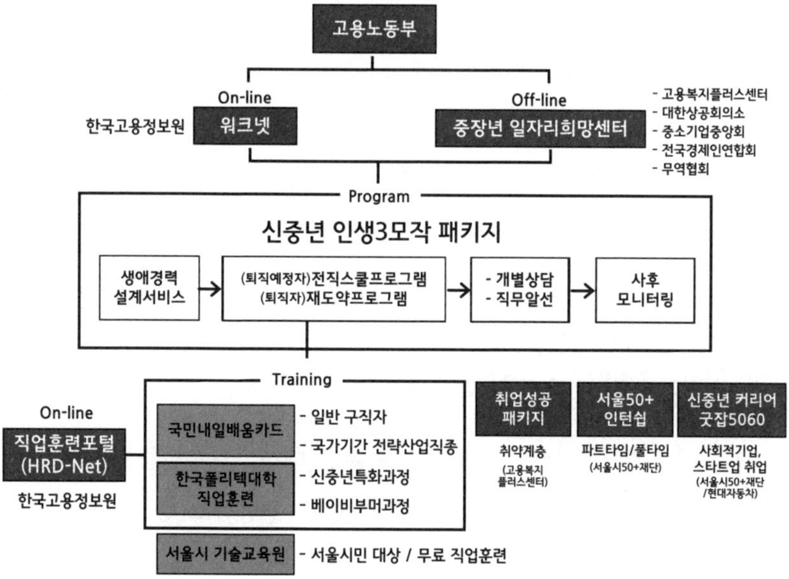

한눈에 볼 수 있는 재취업 지원 프로그램

워크넷(www.work.go.kr)은 고용노동부와 한국고용정보원이 운영하는 일자리 정보 포탈입니다. 구직·구인정보와 직업·진로정보를 제공하는 취업정보사이트로써 중·장년층 대상 정보만 편리하게 검색할 수도 있습니다. PC 외에도 스마트폰, 태블릿 PC 등을 이용하여 언제 어디서나 서비스를 이용할 수 있습니다.

각 기업들의 구인정보뿐 아니라 이력서, 소개서 작성법, 면접전략, 취업자들 동영상, 기업정보, 직업심리, 적성검사 등도 제공하고 있습니다. 실업급여를 받기 위한 구직자등록, 취업활동 등록 등도 워크넷을 통해서 하게 되어 있으므로 실직을 하게 되면 우선적으로 들어가야 할 사이트입니다.

중·장년 일자리 희망센터

40대 이상 중·장년 퇴직(예정)자에게 재취업 및 창업, 생애 설계, 전직 등을 지원해주는 오프라인상의 공간입니다. 현재 중·장년 일자리 희망센터는 전국적으로 32곳에 세워져 중·장년 구직활동 지원에 대한 핵심적인 역할을 맡고 있습니다. 고용노동부 산하 노사발전재단이 총괄하는 가운데 고용복지플러스센터, 대한상공회의소, 중소기업중앙회, 전국경제인연합회, 무역협회 등이 각각 센터를 설치, 운영하고 있습니다.

1. 신중년 인생 3모작 패키지

이들 센터에서는 재직자, 구직자 모두를 대상으로 '신중년 인생 3모작 패키지'라는 이름의 취업지원프로그램을 운영하고 있습니다. 이 취업 프로그램 안에는 생애경력설계서비스와 재직자를 대상으로 하는 전직스쿨 프로그램 그리고 구직자를 대상으로 하는 재도약 프로그램이 포함됩니다.

이 중에서 '생애경력설계서비스'는 기대수명이 늘어남에 따라 성공적인 인생 후반전을 어떻게 준비해야 할지 고민하는 중·장년을 대상으로 자신의 경력자산을 점검하고 이를 유지·개발할 수 있도록 도움을 주는 프로그램입니다. 중·장년 노동시장 및 일과 직업의 이해, 핵심역량 찾기, 생애계획수립, 경력경로설계, 구직계획수립, 구직준비 등의 내용으로 진행되며 교육 수료생에게는 수료증을 발급, 구직신청서 작성자를 대상으로 채용정보 제공과 취업 알선을 지원합니다.

생애경력설계서비스 프로그램 구성

구직자 과정

- 기대수명이 늘어남에 따라 생애 후반기 중점 투자영역을 점검하고, 직업 역량을 진단 및 경력 자산을 발견하여 체계적인 생애경력설계를 준비

모듈1 1.5~5시간

인생 들여다보기

인생 2막 준비현황과 필요성
인사합시다!
호모헌드레드 시대의 이해
100세시대 우리의 고민은?
베이비 부머 세대를 말하다
인생 2막 준비 현황과 필요성

중장년 노동시장 이해
생각해봅시다!
중장년 노동시장 개요
다양한 일자리의 이해
재취업, 창업, 창직, 귀농·귀촌, 사회공헌

일과 직업 이해
생각해봅시다!
일의 의미
은퇴의 의미

모듈2 1.5~6시간

인생 되돌아보기

나의 진로경력 회고하기
인생회고(Life Review)의 의의
인생을 돌아보는 질문들
나의 인생 정리하기
베이비 부머의 정체성
격려와 응원

주요경력에서 핵심역량 찾기
진로*경력 회고
베이비 부머의 근로생애 유형
주요 경력에서 핵심 역량 찾기
주변 경력에서 몰입경험 찾기

주변경력에서 몰입경험 찾기
직업 가치관
버킷 리스트
직업 흥미검사

모듈3 1.5~3시간

제 2인생 계획하기

생애계획 수립
생애설계의 이해
생애설계 실습

경력경로 설계
경력설계의 이해
경력설계 실습

구직계획 수립
구직설계의 이해
조사단계
접근단계
후속단계
구직계획 수립

모듈4 1.5~6시간

제 2인생 실행하기

구직 준비
구직준비의 이해
지원 분야 분석 실습
구직서류 준비
면접 준비

삶의 균형점 찾기
구직준비의 이해
지원 분야 분석 실습
구직서류 준비
면접 준비

일의 영역 확장하기
라이프 리밸런싱의 이해
라이프 리밸런싱 실습

'전직스쿨 프로그램'은 현재 재직자를 대상으로 퇴직 후 취업, 창업 등 향후 진로를 계획하고 미리 준비할 수 있도록 교육프로그램을 지원합니다.

'재도약 프로그램'은 중·장년 퇴직자들을 대상으로 하는데 그들의 성공적인 재취업과 제2 인생 설계를 지원키 위해 퇴직 후 변화 관리, 재취업 역량 강화교육, 취업 정보 및 컨설팅을 제공합니다. 대상자가 일정한 공간에 모여서 총 3일간 20시간 교육을 받게 되는 집단 활동 프로그램입니다.

대부분 지역의 일자리희망센터에서는 상담실, 강의실, 컴퓨터실, 면접 시뮬레이션실, 이력서 사진 촬영 공간 등을 갖춘 전직 지원 플라자를 운영하고 있습니다. 중·장년 퇴직자 및 퇴직 예정자 또는 기업이 전직 지원 서비스를 받고자 할 경우 가까운 중·장년 일자리희망센터에 문의하거나 방문하면 됩니다.

2. 교육(Training)프로그램

직업훈련포털 HRD-Net (http://www.hrd.go.kr)

한국고용정보원이 운영하는 직업 능력개발 훈련기관 및 훈련과정 포털 사이트. 자격증 정보, 구인정보, 무료학습 콘텐츠도 제공합니다.

국민내일배움카드(직업능력개발계좌제)

직업을 갖거나 유지하는데 필요한 업무능력을 키우기 위해 교육수강과 훈련을 요청하는 사람에게 카드를 발급하고 일정 금액의 훈련비를 지원하는 제도입니다. 이전에 구직자, 자영업자 중심으로 지원되던 게 2020년 1월부터 국민내일배움카드로 이름이 변경되면서 실업, 재직,

자영업 여부에 관계없이 누구나(단, 공무원, 교직원, 연매출 1억 5천만 원 이상의 자영업자, 월수 300만 원 이상의 근로자는 제외) 참여할 수 있습니다. 일정 금액의 훈련비를 지원함으로써 직업능력개발 훈련에 참여할 수 있도록 하며 직업능력개발 훈련 이력을 종합적으로 관리하게 됩니다.

고용노동부 산하 한국고용정보원의 직업훈련 포털인 HRD-Net 홈페이지에서 카드발급 신청(140시간 이상 장기훈련과정인 경우에는 고용센터 상담을 통해 신청이 가능)→ 고용센터로부터 제공받은 계좌적합훈련과정 확인 후 알맞은 과정을 선택하고 훈련에 참여하면 됩니다.

훈련 후 취업이나 창업상태를 일정 기간 이상 유지하면 훈련비를 지원받을 수 있습니다. 국민내일배움카드의 유효기간은 5년(재발급 가능)이며, 훈련 참여자가 자부담하게 되는 비율은 직종별 취업률 등에 따라 다른데 보통 훈련비의 50~80%를 지원받게 되며 1인당 최대 지원금은 500만 원입니다.

또한, 실업급여 수급자는 직업훈련기간 동안에 구직활동을 면제받을 수 있습니다.

국가기간·전략산업직종훈련

기계, 동력, 자동차, 전자 등 우리나라의 중요 산업분야에서 인력이 부족한 직종에 대해 실시하는 직업능력개발 훈련입니다.

국민내일배움카드와 마찬가지로 HRD-Net(www.hrd.go.kr)에서 신청할 수 있습니다.

훈련비 전액을 지원하므로 자부담이 없습니다. 매달 소정훈련일수의 80% 이상을 출석한 경우에는 월 최대 11만 6천 원의 훈련장려금을 지급합니다. 훈련과정 수강 중 취·창업한 사람이 해당과정을 계속 수강하는 경우에는 훈련비는 계속 지원하고 단, 훈련장려금은 취·창업한 날부터 지원하지 않습니다.

한국폴리텍대학

근로자직업능력개발법에 의한 국책특수대학, 전국에 8개 대학 34개 캠퍼스가 있습니다.

신중년특화과정

취업을 희망하는 만 50세 이상의 미취업자에게 입학지원자격이 부여됩니다. 면접을 통해서 선발되는데 50~60대 맞춤 기술 교육(기계, 산업설비, 섬유패션, 자동차, 전기, 요양보호, 3D프린팅 등)을 통해 지속적인 능력개발을 추구하고 취업과 연계하는 과정입니다.

교육비, 실습재료비, 기숙사비, 식비 등 전액 국가에서 지원하며 해당자에 한해서는 수당 및 교통비도 지급합니다. 주간 1년 과정 70% 이수자에 한해서는 국가기술자격검정 필기시험을 면제해줍니다. 수료 후 취업도 알선하고 사후지도를 통해 안정적인 업무여건을 만들어줍니다.

베이비부머 과정

베이비붐 세대(63~55생)의 대량 퇴직이 본격화됨에 따라 베이비부머에 특화된 지속적 직업능력개발을 통해 취업기회를 제공합니다.

서울시 기술교육원

서울시가 운영하는 직업교육 전문학교입니다. 시립이지만 일부 기술교육원의 운영은 위탁하고 있습니다. 2019년, 각 기술교육원은 학교법인 경복대학교, 명지대학교 산학협력단, 한국능력개발원 등에서 수탁하여 관리하고 있습니다. 중부기술교육원(용산), 동부기술교육원(고덕), 북부기술교육원(노원), 남부기술교육원(군포)이 있습니다. 주소지가 서울이고 만 15세 이상이면 누구나 신청 가능합니다.

정규과정(6개월~1년)과 단기과정, 국가협력과정이 있으며 자동차 정비, 튜닝, 조경관리, 건축시공, 전기용접, 디지털콘텐츠디자인, 3D프린팅 등 실용적인 기술을 배우는 과정이 많습니다. 수강료, 교재비, 실습비(일부 재료비 제외) 등이 무료입니다.

3. 기타 취업 지원 프로그램

취약계층을 위한 취업성공패키지

구직자 중 특히, 일정 소득 수준 이하의 저소득층의 취업지원을 목적으로 하는 종합적인 취업지원 제도입니다.

1단계 집중상담 및 직업심리검사, 2단계 직업훈련, 창업지원 프로그램 제공, 3단계 동행면접 등 취업알선에 이르는 통합적인 취업지원 프로그램을 제공하고 취업한 경우 '취업성공수당' 을 지급합니다.

저소득 중·장년자는 취업성공패키지 Ⅱ(만35세~69세 이하)에 해당합니다.

중·장년층 참여대상자는 만35~69세 이하로서 ①중위소득 100% 이하의 가구원으로서 실업급여 수급 종료 이후 미취업자, 고용보험 가입이력은 있으나 수급 요건을 충족하지 못한 미취업자, 고용보험 가입 이력이 없는 자 및 ②영세자영업자(연간매출액 1억 5천만 원 이하인 사업자) 등입니다.

지원대상자의 개인별 취업역량 등에 대한 정확한 진단을 토대로 통상 1년의 기간 내에서 단계별로 통합적인 취업지원을 실시합니다. 또한, 고용노동부에서 승인한 직업훈련과정으로서 일정 요건을 충족할 경우 훈련참여지원수당을 지급합니다.

서울50+인턴십

'서울50+인턴십'은 서울시 50+재단에서 서울시 기업·기관·단체 등에 역량 있는 50+인재를 연계, 인턴십 활동을 지원하는 사업입니다. 참여 대상은 만45세~67세의 서울시 거주자로 기초교육 80% 이상 출석 및 3개월간 전일근무 인턴십 활동이 가능해야 합니다.

모집 직무 관련 근무경력이 있거나 전문교육 수료, 자격증 보유 미취업자로 인턴십 참여 이후에도 취업의사가 있는 자를 선발합니다. 업무내용은 조사분석, 기술기능, 사업기획, 재무회계, 컨설팅 등 다양합니다.

서류전형 통과 참여자를 대상으로 기업 면접 전형인 '매칭데이'를 실시, 참여자와 활동처의 실질적인 연결을 돕고 이후 3개월간의 인턴십 활동을 지원합니다. 인턴십 기간에는 4대 보험이 의무 가입되고 참여자들에게는 서울형 생활임금을 적용해 월 최대 215만 원의 급여가 지원됩니다.

서울시 50+재단

서울시에서 출연, 고령사회를 맞아 서울시 장년층의 은퇴 전후 새로운 인생 준비 및 성공적인 노후생활을 위한 사회참여 활동을 지원하고자 설립되었습니다. 50+세대를 위한 맞춤형 교육 및 상담 컨텐츠를 개발 제공하고 있으며 이들에게 적합한 일자리 및 수요모델을 개발하고 이와 관련된 직업교육을 지원합니다. 중·장년층을 위한 지원정책 및 사업, 상담, 교육, 사회공헌형 일자리 등 정보제공, 창업정보지원, 공간대여 등도 지원합니다. 서울시내 캠퍼스 6군데 / 센터 7군데(2021년까지 준공예정 포함)가 있습니다.

신중년 커리어 프로젝트 굿잡5060

서울시 50+재단과 현대자동차그룹, 고용노동부, ㈜상상우리 등 4개 기관이 공동 추진하는 프로젝트로 특히, 사회적기업 또는 스타트업에 취업을 희망하는 신중년을 대상으로 재취업을 돕기 위한 맞춤형 교육과 멘토링, 취업지원 서비스 등을 제공합니다.

2018년 7월에 시작해 2019년 12월까지 총 282명의 신중년이 교육과정을 수료하였고 이중 142명이 재취업에 성공했습니다. 사회적 경제 분야로의 재취업을 위해 스마트워크, 사회적 경제의 이해, 신중년 특화 이력서 작성 등의 핵심역량 강화교육을 진행하고 모든 수업은 소규모 그룹 토론식으로 이루어집니다. 교육 이후에도 공유사무실 제공, 커뮤니티 활동, 분야별 후속 교육 연계와 1:1 취업컨설팅, 이력서 코칭, 취업 모니터링 등을 지원합니다.

장년, 고령자 인재은행

고령자의 고용 촉진 및 취업 기회 확대를 위해 고용노동부에서 민간의 무료 직업소개사업을 수행하는 비영리법인 또는 공익단체를 고령자 인재은행으로 지정하여 지원하는 제도입니다. 지원대상은 만 50세 이상의 구직 장년 그리고 만 50세 이상의 장년층 채용을 희망하는 개인 또는 단체입니다.

고령자에 대한 구인, 구직등록, 직업지도 및 취업알선을 해 줍니다. 구직등록자 중 취업능력을 제고할 필요가 있는 사람에 대해 일정 기간(50시간 이상) 직무능력향상교육을 실시합니다.

전국에 산재한 여성발전센터, 여성인력개발센터, YMCA, 사회복지관 45곳에서 운영 중입니다. 업종으로 보면 요양보호사, 가사(산모)도우미, 베이비시터, 환경미화원, 경비원, 주차관리원, 배달원(택배원),

조리사, 사무지원 등 단순노무직이 많습니다.

고용복지플러스센터 http://workplus.go.kr

고용노동부의 일자리 복지 서민금융 복합 원스톱 서비스입니다. 고용노동부 서울지청 및 각 지방청에 설치된 고용복지플러스센터(http://workplus.go.kr)로 가면 일자리 외에도 서민층 저리자금지원, 신용회복지원, 사회복지서비스상담 등을 함께 받을 수 있습니다.

16

- 인맥 -

언제나 사람이 힘입니다

재취업의 가장 효과적인 방법 : 인맥 활용

50대 실직자가 다시 새로운 직장을 갖는 데는 인맥을 통한 소개, 추천만 한 게 없습니다. 여기서 인맥은 친구나 친지일 수도 있고 자신의 전임 상사, 동료, 후배일 수도 있으며 취업을 희망하는 직장에 근무하는 지인일 수도 있습니다. 아니면, 그렇게 친하진 않는데 업무상 알게 된 지인도 소개나 추천을 해주는 통로가 되기도 합니다.

워크넷과 잡코리아 등 기관이나 취업정보사이트를 통한 취업이 활성화된 것은 2000년대 중반부터였고 그 이전에는 인맥을 통한 재취업 비율이 월등히 높았습니다. 물론, 각각의 재취업 방식은 장단점이 있고 직장을 갖고자 하는 50대 실직자에게는 어느 방법 하나 소홀히 할 수 없습니다.

기관이나 사이트를 이용하는 것은 일단 일자리의 개수가 많습니다. 일자리가 없다 없다 하지만, 그래도 일자리 소개 사이트로 가면 많은 구인정보들이 나열되어 있습니다. 잘 찾으면 날 위해 마련해 둔 자리가 꼭 있을 것 같습니다. 하지만 쭉 살펴보세요. 의외로 내가 갈 수 있는 자리는 딱히 눈에 안 뜨입니다. 아직도 눈이 높은 본인의 문제일 수도 있으나 구인기업과 구직자 간의 간극이 여전히 많습니다.

그리고 설사 마음에 드는 적당한 자리를 찾았다 해도 내가 마음에 들면 내 옆의 중년 실직자도 마음에 드는 법입니다. 경쟁률이 높습니다. 심지어 나이 제한이 없는 경우 2030 실업자들의 지원으로, 그들과 경쟁해야 하는 50대는 애초부터 연령에 대한 핸디캡을 안고 있습니다. 하지만 먼저 언급한 대로 일자리 수가 많으니 일단 그물망 드리우는 것처럼 여기저기 알아봐야 합니다.

반면, 인맥을 통해 일자리 정보를 얻는 건 어떤가요? 인맥을 통해 일자리에 진입하는 것은 낚시와 같습니다. 친구나, 친지나 지인이 알고 있는 일자리 정보를 나에게만 알려주는 것입니다. 물론 그렇다고 나만 면접보고 결정되는 건 아니지만, 대개 인맥이 제공하는 정보는 공개전형이 아니고 기업체에서 부정기적, 비공개로 진행하는 구인이다 보니 경쟁률이 낮습니다. 그리고 나를 잘 아는, 나의 경력과 능력을 잘 아는 지인이 소개하는 일자리 정보이니 나와 잘 맞을 가능성이 높습니다. 게다가 그 자리를 소개한 사람이 그 회사의 실력자와(회사 대표, 인사 책임자, 임원 등) 잘 알고 있다면 더욱더 취업은 쉬워질 것입니다.

나의 실직사실을 적에게 알리지 마라?

인맥을 통한 취업도 구직자 본인의 사전 전략과 노력들이 필요합니다. 우선 실직사실을 널리 알려야 합니다. 본인이 얘기하지 않고 가만있으면 아무도 추천해 줄 수도 없고 소개해 줄 수도 없습니다. 로또를 사지도 않고 1등에 당첨되게 해달라고 하늘에 빌 수는 없는 것입니다. 재취업을 목표로 했으면 이제부터 자신은 구직자가 직업이라고 생각해야 하고 적극적으로 영업해서 자신을 팔아야 합니다.

사실 좋은 건, 실직하고 나서가 아니라 실직하기 전에 미리미리 작업을 해 둬야 합니다. 평상시 자신의 이미지를 잘 관리해 두어야 하고 인맥을 꾸준히 쌓아두어야 합니다. 꼭 재취업을 위해서는 아니고, 인맥은 퇴직 후에 내 삶을 더 풍성하게 또 의미 있게 만들어줄 소재이기에(9장 '잠수타지 마세요 - 인간관계' 참고) 인맥은 신경 쓰며 만들어 두어야 합니다. 그리고 실직이 예상되는 상황이 되면 그 인맥들에게 자신의 실직사실 또는 실직예정사실을 알려야 합니다. '나 곧 회사 나올 거 같아.'라고, 그래도 그런 얘기는 재직 중일 때 말하기도 쉽고 듣는 사람도 부담이 덜합니다.

어떤 사회적 관계에서도 보면 마당발 같은 존재가 있습니다. 타고난 오지라퍼(오지랖+er) 들 말입니다. 어디 사우회 회장, 총무, 동문회 총무들, 동호회 회장, 총무들. 남의 일이라도 자신의 일처럼 관심 기울여주며 할 수 있는 한 최대한 도와주려는 마음의 자세가 되어있는 사람들, 그 사람들에게는 특히 자신의 실직사실을 알려야 합니다.

원하지 않았던 실직을 갑작스럽게 하게 되면 대개는 자신의 실직사실을 감추고 싶어 합니다. 자신이 초라하게 여겨지고, 부끄럽게도 생각되고 면목이 없어져서. 심지어 가족에게도 감추고 아침마다 양복 입고 공원에 가 있는다 하지 않습니까? 그럴 이유 전혀 없습니다. 그래서도 안되고.

나이가 들면 회사에서 나가라고 하는 건 너무나 자연스러운 일입니다. 본인이 능력이 없지도 않고 본인이 그 일을 못할 만큼 노쇠한 것도 아니니 무척 억울한 일이지만, 50대 중반이 되면 인생의 정점을 찍고 서서히 하산을 준비해야 하는 시점인 것입니다. 후배들한테 그 자리를 양보하는 게 이 사회와 국가가 원활히 돌아가는 데 도움이 되기 때문인 것입니다. 결코 본인이 못난 게 아니라 본인이 이 사회와 후손들을 위해 큰 양보를 하는 것입니다.

여기서 인생 끝나지도 않고 이제야 반 지나온 거고 앞으로 반을 더 잘 살아가기 위해서 Job-Change 시도하는 겁니다. 실직을 담담히 받아들이고 널리 알려야 합니다. 그래야 재취업의 성공 확률이 높아집니다.

실직사실을 알리고 소개나 추천을 부탁할 때는 비교적 원하는 분야를 구체적으로 얘기를 해야 합니다. “나 올해 말로 퇴직할 거 같은데, 하던 일이 생산관리니까 그쪽으로 계속 일할 수 있도록 좀 알아봐야 할 것 같아” 이렇게 말입니다. 되도록 많은 사람, 만나는 사람마다 알려주고 전에 만났던 사람 다시 만나면 또 얘기하세요. 당사자가 아니니 그 사람은 듣고서 잊어버리고 있을지도 모릅니다. 입다물고 있으면 아무도 당신의 퇴직사실을 알 수도 없고, 그러면 소개나 추천을 받을 기회는 안 생깁니다.

‘아무것도 안 하면 아무 일도 안 생긴다.’ 진리입니다.

나의 재취업에 도움이 될만한 인맥은?

여기서 퀴즈 하나, 다음 중 나의 취업에 도움이 될 사람을 순서대로 나열해 보세요.

1) 자주 만나는 사람(친하고 편한 사람)

2) 예전에 만난 적 있지만 거의 만나지 않은 사람.
(몇 년에 한번 볼까 말까 하는)

3) 어쩌다 만나는 사람.
(가끔 만나는, 아주 친하지는 않지만 연락하면 반갑게 맞아주는)

… 정답은 3)-2)-1) 순입니다.

'약한 고리의 강한 힘 (Strength of Weak Ties)' 이라는 게 있습니다. 스탠포드대 사회학과의 마크 그라노베터 교수가 1973년 American Journal of Sociology에서 발표한 논문에 나오는 이론입니다. 나와 사회적으로 약한 유대감을 가진 사람들이 강한 유대감을 가진 사람들보다 실제적으로 내게 더 도움이 된다는 것이 핵심입니다.

그라노베터 교수는 수백 명의 취업과정을 살펴본 결과 "개인적인 연고로 취업한 사람들 가운데 83%가 자신에게 직장을 소개해 준 사람은 친한 사람이 아니라 약한 유대 관계를 맺고 있는 사람이었다"고 합니다. 그래서 인맥관리는 소수와 긴밀한 관계를 맺는 방식보다 다양한 다수와 느슨한 관계를 맺는 방식이 훨씬 효율적이다는 결론이 나옵니다.

우리 주변에 약한 고리의 인맥은 주로 어떤 사람들인가요? 우선 전 직장 선배나 동료 또는 거래처 관련 사람들입니다. 친구만큼이나 친한 사이는 아니지만, 그들은 나의 경력을 알고, 나의 장점을 잘 알고 나를 소개해 줄 정도로 나에 대해 호의적인 감정을 갖고 있는 사람들입니다. 내가 잘되면 자신들도 나중에 득을 보게 될지도 모를 사람들입니다. 그들이 가장 강력한 후보군입니다.

그다음으로는 학교 동문 선후배, 동기들이 있습니다. 그중에 자주 만나는 친한 친구들 말고 가끔 만나는 약한 고리의 사람들 말입니다. 약한 고리는 가끔 만나는 사이라는 전제가 있는데, 그러면 자신의 단점이나 약점보다 강점, 좋은 점 위주로만 봤을 가능성이 높습니다. 그리고 본인의 소개나 추천으로 재취업이 성공하면 좋겠지만, 설사 성공하지 못하더라도 자신이 갖는 미안함이나 부담감은 강한 고리의 사람보다 덜 할 것입니다.

저도 생각해 보면 저를 회사에 소개해 주신 그 교수님은 저와는 일 때문에 가끔 만나야 했지만, 예의를 갖추어 대해야 하는 어려운 관계였습니다. 즉, 약한 연결고리를 갖고 있었던 것입니다.

그럼 자주 만나는 사람, 친한 친구 즉 강한 고리를 가진 사람들은 왜 취업에 도움이 덜 되는 것일까요? 그라노베터 교수에 의하면 강한 고리의 인맥에 의하여 추천된 경우에는 약한 유대관계의 인맥이 추천한 경우보다 추천의 객관성이 의심받을 가능성이 높다는 것입니다. 그리고 강한 유대 관계의 사람은 만나도 술이나 마시고 즐거운 시간을 갖고자 하지 친구의 재취업을 심각하게 고민하고 알아봐 주지 않을 수도 있습니다. 아니면, 그런 강한 유대관계의 사람은 오히려 평상시에 질투심을 갖고 있었을 수도 있고 본인의 단점까지 속속들이 잘 알고 있기 때문에 소개나 추천을 꺼려할 수도 있습니다.

대리운전까지 하다가 호텔 총지배인으로 화려하게 컴백!

17

- 공무원 -

연금 나오는 직장에 취직!

50대 실·퇴직자가 자신의 경력을 활용하여 공무원이 될 수 있습니다. 공무원이 되는 길은 크게 3가지 정도가 있습니다. 그 첫 번째는 개방형 직위로 임용되는 것입니다.

개방형 직위제도란 중앙부처 및 공공기관에서 전문성이 특히 요구되거나 효율적인 정책 수립을 위하여 필요하다고 판단하는 직위를 개방하여 공직 내, 외부를 불문하고 공개경쟁을 거쳐 인재를 선발하여 임용하는 제도입니다. 고위공무원단(실, 국장급) 개방형 직위와 과장급 개방형 직위로 나누어 모집합니다. 개방형 직위는 고위공무원단 직위와 과장급 직위 총수의 20% 범위에서 지정합니다.

2019년 12월 말 기준, 46개 중앙부처의 458개 직위(고위공무원단 177개, 과장급 281개)가 개방형 직위로 지정·운영되고 있습니다. 민간

인뿐만 아니라 공무원도 응시할 수 있습니다. 다만 개방형 직위 중 공직 외부의 경험과 전문성을 적극 활용할 필요가 있는 직위 174개(고위공무원단 53개, 과장급 121개)는 민간인만 응시·선발하도록 했습니다.

2019년에 개방형 직위로 지정된 458개 중에서 실제 충원이 된 건 390개였고, 그중 외부 민간인으로 충원된 건 227개로 총 개방형 직위 임용자 중 외부 민간인의 비율이 58.2%에 달합니다.

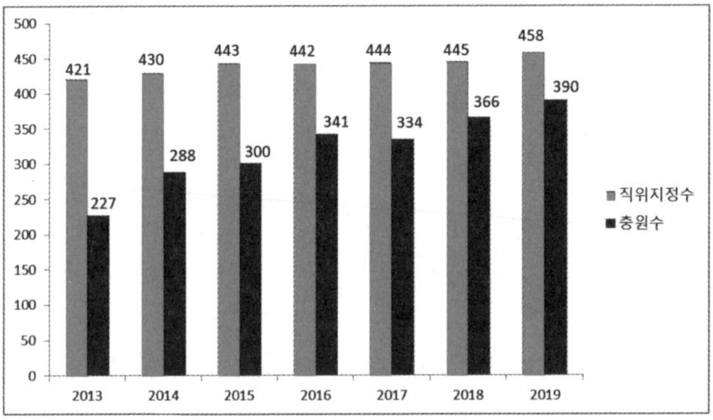

직원 지정 수 대비 개방형 공무원 충원 수

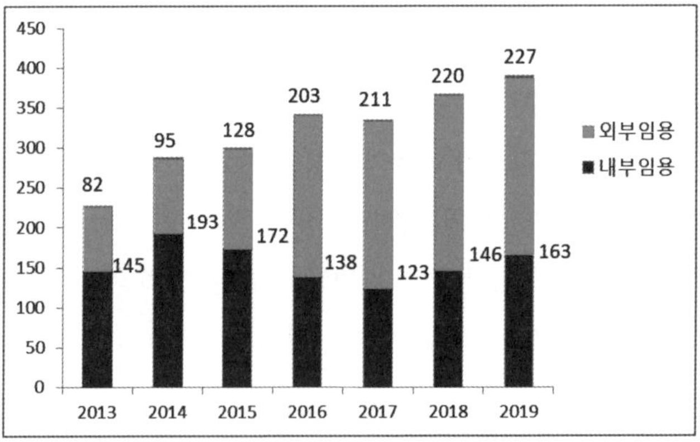

개방형 공무원의 외부 임용률

(출처: 인사혁신처'개방형 공무원-중앙부처 임용현황 2000~2019'통계)

개방형 공무원의 외부 임용률(공무원이 아닌 외부 민간인이 임용되는 율)은 꾸준히 높아졌는데 최근 3년간 매년 60% 내외입니다. 정부의 적극적인 직위 조정 등 지속적인 개방 노력, 고위공무원단 제도 시행에 따른 임용요건의 완화, 경력개방형 직위제도 도입 및 민간 임용자의 처우 개선 등으로 매년 외부 민간 임용률은 지속적으로 확대가 예상됩니다.

개방형 직위 선발시험은 중앙선발시험위원회에서 1차 서류전형과 2차 면접시험의 절차를 통해 각 부처에서 임용후보자를 추천합니다. 서류전형은 경력 또는 실적요건 중 하나만 충족하면 되고, 경력요건은 직위별(고위공무원단/과장급)로 조금 다릅니다.

고위공무원단 개방형 직위의 응시요건 (예시-인사혁신처 자료 중)

▶ 관련분야에 10년 이상 재직한 경력이 있는 자

▶ 관련분야 박사학위 소지 후 관련분야에 7년 이상 재직한 경력이 있는 자

▶ 관련분야에서 임용예정직위에 상당하는 부서 단위 책임자 이상으로 근무한 경력이 있는 자로서 관련분야에서 3년 이상 재직한 경력이 있는 자

▶ 고공단 또는 이에 상당하는 공무원으로 근무한 경력이 있는 자로서 관련분야에서 3년 이상 근무한 자

과장급 개방형 직위의 응시요건(예시-인사혁신처 자료 중)

▶ 관련분야에 7년 이상 재직한 경력이 있는 자

▶ 관련분야 박사학위 소지 후 관련분야에 4년 이상 재직한 경력이 있는 자

▶ 관련분야에서 임용예정직위에 상당하는 부서 단위 책임자 이상으로 근무한 경력이 있는 자로서 관련분야에서 3년 이상 재직한 경력이 있는 자

▶ 4급(5급) 또는 이에 상당하는 공무원으로 근무한 경력이 있는 자로서 관련분야에서 3년(5년) 이상 근무한 자

개방형 직위에 민간 전문가가 임용되는 경우에는 특별한 사정이 없는 한 최소 3년의 임기가 보장되는 임기제 공무원으로 임용됩니다. 임기 중 성과에 따라 5년 범위에서 연장이 가능하고, 성과가 탁월한 경우 5년을 초과하여 제한 없이 재연장이 가능하며 일정 요건을 충족하는 경우 경력경쟁채용 등의 방법으로 정년이 보장되는 일반직공무원으로 임용될 수도 있습니다.

보수는 직무의 특성과 개인의 능력, 자격 등을 고려하여 임용기관과 협의하여 결정하게 되는데, 일반적으로 공무원보다 높은 기준액을 적용받고 필요시 상한액 이상의 연봉 협의도 가능합니다. 외부 민간인 출신이 낯선 업무환경과 공직문화에 적응하여 원활히 직무를 수행할 수 있도록 공직 입문교육과정의 운영, 멘토링 실시, 민간 임용자 간 네트워크 구축 등 다양한 프로그램을 제공하고 있습니다.

개방형 직위 선발 공고는 각 부처의 인력수급 일정에 따라 다르게 실시되는데, 자세한 채용정보는 매월 나라일터(http://www.gojobs.go.kr)와 부처 홈페이지 모집공고에서 확인할 수 있습니다.

국가공무원(5급/7급) 민간경력자 일괄채용시험

50대 실·퇴직자가 공무원이 되는 두 번째 방법입니다.

민간분야에서 일정한 기준 이상의 경력을 쌓은 전문가를 국가의 5급, 7급 공무원으로 채용하는 제도입니다. 인사혁신처에서 각 중앙부처의 수요를 취합하여 일괄 시행합니다. 임용된 민간경력자 출신 공무원을 흔히 줄여서 '민경채'라고 부릅니다.

경력, 학위, 자격증의 3가지 요건 중 1개 이상 해당되면 지원이 가능한데, 지원 시에는 3개 중 한 개 요건만을 지정하여 그 영역 내에서 지원하여야 합니다.

'경력'은 법인, 민간단체, 공공기관, 국제기구/국제단체에 소속되어 근무하거나 연구를 수행한 관련 분야 경력을 말하는데, 보통 10년 이상 또는 관리자(상근 부서장)로 3년 이상의 경력이 있어야 응시자격이 주어집니다. 그리고 최종경력을 기준으로 시험 공고일 현재 퇴직 후 3년이 경과되지 않아야 지원이 가능합니다.

'학위'는 관련분야의 박사학위가 있거나 석사학위 소지 후 관련분야에서 4년 이상 근무 또는 연구 경력이 있으면 지원 가능합니다. (퇴직 후 경과기간 관련 규정은 따로 없다)

'자격증'은 선발단위에 따라 대개 변호사, 의사, 공인회계사, 기술사 등의 자격이 필요합니다. 그리고 자격증 소지 후 2~4년 이상의 근무 또는 연구경력이 추가로 있어야 합니다. (5급 시험의 경우)

5급, 7급 모두 1차, 2차, 3차 시험을 치러야 합니다.

1차는 필기시험으로 공직적격성평가(PSAT)라고 합니다. 언어논리/자료해석/상황판단의 3가지 과목을 치러 최종 선발예정인원의 10배수를 선발합니다. 과목당 25문항/각 60분으로 치러지게 되는데, 예전에는 5급 공채시험보다 비교적 쉬웠다고 하는데 2019년도 민간경력자 1차 시험은 굉장히 난이도가 높아져 거의 5급 공채 수준이었다고 합니다.

(*사이버국가고시센터(www.gosi.kr)의 '시험문제/정답'에서 문제 유형을 확인할 수 있습니다.)

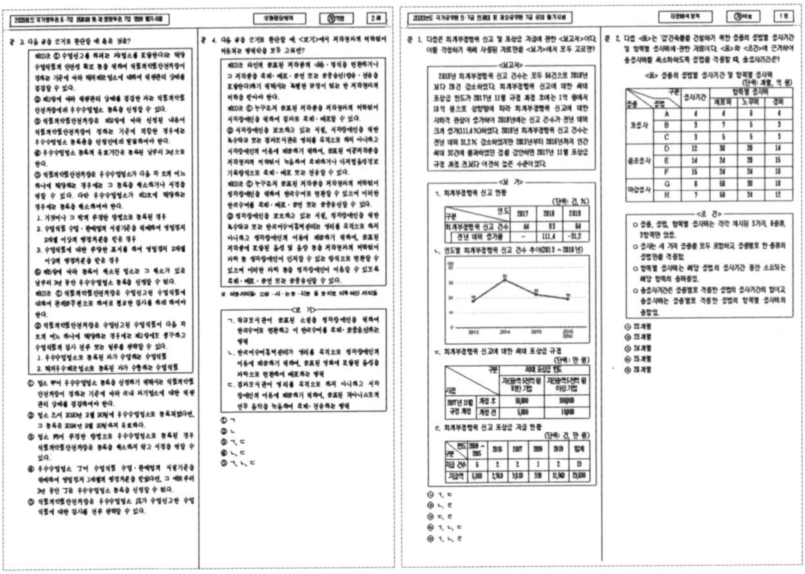

2차는 서류전형(직무적격성심사)입니다. 지원동기, 직무수행계획, 그동안의 직무성과, 실적 등을 적어서 제출해야 합니다. 한국사능력검정시험에서 3급 이상을 획득한 경우 가점을 부여합니다. 2차 시험에서 선발인원의 3배수로 추려집니다.

3차는 면접시험입니다. 평정기준은 ①공무원으로서의 정신자세 ②전문지식과 그 응용능력 ③의사표현의 정확성과 논리성 ④예의·품행 및 성실성 ⑤창의력·의지력 및 발전 가능성 등입니다. 단순한 구술시험이 아니라, 자료를 주고 읽어보게 한 다음 자료에서 제시하는 정책의 추진 배경과 추진 효과에 대한 본인 생각을 면접관들 앞에서 브리핑하게 하는 과정도 있습니다. 불합격 기준에 해당하지 않는 사람 중에서 평정성적이 우수한 사람 순으로 합격자를 결정합니다.

시간제 공무원

50대 실·퇴직자들이 지원해볼 수 있는 공무원 세 번째입니다.

시간제 공무원은 공무원의 통상적인 근무시간(주 40시간/일 8시간)보다 짧게 근무하는 공무원입니다. 국가직과 지방직, 서울시 공무원으로 나눠서 선발합니다. 전문자격이나 지식을 활용할 수 있는 업무(통번역, 법률해석, 회계감사 등)도 있고, 대체 가능한 정형화된 업무(민원서비스, 주차단속, 운전 등)도 있습니다. 도서관이나 박물관, 고궁 등에서 특정 시간대에 근무하면서 도서관 정리, 문서접수 분류, 인허가증 배부, CCTV 모니터링들의 일반 행정관리 업무를 수행하는 보직도 있습니다.

시간선택제 공무원 유형에는 시간선택제 전환공무원과 시간선택제 채용공무원, 시간선택제 임기제 공무원의 세 가지 종류가 있습니다. 시간선택제 전환공무원은 통상적인 근무시간(주 40시간/일 8시간) 동안 근무하던 기존 공무원이 본인의 필요에 따라 시간선택제 근무를 신청하여 근무하는 제도이므로 일반 직장 다니다가 실직한 50대들은 해당사항이 없습니다.

시간선택제 채용공무원은 능력과 근무의욕이 있으나 종일 근무는 곤란한 사람들에게 적합합니다. 선택한 근무시간에만 근무하면서도 정년이 보장되는 공무원입니다. 주로 7급 이하의 직급을 채용하는데, 중앙부처의 경우 전문분야는 인사혁신처 협의를 거쳐 상위직급 채용이 가능합니다.

주 5일 근무(오전·오후) 및 격일제가 가능하고 임용권자 또는 임용제청권자가 15~35시간 범위에서 근무시간을 지정합니다. 보수는 원칙

적으로 근무시간에 비례하고 복리후생적 수당은 전일제와 동일하며 공무원연금에 가입하게 됩니다. 영리업무를 겸직하는 것은 원칙상 금지되나 기관장 허가 시에는 겸직도 가능합니다. 만약, 전일제로 전환하고자 한다면 경쟁을 통해 신규채용절차를 거쳐야 합니다.

시간선택제 임기제 공무원은 한시적인 사업 수행 또는 시간선택제 전환자의 업무대체를 위해 일시적으로 채용되는 공무원입니다. 여타 시간선택제 공무원과 마찬가지로 1일 최소 3시간 이상, 주당 15~35시간 근무하게 됩니다. 임기제 공무원 중에는 일반적인 업무에 종사하게 되는 일반임기제공무원과 특정 분야에 대한 전문적인 업무를 수행하는 전문임기제공무원의 두 가지 종류가 있습니다.

시간선택제 전환공무원은 이미 공무원인 경우만 신청 가능하고, 시간선택제 임기제 공무원은 시간선택제로 전환한 공무원이 있을 경우 그 빈자리를 채우는 경우이고, 때문에 실제 매년 경력경쟁채용 시험을 통해서 일정 인원을 채용하는 시간선택제 공무원은 시간선택제 '채용 공무원' 뿐입니다. 서류전형과 면접을 통해서 선발하는데 대개 경력, 자격증, 학위 요건 중 하나 이상에 해당되면 응시가 가능합니다. 경력요건으로 응시하는 경우 최종 경력을 기준으로 시험공고일 현재 퇴직 후 10년이 경과되지 않아야 합니다.

18

- 자격증 1 -

현역때보다 더 잘 벌기도

재취업이나 창업을 위한 자격증

재취업을 하거나 창업을 하려고 할 때 그 분야에 경력이 있으면 좀 더 쉬워지겠지만, 경력이 없다면 자격증을 따는 것도 방법입니다. 자격증에는 국가 자격증 외에도 민간에서 수여하는 민간자격증도 많습니다. 그런데 먼저, 진출하고자 하는 분야에 적합한 자격인지 여부와 향후 비전이 있는 쓸만한 자격증인지 따져봐야 합니다. 수개월 또는 몇 년을 자격증 취득에 돈과 시간, 노력을 기울였는데 자신의 미래 진로와 무관하거나 무용지물이라면 얼마나 안타까운 일인가요?

어떤 자격증이 있는지, 쓰임은 어떻게 되는지, 어떻게 딸 수 있는지 자격증에 대해 전반적인 걸 알고 싶으면 한국산업인력공단에서 운영하는 '큐넷' (www.q-net.or.kr) 이라는 포털로 들어가면 됩니다. 큐넷에서는 각종 국가기술 자격증의 시험일정, 원서접수, 합격자발표, 자격정보, 자격증 발급신청, 자격취득자정보 등을 서비스합니다. 민간자격증은 한국직업능력개발원 민간자격정보서비스(www.pqi.or.kr)에서 확인하면 됩니다.

국가공인자격증에는 국가기술자격증, 국가전문자격증 그리고 민간자격증 등 3종류가 있습니다.

국가공인자격증의 종류

국가기술 자격증	지게차운전, 3D프린터운용, 굴삭기운전, 도배, 방수, 미용, 제과제빵, 조경, 한식조리 등
국가전문 자격증	의사, 변호사, 회계사, 세무사, 감정평가사, 공인노무사, 청소년상담사, 사회복지사, 공인중개사, 주택관리사, 경영지도사, 관광통역안내사, 보험중개사 등
민간 자격증	수화통역사, 인터넷정보관리사, TEPS, 한자능력자격 등

국가기술자격증은 등급에 따라 기능사, 기사, 기술사 등으로 나뉩니다. 기능사는 응시자격에 아무런 제한이 없으나, 기사는 기능사 자격증을 보유하고 동일 및 유사 직무분야에서 3년 이상 실무에 종사해야 합니다. 그리고 기술사는 기사자격을 취득한 후 동일 및 유사 직무분야에 4년 이상 실무를 종사해야 합니다.

새로운 분야에 진출하려는 50대는 대부분 기능사 자격증부터 따야 합니다. 국가기술자격증의 분야로는 지게차운전기능, 조경기능, 미용, 제과제빵기능 등이 있습니다. 사회복지사, 공인중개사, 주택관리사, 경영지도사, 보험중개사 등의 자격증은 국가전문자격증에 속합니다. 마지막으로 민간자격증은 다양한 어학, 컴퓨터, 경제, 회계 등에 관련된 자격증들입니다. 수화통역사, TEPS, 한자능력자격 등이 이에 해당합니다.

한국산업인력공단 홈페이지에서 매년 응시하는 사람 수를 기준으로 선호자격증을 순서대로 나열해 보면 다음과 같습니다.

컴퓨터활용능력 2급, 1급 - 지게차 운전기능사 - 한식조리기능사 - 워드프로세스 - 미용사(일반) - 정보처리기사 - 전기기능사/기사 - 굴삭기운전기능사 - 미용사(피부) - 제빵기능사 - 전기산업기사 - 산업안전기사 - 미용사(네일) - 소방설비기사 - 제과기능사 - 양식조리기능사 - 직업상담사 2급 - 미용사(메이크업) - 위험물산업기사 - 건축도장기능사

자격증 공부를 하기 전에 꼭 먼저 할 일

자격증을 취득하고자 할 때 필히 먼저 생각해야 할 게 있습니다. 자격증을 따서 무엇을 할 수 있을지, 어떻게 활용할지 미리 알아보고 대책을 세워야 한다는 것입니다. 막연하게 '따두면 언젠가 도움이 되겠지, 주위에서 많이들 따니 괜찮은가 보다' 하는 생각으로만 접근하면 나중에 낭패보기 십상입니다.

자격증은 어떤 일을 하는 데 있어서 필요요건이지 충분요건은 안 됩니다. 자격증을 딴다 한들, 일을 바로 시작하지 못할 가능성이 많습니다. 아무리 직장 경험이 많다 한들, 해당 분야에서 병아리인데 누가 덜컥 일을 맡기겠냐는 것입니다. 자격증을 공부하기 전에 일을 맡겨 달라고 부탁할 수 있을 만한 데가 있는지 먼저 알아보는 게 좋습니다. 당장에 일을 맡아 할 수 있는 곳이 없다면 무보수라도 조수로, 보조로 현장 경험을 쌓겠다는 각오를 해 두어야 합니다. 자격증을 따고도 한참은 수입이 변변찮게 지내야 할 텐데 버틸 여력은 되는지도 따져봐야 하고.

그렇지 않고는 자격증을 따도 할 수 있는 일거리가 없어서 결국 자격증을 장롱에 처박아 놓고 다시 다른 재취업 길을 찾아 나서야 될지도 모

릅니다. 결국 자격증 따느라 시간 낭비, 돈 낭비만 한 셈이 됩니다. 갈 길이 바쁜데…

50대가 할 만한 자격증들

이 중에서 50대들이 할 만하고 50대에게 인기가 많은 몇 가지 자격증에 대해 자세히 살펴보겠습니다.

지게차운전기능사

먼저, 매년 50대 이상 구직자들이 취득하고자 하는 자격증 중에 1~2위를 차지하는 지게차운전기능사입니다. 지게차란 공장이나 건설현장에서 자재 등을 운반하는 대표적인 기계입니다. 지게차운전기능사는 주로 건설현장, 물류창고, 항만하역장, 제조공장 등에서 지게차를 운전하여 원료, 자재, 완성품 등을 운반하고 적재하는 일을 하게 됩니다.

한국산업인력공단에서 시행하는 지게차운전기능사 시험에 합격하여 그 자격을 취득해야 하는데, 응시자격에는 제한이 없습니다. 응시자는 필기시험과 실기시험을 통과해야 합니다. 필기시험은 객관식, 실기시험은 작업형으로 시행되며 필기시험과 실기시험 모두 100점 만점에 60점 이상이면 합격합니다. 응시자 중 필기시험에 합격하는 율은 매년 50%를 살짝 상회하고 있고 실기시험 합격률도 50% 정도 됩니다.

그런데 지게차운전기능사 자격을 땄다고 바로 취업이 되고 돈을 벌 수 있다면야 얼마나 좋을까요? 하지만 현실은 그리 녹록지 않아 보입니다. 인기 자격증이고 합격률도 그리 낮은 게 아니니 한 해 3만 명 이상의 신규 자격증 소지자가 양산되고 있는 상황입니다.

(다음은 유튜브 '뉴종편TV'가 2019년 10월 21일에 업로드한 '고용노동부 자료-취업 잘되는 국가 자격증 지게차운전기능사' 편에 나오는

기능사분들과의 인터뷰 내용을 재구성한 것입니다)

“지게차운전기능사 자격을 요구하는 구인기업의 평균임금은 월 225만 9천 원이다. (고용노동부 자료 2018년 기준) 자격증이야 갖고 있지만 경력이 일천하다 보니 취업이 쉽지 않다. 직접 지게차를 사서 지입으로 개인영업하시는 분들이 많다. 그래도 아는 사람이 없으면 일 받기가 용이치 않다. 처음에는 알음알음으로 일을 받아서 해야 한다. 지입을 하게 되면 본인이 직접 지게차를 구입하여 일을 하게 되는데, 지게차 구입에 3~4천만 원이 소요되고 보험료와 기름값, 정비료, 주차료 등이 매달 빠져나가는 걸 고려해야 한다.

건설현장이 대부분 그렇듯이 일찍 출근해서 일이 시작된다. 어느 정도 경력이 쌓이고 숙련자가 되면 하루에 5~10건의 작업, 한 건에 6만~7만 원 정도 수입이 생긴다. 물론 고정적으로 일이 생기지 않고 비정기적인 일이고 날씨나 계절에도 영향을 많이 받는다.”

(다음은 유튜버 ‘드림지게차’가 2019년 5월 20일에 업로드한 ‘퇴직 후나 준비 없이 영업용 지게차로 전업하고 싶어 하시는 분에게 드리는 팩트’ 중 일부를 재구성한 것입니다.)

“자격증 따고, 지게차 살 수 있는 돈이 있고 사업자 등록증 내면 시작할 수 있다. 문제는 기술이다. 기술은 경력이 많아야 한다. 지게차는 사고 확률이 높다. 큰 사고는 아니어도 작은 사고들이 자주 난다. 시간을 투자해야만 기술을 배울 수 있다. 퇴직하고 50대 넘으면 하기가 쉽지 않다. 30대들이 지게차운전을 시작한다. 경쟁이 쉽지 않다. 나이의 갭을 극복하기가 쉽지 않다.

영업용 지게차를 하기 전에 지게차를 보유하고 있는 물류센터, 마트, 창고 같은 곳에서 팔레트라도 뜰 수 있게끔 경험을 만들어야 한다. 나이 많은 사람은 잘 안 쓰려고 한다. 세 달 안에 손털고 나가는 사람 많다.

영업은 정년퇴직이 없다. 정신이 말짱하고 몸만 이상 없으면 할 수 있다. 하지만 처음 시작할 땐 쉽지 않다. 위험성이 크다. 지게차는 다른 사람을 다치게 할 수 있고 남의 물건을 파손시킬 수 있다.

새로운 물건들을 만나게 되면 새로운 기술이 필요하다. 스트레스가 쌓인다. 점점 일을 하기 싫어진다. 늦은 나이에 성공하기 쉽지 않다. 위험하다. 한 번의 사고로 그동안 쌓아놓은 거 모두 날려 버릴 수도 있다."

공인중개사

토지, 건물 등 부동산의 매매, 임대차 등의 거래를 중개할 수 있는 국가전문자격증입니다. 2019년도 제30회까지 450,035명을 배출했고, 이 중 현업에는 2019년 2분기 기준 106,750명이 활동하고 있습니다. (국토교통부 통계누리 참조)

자격증 하나로 자기 사업을 할 수 있는 장점이 있습니다. 정년도 없습니다. 반면, 누구나 할 수 있어도 누구나 성공하는 건 아닙니다. 과포화 상태라 경쟁이 심한 편입니다. 수입이나 운영의 안정성, 미래 전망 등에서 개인차가 큽니다.

영업력이 있어야 합니다. 절실함과 성실함이 있어야 합니다. 상권이 좋고 목이 좋아야 하므로 초기 자본금이 많으면 좋습니다. 사람을 상대하므로 감정노동이라고 볼 수 있습니다. 멘탈이 강해야 합니다.

(다음은 유튜버 '장주사TV' 에서 2020. 2. 15일에 업로드된 '공인중개사 전망에 대한 개업 5년차의 뼈 때리는 실무 이야기' 의 내용을 재구성한 것입니다)

장점

1. 자신의 시간에 대해 활용도가 높다. 주도적으로 생활을 할 수 있다.
2. 하는 만큼 돌아온다. 일정 궤도에 올라가면 급여생활자 이상의 수입도 벌 수 있다.
3. 자기투자의 기회가 온다. 상가나 분양권, 토지 등의 급매물을

   직접 매입해서 되파는 투자 기회이다.
4. 관련 업무로 영역을 넓혀 나갈 수 있다. (개발업. 경매, 부동산 컨설팅 등)
5. 많은 사람들을 만나고 인생의 좋은 경험들을 할 수 있다.
6. 사람 보는 눈이 길러지고 사람 대하는 스킬과 융통성이 키워진다.
7. 생활의 활력이 생기고 보람도 있다.

단점

1. 자격증이 있다고 돈을 벌 수 있는 건 아니다.

   일을 시작하고도 수입이 생기는데 몇 달, 몇 년이 걸릴 수도 있다.
2. 사람과 금전적인 것에 스트레스 받기 쉽다.

   수입이 불규칙하므로 항상 불안함과 두려움이 있다.
3. 정보의 비대칭이 수입의 원천이다.

   부지런히 정보를 찾고 열심히 일 안 하면 수입은 없다.
4. 중개수수료만으로는 큰돈을 벌기 어렵다.
5. 옆에서 누가 가르쳐 주지 못한다. 본인의 노력과 정보력, 영업력으로 할 수밖에 없다.

보험중개사

제가 현재 하고 있는 일 중의 하나입니다. 언제 어떻게 생길지 모를 질병이나 재해와 같은 Risk를 미리 대비할 수 있도록 해주는 일이 본업입니다. 사회 초년생의 재무설계를 도와주고, 연금과 같은 금융상품으로 노후를 대비하게 하고 상속과 증여에 대한 상담을 하며 법인세 절감

을 위해 기업대상으로 컨설팅을 하는 것도 업무의 중요한 한 축입니다. 이처럼 보험 외에도 변액, 펀드, 퇴직연금 등 연관 자격증을 취득하여 전반적인 재무 컨설팅을 하고 있는 경우가 대부분이어서 이 업무를 하는 사람들을 FC(Finance Consultant 재무 컨설턴트)라고 칭합니다. 다음은 제가 직접 5년 동안 하면서 느낀 점들입니다.

장점

1. 주도적으로 자기 시간을 계획하고 활용할 수 있다.
2. 경제나 금융 관련 지식이 많아지고 자신의 가정경제를 건실하게 꾸려가게 된다.
3. 리스크에 대해 대비하고 저금하게 하는 등 고객의 삶에 긍정적 영향을 준다.
4. 많은 사람을 만남으로써 사회성이 좋아지고 좋은 인연을 쌓을 수 있다.
5. 나이 차별도 없고 정년도 없다.
6. 많이 움직이고 공부도 많이 해야 하는 일이라 몸과 뇌가 건강해진다.
7. 법인 계약, 퇴직연금, 펀드, 연금 등 수입원을 넓힐 수 있고 많은 수입을 기대할 수 있다.

단점

1. 보험시장이 포화되어 있고 FC가 많아 경쟁이 치열하다.
2. 보험이나 보험설계사에 대한 사람들의 오래된 부정적인 인식이 있다.
3. 미래의 부정적 상황(질병, 재해, 빈곤)을 전제하는 데다
   당장 보이지 않는 비가시적인 상품이라 영업이 쉽지 않다.
4. 거절을 많이 받으면 멘탈이 무너지고 좋았던 인간관계가 틀어지기도 한다.
5. 신규고객을 지속적으로 늘리지 못하면 수입이 안정적일 수 없고 일을 그만두게 된다.

사회복지사

가끔 방송에 나옵니다. 독거노인을 찾아가 쌀이나 생필품도 전달하고 주름 가득한 손을 꼬옥 잡아드리며, 따스한 시선으로 독거노인을 바라보며 얘기를 나누는 착한 마음씨의 사회복지사. 사회복지사는 심리적, 정서적, 경제적 문제 등 다양한 어려움에 직면한 사람들을 만나 상담을 통해 어떤 도움이 필요한지 파악하고 필요에 따라 보유 자원, 재정적 문제, 지역사회 자원 등을 지원합니다. 다양한 사회복지 프로그램을 기획·개발하여 상담과 지원, 프로그램을 실시하기도 합니다. 청소년, 노인, 여성, 장애인 등 복지대상자에 대한 보호·상담·후원업무를 담당합니다. 그들의 사회 적응과 자립에 도움을 줄 수 있도록 직업재활이나 취업을 위한 사업장을 개발하여 취업 지원을 하기도 합니다.

사회복지사 1급과 2급 자격이 있습니다. 이전에 사회복지사 경험이 전혀 없는 중년 구직자가 시도할 수 있는 사회복지사 2급은 사회복지사 이수과목 17과목(51학점)을 이수하고 한 달 정도의 사회복지 실습기간(160시간)을 거치게 되면 한국사회복지사협회로부터 그 자격증을 수여받게 됩니다. 1급은 2급 자격증 소지자가 1년간의 실무경력을 갖춘 뒤 사회복지사 1급 자격시험을 쳐서 합격해야만 합니다.

사회복지사 자격증 소지자는 지역복지사업, 아동복지, 노인복지, 장애인복지, 모자복지 등의 민간 사회복지기관에 취업할 수 있습니다. 이 외에도 학교, 법무부 산하 교정시설, 군대, 기업체 등에서 사회복지사로 활동할 수 있으며 자원봉사활동관리 전문가로 활동할 수도 있습니다.

사회복지사는 여성 비율이 높고 40대 이하 근로자의 비율이 높습니다. 학력은 대졸인 경우가 많으며 임금 중위수는 월 200만 원 정도입니다.

또한, 사회복지사 자격증 소지자는 의료사회복지 또는 정신보건 분야에서 일정한 경력을 쌓으면 시험을 통해 의료사회복지사나 정신건강사회복지사 자격을 취득하여 해당분야의 전문사회복지사로 활동할 수도 있습니다.

요양보호사

요양보호사는 치매, 중풍 등 노인성 질환으로 독립적인 일상생활을 수행하기 어려운 노인들을 위해서 신체 및 가사 지원 서비스를 전문적으로 제공하는 인력을 말합니다. 노인의료복지시설이나 재가노인복지시설 등에서 의사 또는 간호사의 지시에 따라 장기요양급여 수급자에게 신체적, 정신적, 심리적, 정서적 및 사회적 보살핌을 제공하게 됩니다.

시·도지사로부터 지정받은 요양보호사 교육기관인 한국보건의료인국가시험원(국시원)에서 표준 교육과정 240시간(사회복지사 자격소지자는 40~50시간)을 이수하고 국시원에서 시행하는 요양보호사 시험에 합격하면 됩니다.

52세에 시작해서 3년 만에 연봉 1억 원 된 보험설계사 이야기

19

- 자격증 2 -

이제는 하고 싶은 일에

주택관리사 (아파트 관리소장)

주택관리사가 되려면 먼저 주택관리사보 자격을 취득해야 합니다. 자격 취득 후 5백 세대 미만의 아파트에서 아파트 관리소장으로 3년간 근무 후에 정식으로 주택관리사가 됩니다.

아파트, 오피스텔, 공동주택 등의 관리소장이 되는 방법에는 두 가지가 있습니다.

먼저, 위탁관리업체에 채용이 되어 그 업체와 계약이 된 아파트 단지의 관리소장으로 파견되는 경우입니다. 두 번째는 입주자 대표회의에서 올리는 구인광고를 보고 지원하여 소장으로 뽑히는 경우입니다. 위탁관리업체가 전국에 1,000여 개가 넘습니다.

2020년 7월 기준 대한주택관리사협회 각 위탁관리회사 구인광고를 보면, 평균 급여는 350~400만 원(서울, 경기권) 정도입니다. 기본급 290~ 380만 원에 자격수당 30만 원, 직책수당 20만 원, 식대 10만 원 정도가 더 붙습니다. 아파트 단지에 따라 판공비 30만 원을 더 주는 곳도 있습니다.

단점은 하루 종일 책상에 앉아 있어야 합니다. 입주민들의 갑질이 가끔 있습니다. 동 대표들을 잘 모셔야 합니다. 그만두라면 별 이유 없이 그만둬야 할 경우가 많습니다.

자격증 1차 시험은 회계원리, 민법에 객관식 5지 선택형이고 2차 시험은 주택관리 관계법규, 공동주택관리실무 두 과목인데 객관식 5지 택일형 및 주관식(단답형 또는 기입형)입니다. 시험은 2020년부터 상대평가입니다.

아파트 시설, 직원관리, 조경, 전기 등 아파트 내에서 할 일이 많습니다. 주택관리사보 자격 외에도 관련 자격증을 4~5개 정도 더 따면 좋습니다. 그래야 메이저 위탁관리업체에서 주택관리사(보)를 공개 채용할 때 들어가기가 유리해집니다.

대부분 기존 아파트는 아파트 관리소장 경력자를 선호하기 때문에 작은 규모의 오피스텔이나 아파트라도 시작을 해서 경력을 쌓는 것이 좋습니다. 아파트 중 소송이 붙거나 노후화되어서 민원이 많아 골치 아픈 아파트나 시골 아파트라도 기회가 생기면 가야 합니다.

주택관리사보 기수 모임 등에서 회장이나 총무를 맡는 것도 도움이 됩니다. 정보도 빨리 얻을 수 있고, 위탁회사와 좋은 관계를 유지하게 되고 취업의 기회도 생길 수 있습니다. 주택관리사협회의 동호회 활동도 도움이 됩니다. 선배 주택관리사(소장)들과 친하게 지내는 게 좋습니다.

전기기능사

정전이 단시간 동안에만 발생한다 하더라도 큰 재산상의 손실을 가지고 올 수 있을 뿐 아니라 자칫 잘못하면 큰 사고의 위험이 따릅니다. 그만큼 전기를 제대로 사용하고 전기로 인한 재해를 방지하기 위해서는 숙련된 기술을 갖춘 사람으로 하여금 전기기기를 제작, 조작, 운전, 보수 등을 하도록 해야 합니다. 이러한 전기분야의 전문 기술인력을 양성하고자 생겨난 게 전기기능사 국가기술자격제도입니다. 각종 전기제어장치 또는 전선, 케이블, 전기기계 및 기구를 설치, 보수, 검사, 시험 및 관리를 맡게 됩니다.

전기전자관련직의 구인인원이 꾸준히 증가함에 따라 자격증 취득을 하는 분들도 꾸준히 많아질 것으로 보입니다. 자격증 취득 시 공무원 시험 및 공기업 채용 가산점도 받을 수 있으므로, 대학을 졸업하고 취업하고자 하는 젊은이들도 많이들 지원합니다.

대한주택관리사협회 사이트에서 구인란으로 들어가 보면 여러 지역 협회에서 직원(기사)을 뽑는 구인공고들을 볼 수 있습니다. 각 단지 구인란에 전기, 설비, 기전 등 여러 분야에서 하루 평균 50건 정도 게재되고 있습니다. 월 급여는 250~270만 원 사이입니다. 퇴직금, 연차휴가가 제공되고 격일제 근무를 하게 됩니다. 전기기능사 자격을 갖고 있으면 공동주택의 직원으로 지원해 볼 수 있고, 직원이 되면 야간에 전기기능사의 상위 자격인 전기기사 시험을 준비하거나 주택관리사 소방시설관리사 등의 타 자격증 공부를 하면서 본인 직업의 업그레이드를 꾀할 수 있습니다.

경영지도사

기업의 경영에 관한 컨설팅 업무를 할 수 있는 국가전문자격증입니다. 회사경영에 대한 노하우, 지식, 경험이 있는 것이 자격증 취득에 유리합니다. 그러다 보니 직장에서 임원으로 있다가 퇴직한 50대들이 많이 따는 자격증 중의 하나입니다. 중소기업이나 소상공인을 대상으로 전문적이고 종합적인 진단, 컨설팅을 수행하는 것을 그 업무로 합니다. 재무관리, 인적자원관리, 마케팅관리, 생산관리의 네 가지 분야로 나뉩니다.

중소벤처기업부 장관이 실시하는 경영지도사자격시험에 합격해야 합니다. 응시자격에는 제한이 없습니다. 1차 시험은 중소기업관련법령, 회계학개론, 경영학, 기업진단론, 조사방법론, 영어의 6개 과목이 있는데 과목당 40문항씩 객관식 5지선다형입니다. 2차 시험 과목은 각 네 개 분야별 세 과목씩이 있습니다. 재무관리는 재무관리/회계학/세법 세 과목이, 인적자원관리는 인사관리/조직행동론/노사관계론이 있고, 마케팅관리는 마케팅관리론/시장조사론/소비자행동론이, 생산관리분야에는 생산관리/품질경영/경영과학의 세 과목이 있습니다. 과목당 6문제씩 논술형 및 약술형의 답을 내야 합니다. 1, 2차 공통적으로 한 과목당 100점 만점으로 하여 각 과목당 40점 이상, 전 과목 평균 60점 이상이 되어야 합격입니다. 1년에 1차 시험(4, 5월), 2차 시험(7, 8월) 각 1회씩 시험이 시행됩니다

기업체 근속연수 10년 이상의 경력자인 경우에는 양성과정으로 1차를 거치게 되는데 시험의 난이도가 일반 과정보다 낮습니다.

경영지도사는 컨설팅회사나 창업투자회사, 개인지도사 사무소 등을 개설하여 창업할 수 있습니다. 기업의 자문위원이나 고문으로 배속되거나 중소기업청의 각종 지도실시기관(중소기업에 대해 경영 및 기술지도를 할 수 있도록 중소기업청에서 지정한 기관들)에 소속되어 일할 수도 있습니다. 지도실시기관이나 공공기관의 경우에는 경영지도사 자격을 갖고 있는 경우에만 경영지도를 할 수 있도록 규정이 되어 있습니다. (일반 기업에 대해 독자적으로 컨설팅을 할 경우에는 경영지도사

자격증이 없어도 경영의 경험이 많거나 노하우가 있다면 컨설팅을 할 수 있습니다.)

1회 컨설팅료는 대개 일당 30~70만 원 정도를 받는데, 기업이 의뢰하는 프로젝트를 턴키로 수임하여 많은 수입을 올릴 수도 있습니다.

숲해설가

자연휴양림, 수목원, 도시숲 등에서 국민들에게 숲에 대해 체험할 수 있도록 돕는 역할을 업으로 하는 사람입니다. 숲에서 살아가는 다양한 생물의 살아가는 이야기, 나무나 식물에 대한 생태적인 지식, 숲에 얽힌 역사, 숲과 인간과의 관계 등에 대해서 해설하고 체험수업을 진행합니다.

숲해설가 자격증은 산림청장이 발급하는 산림교육전문자격증의 하나입니다. 산림교육전문가 안에는 숲해설가, 유아숲 지도사, 숲길 체험지도사 등이 있는데 숲해설가는 전국의 32개 양성기관에서 4개월간의 교육과정을 거쳐야 합니다. 양성기관마다 교육시간이 조금씩 다를 수 있는데, 평일 야간과 주말 교육도 실시하는데 보통 100~130만 원의 수강료를 부담해야 합니다.

산림청장이 고시한 36시간의 기본교육(산림교육론 12시간/산림생태계 21시간, 기본소양교육 3시간)의 공통과정을 이수해야 하고, 선택과목 그리고 현장실습(30시간) 모두 합해서 188시간 중 172시간 이상을 출석해서 이수해야 합니다. 이런 과정을 이수하고 이론시험과 시연평가시험을 거쳐야 하는데 각각 70점 이상인 경우에 통과하게 됩니다. 시연 평가는 실내시연과 실외시연의 2번의 평가를 합해서 70점 이상이면 통과가 됩니다.

이런 모든 과정을 이수하고 평가를 마치면 '숲해설가 이수 증명서'

를 발급받게 됩니다. 이후 산림교육전문가 자격관리시스템에 접속해서 자격증 발급신청을 해야 합니다. 신청 후 30일 정도가 지나면 우편으로 숲해설가 자격증을 받을 수 있습니다.

숲해설가가 되면 풀타임으로 근무하는 경우와 파트타임으로 근무하는 경우가 있습니다. 파트타임의 경우는 교통비 정도 받는 수준에서 머물고, 풀타임의 경우에는 4대 보험가입이 되고 수입은 월 180만 원에서 250만 원 정도 됩니다. 급여가 많은 편은 아니지만, 나이 제한이 없고 숲에서 일을 한다는 매력이 있습니다. 건강에도 도움이 되기 때문에 퇴직 후 5060세대들의 제2의 직업으로 인기가 많습니다.

산림청 사이트에서 휴양복지를 클릭하고 산림교육전문가-양성기관 지정현황으로 들어가서 한 곳을 택해서 과정 신청을 하면 됩니다.

드론조종사

지상에서 원격조종을 통해 초경량 비행기 드론을 조종하는 전문가입니다. 드론을 활용하여 방제, 무인 배송, 방송촬영 등을 담당하고 있습니다.

취미로 소형 드론을 운행하거나 촬영한다면 굳이 자격증(초경량 비행장치 조종사시험-한국교통안전공단)이 필요 없고, 12kg 이상 무게가 나가는 드론을 조종하려면 자격증이 필요합니다.

자격증을 따려면 필기시험과 실기시험을 통해 자격증을 취득할 수 있습니다. 운전면허와 비슷하다고 보면 됩니다. 필기시험만 친다면야 개인적으로 공부해서 응시해도 어렵지 않지만, 실기시험을 위해선 전문학원을 가지 않을 수 없습니다. 응시자격에 해당종류(12kg 이상) 드론을 총 20시간 이상 비행한 경력이 있어야 한다고 되어 있는데 주위에 12kg의 드론을 가진 사람이 없기 때문입니다. 교육비용이 좀 비쌉니다.

인가된 학원에 가서 이론교육과 실시교육을 받는데 보통 총 350만 원 가량 듭니다.

자격증을 따게 되면 회사에 들어가서 소방 드론이나 농어촌 방제 드론을 조종할 수도 있고 인명구조, 국토조사 등의 분야에서 활동할 수도 있습니다. 아니면 학원이나 방과 후 학교에서 드론 조종 강사를 할 수도 있습니다. 별도로 자신의 사업체를 내서 드론 촬영이나 드론 방제 등이 필요한 기업체나 개인에게 일정한 수임료를 받고 자신이 보유한 드론으로 그 일을 맡아서 할 수도 있습니다.

다른 자격증도 다르지 않지만, 영업력이 관건입니다. 일을 받지 못하면 살아남지 못합니다. 한국국토정보공사에서는 '공공분야 드론 조종 인력 양성사업'을 펼치고 있는데 드론조종사 자격증을 보유한 사람은 지원해 볼 만합니다.

드론자격증 취득자가 2020년 현재 3만 명이 넘습니다. 언론에서는 유망하다고 하지만 이미 레드오션화한 듯도 합니다. 학원이 450개가량입니다. 드론자격증을 갖고 하는 직업으로 학원 강사가 가장 많습니다.

한국어교원자격증(3급)

한국어교원은 우리나라 말을 모어(母語)로 사용하지 않는 재외동포나 외국인을 대상으로 국어를 가르치는 직무입니다. 한국어 교원 양성과정이 개설되어 있는 대학이나 기관에서 정해져 있는 시간(이론 100시간+실습 20시간)을 수료해야 한국어교원자격시험(3급)을 치를 자격이 주어집니다. 국민내일배움카드를 이용하면 양성과정에 대한 수강비용을 절감할 수 있습니다.

1차 필기시험은 4개 영역을 치러야 하는데 한국어학, 일반언어학 및 응용언어학, 외국어로서의 한국어교육론, 한국문화 등입니다. 4개의 영역에서 40% 이상 득점하고 총점(300점)의 60%인 180점 이상 득점 시에 합격됩니다. 2차는 면접으로 치러지는데 한국어교원으로서의 태도 및 교사상, 교사의 적성 및 교직관, 인격 및 소양, 한국어 능력 평가 등을 봅니다. 시험 일정 및 기출문제 등 시험에 관한 자세한 사항은 한국산업인력공단 한국어교육능력검정시험 누리집 (http://www.q-net.or.kr/site/koreanedu)을 참조하시면 됩니다.

한국어교원자격증을 획득하게 되면 대학 및 대학부설기관, 외국어로서의 한국어 수업이 개설된 국내외 초·중·고등학교, 외국어로서의 한국어를 가르치는 국내외 정부기관, 다문화 가족 지원센터, 외국인근로자지원센터, 한국어 수입이 개설된 정부기관, 코이카 해외봉사활동, 해외 진출 기업체 등으로 취업할 수 있습니다. 나이, 학력, 경력에 상관없이 누구나 취득이 가능한 국가자격증이고 최근 한류로 인해 해외에서의 수요도 많아지는 추세입니다.

대학 친구 중 하나는 이 자격증을 획득하고는 우유니 사막으로 유명한 볼리비아로 2년간 파견되어 그곳 중고생들에게 한국어를 가르치다가 코로나로 인해 한국으로 들어왔습니다. 50대 나이에 이역만리 머나먼 외국으로 나가 원주민들을 대상으로 한국어를 가르친다는 게 참 재미있고 멋져 보입니다.

하고 싶은 일, 오래 해야

어떤 일도 마찬가지지만, 자격증을 선택할 땐 남이 많이 하는 것을 선택할 게 아니라 자신이 잘 할 수 있는 일을 선택해야 합니다. 인기 있는 자격증이라고 열심히 공부해서 따 봤자 별로 일에서 흥미를 못 느끼면 결국 오래 못합니다.

자격증을 기반으로 하는 일들에서 벌어들이는 수입은 자신이 일하는 만큼 비례적으로 수입이 생기게 되어 있습니다. 좋아하지도 않는 일을 열심히 할 수 있을까요? 하고 싶어야 오래 할 수 있고 오래 잘해야 돈을 벌 수 있는 법입니다.

50대 중반의 주부였다가 볼리비아로 가서 한국어교사가 된 이야기

20

- n잡러 -

아침에 컨설팅, 저녁에 음식배달

프리에이전트의 시대

미국의 경영학자 피터 드러커는 2002년에 출간한 그의 책 'Next Society'에서 "앞으로 20년 내에 아마도 어떤 조직에 근무하는 사람들 가운데 절반가량은 그 조직에 고용되지 않을 것이고 풀타임으로 근무하지 않을 것이다" 라고 말했습니다. 이제 새로운 세계에서는 전 지구적인 경쟁을 해야 하므로 경쟁은 더 치열해질 것이고 그렇게 되면 조직에 얽매어 있지도 않고 창의적이며 전문적인 능력을 갖춘 프리랜서, 용역계약직, 시간제 임시직 등이 크게 늘 것이라고 전망했습니다.

그가 예상한 20년이 채 되기 전에 이미 우리 주위에는 이런 프리랜서, 계약직 등이 차고 넘칩니다. 과거에 50대들이 취직시험 쳐서 정직원이 된 걸 자랑스럽게 생각하고 그 직장에서 평생 뼈 묻을 각오하며 열심히 일을 하던 때와는 많이 달라졌습니다.

미국 언론인 대니얼 핑크는 전일제 조직에 소속되어 있지 않고 독립적으로 일하는 노동자를 칭하여 '프리에이전트(Free Agent)'라고 칭하며 그런 프리에이전트들의 시대가 올 것이라고 말했습니다. 구체적으로 지식기반의 자영업자, 1인 출판기업, 유튜버, 프리랜서 강사, 쇼핑몰 운영자, 파트타임 상담직, 심리상담사, 컨설턴트 같은 사람들이 이에 해당합니다. 프리에이전트들은 어느 회사에 소속되어 있기보다는 프리랜서이거나 자신의 1인 회사 대표로 일을 하게 됩니다. 그들은 일률적으로 같은 액수의 봉급을 받는 것이 아니라 능력과 성과에 따라 수수료나 보너스, 스톡옵션 등의 보상을 받게 됩니다.

50대 실직 후, 정규적인 일에 재취업이 안되어 이런 프리에이전트가 되는 경우가 많습니다. '소속되지 않은 채 독립적으로' 일을 하는 것입니다. 어느 업에서든 20~30년 일을 했다면 그 분야의 전문가이고 고수입니다. 재취업되어 다른 회사로 가서 그 능력을 또 발휘하면 좋겠지만, 재취업이 안 되면 이제부터 프리에이전트로서 그 일을 하는 겁니다. 딱 그 일이 아니어도 자신이 가진 노하우, 경력을 바탕으로 할 수 있는 일들을 생각해 봅시다.

해외지사 근무를 오래 해서 그 나라 언어를 잘한다면 통번역 일을 할 수 있지 않을까요? 재무회계 전문가로서의 자신의 능력을 살려서 세무문제 때문에 어려움을 겪고 있는 자영업자들에게 도움을 줄 수 있지 않을까요? 무역파트에서 일한 경험으로 쇼핑몰 하는 사람들에게 해외소싱에 대한 조언을 해 줄 수 있지는 않을까요? 홍보실에 있었던 경험으로 외식업 하는 분들에게 음식 사진도 찍고 글도 써서 블로그 마케팅을 할 수 있도록 도와드릴 수 있지 않을까요?

물론 초기에 수입은 들쭉날쭉할 것이고, 어딘가에 소속되어 있지 않다는 사실이 불안과 불편을 야기할 것입니다. 하지만 생각하기 나름입니다. '프리에이전트' 이기 때문에 삶이 '프리' 해지지 않을까요? 자신이 편한 대로 일정을 잡고 본인의 시간을 주도적으로 쓸 수 있는 큰 장점이 있습니다. 직장 생활하면서 사업하는 친구들 보면서 항상 부러웠던 점 아닌가요? 힘들면 쉬고, 급한 사적 용무가 있으면 그 일부터 해결할 수도 있고 자신이 어딜 가고 어디서 무슨 일을 하는지 일일이 보고하지 않아도 되고.

할 수는 있을 것 같은데 그 일이 필요한 곳을 어떻게 찾냐고요?

프리에이전트 매칭 사이트들

탤런트뱅크는 교육컨텐츠 기업인 휴넷에서 운영하는 전문가 매칭 플랫폼입니다. 회사 업무와 관련된 컨설팅이 필요한 기업체와 해당 분야에서 컨설팅을 제공할 수 있는 퇴직자들을 연결시켜 줍니다. 기업에서 전문가의 도움이 필요하지만, 직원으로 채용하려고 하면 시간과 비용이 많이 들고 RISK가 있습니다. 그래서 전문가의 일회성 도움을 받고자 하는 기업들에게 적당한 조건으로 전문가를 연결해 주는 시스템인 것입니다.

컨설팅을 하는 전문가를 Expert라고 칭합니다. 자신을 Expert로 등록하려면 먼저 Expert 회원가입을 한 후 프로필을 작성해서 업로드합니다. 해시태그를 달아서 자신의 전문분야를 여러 개 등록해둡니다. 그래야 기업들의 서칭 과정에서 노출될 수 있습니다. 프로필 등록이 끝나면 탤런트뱅크 측에서 연락이 와서 프로젝트 매니저(PM)와 인터뷰를 하게 됩니다. 인터뷰 후 전문가 인증이 완료되면 정식으로 Expert로 등록이 되고, 이후 원하는 프로젝트가 나올 때 그 프로젝트의 컨설턴트로 지원할 수 있습니다. 유사한 경력을 가진 Expert들이 다수 있기 때문에 한가지 프로젝트에 여러 명(또는 수십 명)의 Expert간에 경쟁을 치르게 됩니다.

기업고객은 회사에서 필요한 전문가를 구하기 위해 지원한 전문가들의 Profile을 모두 조회할 수 있으며, 그 중 적합한 전문가를 골라서 그에게 Project를 의뢰하게 되는 것입니다. 프로젝트는 시간이나 횟수 단위로 진행되기도 하고 며칠간, 몇 달간 진행될 수도 있습니다.

저도 마케팅 전문가로 등재해 보았습니다. 그랬더니 며칠 뒤부터 Project에 지원해보라고 메일링 서비스가 제공되었습니다. Expert로 등록한 마케팅 전문가들이 많은지 경쟁률은 센 편이었습니다. 1명 모집에 스무 명이 넘는 사람이 지원했으니.

탤런트뱅크는 기업에 대한 컨설팅으로 특화되어 있는 플랫폼이지만, 이 외에도 다양한 분야에서 프리에이전트로 일할 수 있는 플랫폼들이 있습니다. '프리랜서 마켓'을 표방하는 크몽, '숨은 고수를 찾아준다'는 숨고가 대표적입니다.

크몽을 들어가 보면 디자인, IT 프로그래밍, 콘텐츠 제작, 마케팅, 번역통역, 비즈니스 컨설팅 등 10여 개의 대부문이 있고, 각 대부문마다 다시 10여 개의 업무파트가 세분화되어 있습니다. 만약 해외마케팅, 전자상거래 경력을 가진 분이 크몽의 전문가 등록을 마치면 해외소싱을 통해 국내에서 물건을 팔아보려는 쇼핑몰 운영자의 의뢰를 받을 수 있는 것입니다.

숨고는 첫 메인페이지에 "딱! 맞는 고수를 소개해드립니다" 라는 카피와 함께 의뢰자가 해당분야 전문가를 검색해 볼 수 있는 검색창이 뜹니다. 레슨, 홈/리빙, 이벤트, 비즈니스, 디자인/개발, 건강/미용, 알바 등의 카테고리 아이콘을 클릭해서 들어가도 됩니다. 영어를 잘하는 50대 퇴직자가 영어개인교습 전문가로 본인을 등재해 두면 영어회화를 배우고 싶어하는 개인이나 단체의 영어교습 의뢰를 받을 수 있는 것입니다. 저는 의뢰자 입장에서 숨고를 활용해서 드럼연주자를 소개받아 교습을 받아본 적이 있습니다.

강의를 업으로 하고 싶은 분이 있다면 강사매칭에 특화된 플랫폼을 활용할 수도 있습니다. 호오컨설팅은 방송에도 자주 나오는 유명 강사들이 pool로 참여하고 있는데, 본인의 지식을 나누고 싶어하고 강의에 재능이 있는 일반 강사들도 참여하고 있습니다. 1인 기업체 대표로 등록을 하신 분들도 있고 모 자동차 회사의 지점 영업부장, 작가라고 이력을 밝힌 분들도 강사로 올라가 있습니다.

4차 산업혁명, 리더쉽, 비즈니스 스킬, 경영기획, 품질관리, 구매자재, 생산, 법무, R&D, 물류, SCM 등 퇴직자들이 본인의 업계 경험을 살려서 강의할 수 있는 여러 분야가 있습니다.

강사로 등록하면, 강의를 매칭시켜 주는 것뿐 아니라 강사들의 퍼스널 브랜딩과 홍보를 도와준다고 표방한 '커넥트밸류' 같은 플랫폼도 있습니다.

기업대상으로 많은 강의프로그램과 컨텐츠를 제공하고 있는 한국능률협회, 한국생산성본부에 강사 채용에 대해서 문의해보는 것도 방법입니다.

직급별 교육프로그램, 리더쉽/코칭, HRD/조직개발, 각종 직무교육, 글로벌 교육 등 기업체에 특화된 교육들을 많이 진행하고 있으니 풍부한 경험과 노하우를 가진 50대가 자신의 지식을 나눠줄 수 있는 기회를 잡을 수 있을 것입니다.

긱경제 시대, 투잡스는 기본!

요즘을 긱경제의 시대라고 합니다. 긱경제란 산업현장에서 정규직이 아닌 비정규직 인력들에게 필요할 때마다 임시로 일을 맡기는 걸 말합니다. 노동자 입장에서는 한 곳에 고용되거나 얽매어 있지 않고 일시적으로 일을 하는 것입니다. 모바일 시대가 되면서 이런 형태의 임시직이 증가하고 있습니다. 이들에 의해서 주도되는 경제상황을 '긱경제'라고 합니다.

원래 '긱(Gig)'이란 용어는 1920년대 미국 재즈 공연 시에 공연장 주변에서 연주자를 섭외해서 잠깐 공연에 투입하는 데서 시작되었다고 합니다. 하룻밤 임시계약이란 의미가 있습니다. 이후에 1인 자영업자가 기업과 단기간 계약을 맺고 일한다는 의미로 전이되었습니다. 차량공유 서비스 우버(Uber)의 운전기사나 숙박공유 서비스 에어비앤비(Airbnb)의 숙소제공자 등 주문형(On Demand) 서비스에 참여하는 프리랜서나 1인 기업들도 다 긱경제의 주체라고 볼 수 있습니다.

이처럼 프리에이전트가 되거나 긱경제의 긱워커가 되는 것은 정규직으로 재취업이 안되어 어쩔 수 없이 된 경우도 있겠지만 자발적인 경우들도 많아지고 있습니다. 자신의 시간을 자기주도적으로 쓰고 싶어서입니다. 또한, 삶에 있어서 일보다 자아실현이 더 중요해졌기 때문입니다.

수입이 불규칙하고 적을까 봐 걱정이면 여러 가지 일을 하면 되지 않을까요? 여기저기 강사로서도 활동하고 그러다 컨설팅 의뢰도 들어오면 컨설팅도 하는 식으로 말입니다. 수입이 적어 여러 가지 일을 해야 한다고 생각하지 말고, 시간이 많아져 많은 다양한 일과 직업을 갖게 되었다고 긍정적으로 생각합시다. 프리에이전트는 다 직업을 가질 수 있는 이점이 있는 것입니다.

직장인들이 선호하는 투잡

항목	40대 이상	30대	20대	전체
서비스직	**47.2**	40.7	45.4	44.3
배달/택배/대리운전 등	**20.8**	15.7	12.6	15.2
강의/과외	**18.9**	14.5	17.2	16.7
쇼핑몰/온라인판매	**17.9**	30.8	22.5	24.3
자영업	**17.9**	9.9	9.5	11.3
유튜버(1인 미디어)	**8.5**	19.2	31.7	23.1
기타	**9.4**	4.7	3.4	5.0

(잡코리아 2020. 9 직장인 642명을 대상으로 한 '투잡 의향'조사)

데이비드 마호니와 리처드 레스텍의 공저 '은퇴 없는 삶을 위한 전략(the Longevity Strategy)'에서는 "오늘날처럼 빠르게 변하는 사회에서 다양성이야말로 중요한 생존전략이다. 다양성에서 실패하면 위험해진다" 라고 강조했습니다. 오픈 마인드로 여러 가지 직업을 탐색하고, 기회가 왔을 때 '난 못해' 할 게 아니라 적극적으로 달려들어 시도해 보기를 바랍니다.

우리가 금융상품에 투자할 때 포트폴리오를 짜듯 여러 가지 직업을 갖는 게 보편적인 시대적 상황이 된 것입니다. 여러 직업을 가지고 여러 군데에서 수입이 들어오는, 요새 말로 N잡러(N jober)가 되는 것도 나쁘지 않습니다.

제가 실직하고 시작한 일은 보험설계사였는데 보험설계사는 보험회사와 위촉계약을 하는 '특수형태 근로자'(특고직)입니다. 회사에 소속된 근로자가 아니므로 출퇴근이 자유롭고 겸업에 대해서도 비교적 제한이 없습니다. 실직하고 보험설계사를 하는 동안에 제가 쓴 마케팅 관련 책이 출간되었고 그로 인해 강의나 마케팅 컨설팅 의뢰가 많이 들어왔습니다.

그래서 저는 보험설계사 일을 메인으로 하면서, 그 일에 지장이 없도록 스케쥴을 조정하면서 다른 일들도 다 소화했습니다. 대학교, 일반 기업체, 협회 등 불러주는 곳은 어디든지 나가서 마케팅 관련 강의를 했습니다. 기업들의 마케팅 컨설팅을 의뢰받아 진행하기도 했습니다. 모든 일이 비정기적이고 불연속적인 프로젝트성으로 진행되는 것들이었습니다.

때론 왼쪽 가슴에 붙이고 다니는 회사 뺏지를 뗐다 붙였다 하는 웃지 못할 상황도 있었지만, N잡러로서의 삶을 오히려 즐겼습니다. 어떤 측면에서는 한쪽 일을 하면서 받은 스트레스를 다른 일을 하면서 풀기도 하고, 한쪽에서 무너진 자존감을 다른 종류의 일을 하며 다시 일으켜 세워 멘탈을 회복하기도 했습니다.

정규직으로의 재취업이 안되면 여러 개 다른 직업을 가지면 됩니다. 권투에서도 큰 거 한방으로 상대를 쓰러뜨릴 수 없다면, 약하겠지만 유효타를 많이 만들어 상대를 판정으로 이길 수도 있는 것입니다.

58세 프로n잡러의 삶

21

- 프리랜서 -

이참에 유튜버나 해 봐?

이참에 유튜버?

2016년 실직하고 난 뒤 제 생애 첫 책 '어떻게 사게 할 것인가-시간이 지나도 살아남을 마케팅 핵심 키워드 25'의 원고를 쓸 때였습니다. 마케팅에 활용되는 새로운 광고매체들에 대한 내용을 한 챕터에 배치시키기로 했습니다. 1인 미디어가 뜨고 있다 하니 어느 정도인가 싶어 이리저리 검색하며 자료조사를 했는데, 그때 저에게는 미답의 세상이었던 유튜브를 만났습니다.

처음에는 유튜브가 그저 1020세대들이 희희낙락하며 즐기는 그들만의 리그라고 생각했습니다. 20대 치기 어린 젊은이들이 엉뚱한 짓으로 다른 한 친구를 놀려먹는 영상이거나 외국인이 나와 한국 음식을 먹고 맵다고 연신 혀를 내밀고 호들갑을 떠는 등 콘텐츠가 가벼운 재미꺼리 위주라 뭐 대단할 게 없다고 생각했습니다. 그런데 아니었습니다.

그 유튜브 영상들은 엄청난 조회수를 올리며, 그 영상을 만든 유튜버들은 구독자 몇 십만 명 이상을 가진 스타들이었고 심지어 '아프리카TV'의 게임 중계 BJ(Broadcasting Jockey, 인터넷방송 진행자)였던 '대도서관'은 유튜브로 무대를 옮긴 뒤, CJ의 유튜버 매니지먼트 회사에 억대 연봉을 받고 스카우트되었다는 소식까지 접했습니다.

미디어 세상이 막 개벽을 하고 일대 변화를 겪게 되는 변곡점이었습니다. 지금은 유튜버가 포털사이트를 능가하고 있습니다. 궁금하고 모르는 정보가 있으면 포털사이트가 아니라 아예 유튜버 검색창을 통해 물어보는 세태입니다.

제가 작년에 영상 편집 프로그램을 배워보려고 포토샵과 프리미어 프로 활용법에 대해 600페이지나 기술된 책을 샀습니다. 그런데 정작, 프리미어 프로를 배운 건 '조블리', '편집하는 여자' 같은 유튜브 채널을 통해서였습니다. 활자를 통해서 보다 영상을 통해서 배우는 게 훨씬 이해가 쉬웠고 습득이 잘 되었습니다. 두어 번 뒤적여본 책은 지금 책장에 장식용으로 꽂혀있습니다.

이 책을 쓰는데도 유튜브의 도움을 많이 받았습니다. 제가 해보지 않은 지게차운전 기능사에 대한 정보를 어디서 이렇게 실감 나게 접할 수 있을 것이며, 제가 시도하지 않았던 귀농, 귀촌의 삶을 어디서 이렇게 생생하게 접할 수 있었겠습니까?

이제, 젊은 2030만이 아니라 50대 이상 유튜버들도 많이 생겨나고 있습니다. 몇 십만 명의 구독자를 확보하여 아예 전업 유튜버로 활동하고 있는 분들도 있습니다. '치과 들렀다 시장 갈 때 메이크업'이란 영상으로 기념비적인 화제가 된 이후로 본격적으로 유튜버로 활동하고 있는 박말례 씨는 올해 74살이고 구독자가 130만 명이나 됩니다. 50대 후반으로 추정되는 '단희쌤'의 단희TV는 구독자가 50만 명에 육박합니다. 처음에는 본인이 하던 일인 부동산 중개와 관련된 콘텐츠로 방송을 하다가 지금은 행복주치의라는 수식어를 붙이고 자기계발과 관련된 내용을 병행하고 있습니다. 역시 50대 중후반으로 보이는 '임플란트 타이거'의 내편TV는 일상생활 경제와 관련된 콘텐츠를 가지고 유튜브를 운영하는데 2020년 11월 현재 구독자가 26만 명입니다.

이제 유튜버를 직업으로 삼는 사람도 한둘씩 늘어나고 있습니다. 취업포털 인크루트가 성인남녀 735명을 대상으로 진행한 설문조사에서 직장인 중 '개인 유튜브 채널을 운영한다'고 답한 비율이 29.3%로 나왔습니다. 그리고 이들이 유튜브 채널을 운영하는 이유를 '수익창출이나 부업'이라고 응답한 비율이 36.7%가 나와 '취미'로 한다는 응답에 이어 두 번째로 많았습니다.

하지만, 유튜버가 본인의 직업이 되게 하는 건 쉬운 일이 아닙니다. 구독자 1,000명 이상, 연간 재생시간 4,000시간 이상이면 영상에 광고가 붙고 수익을 창출할 수 있습니다. 하지만, 유튜브로 인해 벌어들이는 금액이 생활비를 커버할 만큼 되게 하는 건 쉬운 일이 아닙니다. 2019년 사업장 현황신고를 한 1인 유튜버의 평균 월수입이 178만 원에 불과합니다. 유튜버를 전업으로 해도 될 만큼 수입이 되려면 구독자수 10만명 이상이 되어야 할 텐데 아직 전국에 4,749명에 불과합니다. (2020년 10월, 국세청 국감에서 박홍근 의원 제시 자료) 파워 유튜버가 되려면 재능이 있어야 하고 오랜 시간과 노력이 들어가는 힘든 일입니다. 하지만, 다른 본업을 하면서 부업으로 생각하거나 은퇴 후 용돈벌이도 할 수 있는 재미난 일로 접근한다면 해 볼 만한 일입니다. 유튜브를 통해서 자기가 가보지 못한 길을 가보는 흥분과 재미를 누릴 수 있습니다.

직장인들의 유튜브 채널 운영 이유

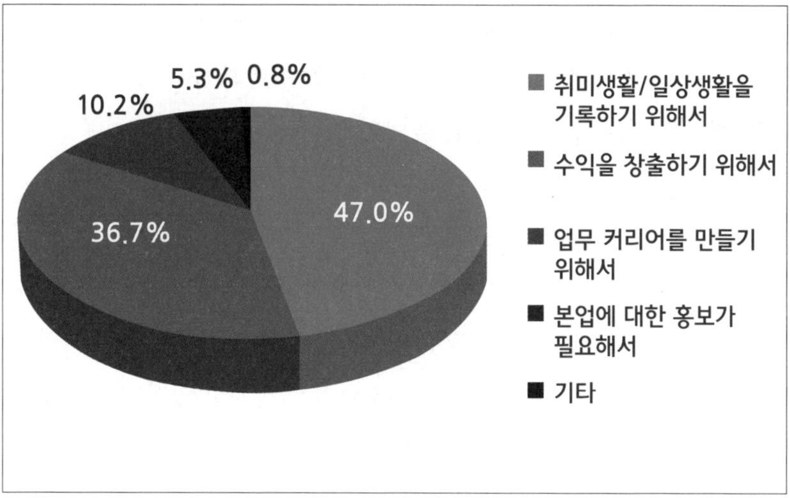

영상을 어떻게 촬영할 것인지, 편집은 어떻게 할 것인지, 조회 수와 구독자를 어떻게 늘릴 것인지 유튜브 운용방법 등에 대한 내용을 교육하는 곳은 널려있습니다. 저는 작년에 구로구청이 모 사회적 기업과 조인하여 개설한 '미디어 크리에이터' 과정에 수강생으로 뽑혀 (서류전형으로 선발된 60명 중 대부분은 2030이었고, 50대는 저 말고 두어 명 정도 더 있었습니다) 8주 동안 매주 토요일마다 무료로 양질의 교육을 받았습니다. 그때 배운 걸 바탕으로, 미디어 크리에이터 지망자들을 대상으로 하는 공모전에 저의 자작 유튜브 영상을 출품하여 장려상을 받았습니다. 1장 끝부분에 별도의 QR코드로 실려있는 '50대를 위협하는 5대 빅리스크' 입니다.

사실, 촬영 기교나 편집기술, 장비가 그다지 중요하지 않습니다. 중요한 건 콘텐츠입니다. 본인이 다른 사람에게 알려주고, 가르쳐주고 보여줄 만한 유니크한 콘텐츠가 있고 적어도 1주일에 한 개 정도는 그 콘텐츠들을 찍어 올릴 만한 성실함이 있어야 합니다. 촬영은 핸드폰 하나만 있어도 충분합니다. 편집 프로그램만 하나 구입해서 컷편집하고 자막 넣는 정도만 할 수 있어도 됩니다. 장비는 유튜브 구독자가 늘어나면 그때 하나씩 준비해서 퀄리티를 높이면 됩니다.

온라인 판매, 쇼핑몰

장사를 해보고 싶은 생각은 없으신가요? 퇴직금 털어 점포 임대하고 인테리어 공사하느라 그동안 모은 돈 다 털어 넣어야 하는 그런 사업 말고, 손님이 오나 안 오나 낮 시간 내내 나가서 죽치고 있어야 하는 그런 장사 말고, 돈 안 들이고 온라인에서 물건 파는 장사 말입니다.

올 들어 코로나19 사태로 사상 처음으로 국내 온라인 쇼핑 지출 비율이 60%를 넘어섰다고 합니다. 특히, '앞으로 온라인 쇼핑을 더 늘리겠다'는 응답이 55%까지 달해 언택트 시대에 앞으로 온라인쇼핑 지출 비중이 더 높아질 것으로 예상됩니다. 소비자조사 전문기관 컨슈머인사이트와 한양대학교 유통연구센터가 2020년 3월 중 매주 1,000명을 대상으로 '온·오프라인 쇼핑비 비중과 향후 온·오프라인 쇼핑비가 어떻게 될 것인지'를 물은 결과 이같이 나타났습니다. 코로나19로 인해 온라인 쇼핑이 급상승하고 있는 것입니다. (경북일보 2020. 4. 22 '온라인쇼핑, 대형마트 시장 앞질렀다)
최근에, 파워 유튜버 '신사임당'이 자신의 쇼핑몰로 큰 수입을 벌고 있다는 유튜브 영상이 나가고 난 뒤 2040직장인들 사이에서 월급 외에 또 하나의 수입원으로 온라인 판매상을 하는 게 열풍입니다.

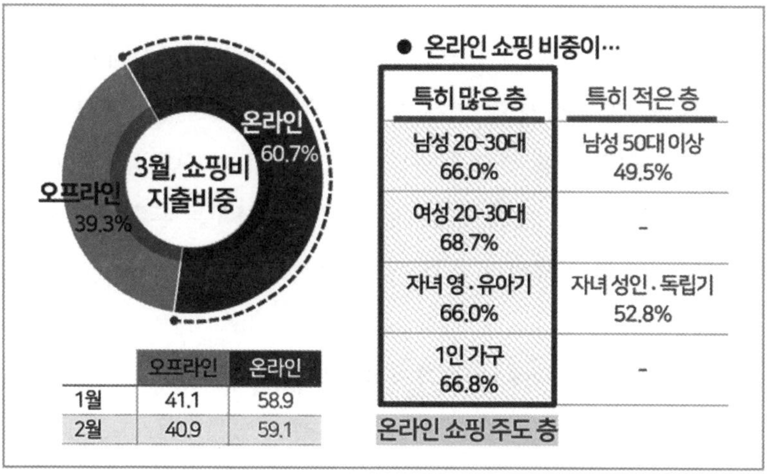

Q. 지난 한달 간 쇼핑비를 100%라고 했을 때 온라인과 오프라인은 각각 얼마나 됩니까?

처음 온라인 판매를 하는 거라면 초기비용도 많이 들어가고, 상품 구색도 갖춰야 하고 광고비도 소요되는 쇼핑몰보다는 누구나 쉽게 판매할 수 있는 오픈마켓을 노려보는 게 좋습니다. 네이버 스토어, 쿠팡 마켓플레이스, 옥션, G마켓, 11번가 등 누구에게나 열려있는 온라인 시장에서 팔 아이템만 있으면 시작할 수 있습니다. 특히, 수수료가 적어 비용도 적게 들어가고 상품 등록도 쉬우며 네이버라는 검색 포털이 좋은 광고 툴이 될 수 있어서, 최근 1년 사이에 입점 사업자가 급격히 늘어난 네이버 스토어를 주목해 볼 필요가 있습니다. 네이버 스토어는 블로그 판매자처럼 '사진+글'의 형식으로 되어 있어서 메이커의 일률적인 상품 정보 외에도 점주들의 사용 후기 같은 상품 상세페이지가 차별 포인트입니다. 잘 찍거나 잘 써야 하는 것보다 진정성 있는 솔직한 사진과 글들이 더 신뢰를 주기도 합니다.

아이템은 어떻게 정하면 될까요? 자신이 하는 일이나 취미와 관련이 있어서 평소에도 관심이 많거나 자주 써봐서 잘 알고 있는 카테고리의 상품이 좋습니다. 운동을 좋아하는 사람은 운동 용품들 중에서 소비자들에게 인기가 있을 만한 물건을 골라내면 됩니다. 평상시에 꾸미기 좋아하고 옷을 맵시 있게 잘 입는 사람이라면 의류도매상가에서 옷이나 장신구를 공급받아 팔 수도 있습니다. 공급처가 자기만 있는 유니크한 상품이면 더 좋겠죠. 시골의 부모님이 손수 농사짓는 무농약 농산물도 좋은 아이템이고 인테리어 소품 제조업을 하는 친척의 물건을 받아 팔 수도 있습니다.

오픈마켓 사이트 내에서 몇 가지 데이터를 분석해서 정해 볼 수도 있습니다. 네이버 쇼핑에 들어가서 상단 우측에 있는 '베스트 100' 메뉴를 클릭하면 화장품, 패션잡화, 스포츠, 건강 등 카테고리별로 잘 팔리는 상품 베스트 100을 확인할 수 있습니다. 네이버 광고에 회원가입해서 '키워드 도구'를 클릭한 뒤 본인이 생각하고 있는 아이템과 관련된 키워드를 검색해보면 얼마나 많은 사람들이 그 상품군에 관심이 있는지를 파악해 볼 수 있습니다. G마켓에서는 '판매자 관리센터' 메뉴로 들어간 뒤, ESM플러스에 가입한 후 키워드를 입력하면 실제로 그 해당 제품을 구입하기 위해 얼마나 많은 사람이 서칭했는지 좀 더 판매와 관련이 높은 수치를 확인할 수도 있습니다.

처음에는 사업자 등록을 내지 않고도 개인사업자 자격으로 바로 시작할 수 있고 어느 정도 매출이 발생하면 그때 가서 사업자 등록을 내면 됩니다. 만약에 온라인 판매업을 하고 나서 자리가 잡히면 남들이 만든 상품을 떼와서 유통하는 것만 할 게 아니라 본인이 직접 브랜딩하고 제조한 상품을 갖다 팔 수도 있습니다. 본인이 직접 제조공장을 컨텍하여 OEM으로 생산을 의뢰하고 본인이 만든 네이밍과 디자인으로 포장한 뒤 오픈마켓을 통해 판매하는 것입니다.

저와 직장동료였던 40대 후배 두 명이 각각 그런 방식으로 사업을 하고 있습니다. 한 친구는 제품 질은 좋은데 유통과 마케팅력이 부족한 마스크 공장을 찾아서 OEM 생산을 의뢰하고 본인이 직접 제작한 브랜드와 디자인을 붙여 판매를 했습니다. 운도 좋았던 것은 황사에 코로나 사태로 인해 큰 성공을 거두었습니다. 또 한 친구는 식품회사에 있었던 이력을 바탕으로 다이어트 단백질 쉐이크를 OEM 생산시켜 역시 자신의 브랜드로 오픈마켓에서 판매를 하고 있는데 좋은 품질로 반응이 좋습니다.

헤드헌팅

회사에서 어떤 직책과 직위의 근로자가 필요하다고 의뢰하면 그에 적절한 사람을 수배하여 그 회사에 소개해주는 역할을 하는 사람입니다. 본인이 추천한 후보자가 입사하게 되면 그에 따른 보상은 그 입사자의 연봉 대비 일정한 금액을 회사로부터 받게 됩니다. 그러므로 직위가 높고 연봉이 셀수록 수임료가 많아집니다. 헤드헌팅 서치팜들과 대개 위촉계약으로 일을 하며, 기본급은 없거나 적으며 주로 수당의 비중이 높은 일종의 특수고용형태 근로자입니다. 성공보수를 회사와 7:3 또는 6:4 정도로 나눕니다.

일반적으로 이전에 직장 경력이 많은 사람이 산업이나 회사에 대한 이해도가 높아서 유리합니다. 의뢰 회사의 니즈에 잘 맞출 수 있고 네트워크가 풍부하기 때문에 후보자 섭외에도 유리합니다. 그래서 경험과 네트워크가 풍부한 50대 퇴직자들 중에 헤드헌팅업에 뛰어드는 사람이 많습니다.

외국어를 잘하면 유리합니다. 우리나라 기업들은 공채를 하거나 인맥을 통해서 소개를 받아 인력을 충원하는 경우가 많습니다. 하지만, 외국계 기업은 대개 헤드헌팅 서치펌을 통해 인력을 충원하기 때문에 외국계 업계의 외국인 직원들과 의사소통이 가능하다면 업무 영역을 넓게 가져갈 수 있기 때문입니다.

고객사인 기업체의 인사담당자나 후보자가 될 많은 사람들을 만나고 교류해야 하는 일이기에 사교적이고 활달한 사람이 유리합니다. 구직자가 지원하게 하고 (심지어 현재 근무 중인 사람을 빼와서 이직하게 만들기도 합니다) 서류전형, 면접전형 등 각 단계별로 잘 통과될 수 있도록 돕고 중도에 포기하지 않도록 잘 인도해야 하기 때문에 설득 커뮤니케이션 능력도 중요합니다. 잡코리아, 인크루트 등의 잡포털을 검색하며 기회를 잘 포착해야 하므로 검색능력도 필요합니다. 후보자의 이력서, 자기소개서, 경력기술서 등의 작성을 도와야 하는 경우도 종종 발생하므로 글솜씨가 좋으면 유리합니다.

자동차영업, 보험영업과 함께 가장 치열한 세일즈 업종 중의 하나입니다. 사람들과의 거래이므로 감정노동이 심합니다. 그래서 멘탈이 강한 사람이 잘 합니다. 4차 산업혁명의 시대라 새로운 업종의 직업들이 많이 생겨나고 있습니다. 역시 여기도 공부하지 않으면 따라갈 수가 없습니다. 공부해야 기회도 많이 생깁니다.

KOICA 자문단

코이카(KOICA Korea International Cooperation Agency, 한국국제협력단)는 우리나라와 개발도상국들의 우호협력관계 및 상호교류를 증진하고 이들 국가의 경제사회발전 지원을 통해 국제협력을 증진할 목적으로 만들어진 우리나라의 대외무상원조 전담기관입니다.

주요 사업으로는 개도국에 학교·병원·직업훈련원 등을 지원하는 프로젝트 사업, 개도국 공무원을 한국으로 초청해 관련분야 교육 및 개발경험을 전수하는 국내 초청 연수사업, 국내 청·장년 인력을 개도국에 파견해 현지 개발을 지원하는 해외봉사단 파견사업, 해외 긴급재난 발생 시 지원하는 재난복구지원, 우리나라 개발 NGO들의 해외사업을 돕는 민관협력사업 등 다양합니다.

KOICA에서는 자문단 형식으로 다양한 행정경험 및 경영능력을 보유한 국내 퇴직자들을 활용하고 있습니다. 해외봉사 의욕을 가진 직종 퇴직(예정)전문가로서 공공행정, 교육, 농림수산, 보건 등 해당 직종 10년 이상 실무 경력이 있고 영어나 해당 국가의 공용어 능력을 갖추었다면 지원할 수 있습니다. 파견 기간은 1년입니다.

22

- 제3섹터 -

나보다 남을 위해 멋지게

50대 실직자들을 위한 사회적 대안

2013년, 정년을 60세 이상으로 정하도록 고령자 고용법이 개정되었습니다. 하지만, 현재 그 법은 300인 이상 사업장과 공공기관들에서만 적용되고 있습니다. 훨씬 더 많은 비중을 차지하는 300인 이하 중소기업들에는 적용되고 있지 않습니다. 게다가, 실제 직장인들이 체감하는 퇴직연령은 채 50세가 안됩니다. 잡코리아와 알바몬이 지난 2020년 9월에 직장인 530명을 대상으로 한 설문조사에서 20대 직장인이 예상한 평균 퇴직연령은 49.5세, 30대는 48.6세, 40대 이상 직장인은 51.6세에 정년퇴직할 것으로 예상했습니다. 실제 현장에서는 40대 후반 50대 초반이면 권고사직이든 명예퇴직이든 정규적인 일자리에서 탈락한다는 것입니다.

지금의 50대들은 일을 할 수 있는 지적 능력, 체력도 있는 데다 하고

자 하는 열망, 의지도 충분합니다. 하지만, 그들이 실력을 발휘해서 할 수 있는 일 자체가 없거나 그 나이 되면 능력이 떨어진다는 사회적 통념이 굳게 자리하고 있는 한, 직장에서 나가야 하고 재취업은 쉽지 않습니다.

50대들을 실직으로 내몰고 나아가 재취업의 기회를 제공하지 못해 실직을 은퇴로 굳히는 건, 그 실직자 개인에게만 아니라 사회 전체적인 측면에서도 안타까운 일입니다. 그들이 가진 넓고 깊은 업무지식, 균형 있고 합리적인 판단력, 지혜와 리더십, 성실과 근면성 등을 활용하지 못하고 날려버리는 셈이기 때문입니다.

그들에게 경제적인 어려움 없이 인생 후반전을 잘 살아가게 하고, 그들의 능력을 사회발전에 잘 활용하게 하기 위해서는 사회구성원들의 인식전환이 필요합니다. '50대는 나이 든 게 아니다. 아직 한창때이고 그들의 활용가치는 충분하다'는 생각으로 말입니다. 덧붙여 사회의 시스템적인 변화도 필요합니다.

직무급제와 임금피크제

공공기관이나 기업들은 기존 급여체계를 개선하여 직무급제나 임금피크제를 더 적극적으로 도입할 필요가 있습니다. 직무급제란 부장-과장-대리-사원 등의 직급에 따른 호봉제가 아니라 맡은 직무에 따라 임금을 산정하는 것입니다. 즉, 기술직·사무직·단순 노무직의 임금체계를 달리하고 업무의 성격·난이도·책임정도에 따라 급여를 달리하는 제도입니다. 직무급제를 채택하면 근무경력, 연공서열이 높아졌다고 임금에 대한 부담을 덜 가져도 되고, 기본급에 대한 부담을 줄여서 신규인력 채용여력이 높아질 것입니다.

임금피크제는 근로자가 일정 연령에 도달하는 시점에서부터 임금을 삭감하는 대신에 근로자의 정년을 보장하거나 정년 후 고용연장을 해주는 제도입니다. 근로자로서는 임금이 줄게 되는 불이익이 있지만, 고용불안을 해소하고 정년까지 안정적으로 일을 할 수 있습니다. 정년연장을 하게 되면 청년고용이 감소한다며 세대 간 일자리 갈등이 발생할 거라는 우려들도 있습니다. 하지만, 임금피크제를 도입하면 인건비가 감소하여 오히려 청년고용을 늘릴 수도 있는 것입니다. 멀리 가려면 함께 가는 게 방법입니다.

세대 간 분업시스템

50대의 실직을 막고 재취업을 장려할 수 있는 또 하나의 사회 시스템적인 방법은 '세대 간 분업시스템'을 도입하는 것입니다. 서울대 산업공학과 김태우 교수는 세대별로 가진 능력이 뛰어나다 못하다로 나눌 수 없고 그 종류가 다르다는 전제하에, 국가 경제를 연령별 능력에 따른 세대 간 분업 시스템으로 바꾸자고 제안합니다.

새롭고 추상적인 문제를 해결하는 능력인 유동지능은 20대까지 계속 발달하다가 그 이후에 서서히 떨어지는 반면에, 획득한 기술, 지식, 경험을 사용하는 능력인 결정지능은 20대 이후에 점점 높아집니다.

그렇다면 청년기에는 활동적이고 창의성을 발휘할 수 있는 직업, 예를 들면 인공지능, 게임, 컴퓨터, 회계, 산업디자인, 과학자, 제조업 등 생산분야에서 많이 일하게 하고, 나이 들어서는 연륜과 판단력을 발휘할 수 있는 직업, 예를 들면 관리자, 사무원, 서비스직, 교육 등 지원분야에서 일하게 하자는 것입니다. 그러면 각 연령대의 능력을 최대한 활용할 수 있고 사회경제적으로도 효율성을 높여 좋은 성과를 낼 수 있다는 것입니다.

제3섹터와 앙코르 커리어

세계적인 경제학자 제레미 레프킨은 그의 저서 '노동의 종말'에서 다가오는 미래에 노동과 일자리의 의미가 변하고 제3섹터가 부각될 것이라고 예견했습니다. 정부기구로 대표되는 국가의 영역이 제1섹터이고 영리기업들이 주도하는 시장의 영역이 제2섹터입니다. 그리고 1, 2섹터 바깥의 시민사회 영역이 제3섹터입니다. 제3섹터는 인권, 교육, 환경, 여성, 기아와 빈곤, 소비자 권익 등의 분야에서 공동체의 이익과 사회적 가치를 위해 활동합니다. NPO(Non-Profit Organization)나 NGO(Non-Governmental Organization) 같은 비영리 순수 민간단체들이 제3섹터에 속합니다. 제레미 레프킨은 세계적으로 비영리 공공분야인 제3섹터에서의 고용이 가장 빠르게 성장하고 있다고 봤습니다.

인생 1막의 경험과 지혜를 살려 인생 2막을 이러한 제3섹터에서 펼치는 것을 '앙코르 커리어'라고 합니다. 중년의 시민들이 국가나 기업이 다하지 못하는 공익적 역할을 제3섹터에서 해내는 것입니다. 인생 2막을 좀 더 의미 있는 곳에서 가치있게 살고 싶은 사람들에게 이는 매우 매력적입니다. 일정금액의 소득을 유지하면서도 더 깊은 삶의 의미를 추구하며 사회적으로 기여할 수 있기 때문입니다. ('명견만리' 정치·생애·직업·탐구 편, KBS '명견만리' 제작팀 지음, p114)

우리나라에서도 제3섹터에 소속되어 이 사회에서 의미 있는 일들을 하시는 50대들이 많습니다. 봉사를 하고 가치 있는 일을 하면서도 일정정도 수익이 생기기 때문에 이 또한 재취업의 좋은 대안일 수 있습니다. 예전 직장에서의 수입보다는 적을 수 있으나 소외계층을 돕고 환경보전을 위해 노력하는 등 공공의 이익을 위하는 데서 만족감이 높고 보람도 큽니다.

글로벌 다국적 기업인 IBM이나 인텔, 휴렛팩커드 같은 경우에는

4050세대의 직원들이 앙코르 커리어로 재취업할 수 있도록 퇴직 후 프로그램을 운용하고 있기도 합니다. 그 대표적인 것이 '앙코르 펠로십(Encore Fellowship) 입니다. NPO와 기업이 함께 진행하는 이 인턴쉽 프로그램은 퇴직을 앞둔 직원들을 NPO단체에서 인턴사원으로 근무하게 하며 그들이 NPO에 재취업을 할 수 있도록 도와주는 것입니다. 우리나라에서도 기업들이 50대 근로자들에게 위로금 얼마 더 주고 회사 밖으로 내보낸 뒤 나 몰라라 할 게 아니라, 그들이 앙코르 커리어로 재취업 될 수 있도록 도와주는 프로그램을 가동하면 어떨까요? 그렇게 하면 퇴직하는 50대에게도 실질적인 도움이 될 뿐 아니라 그 기업의 이미지 제고에도 큰 도움이 될 듯합니다.

서울시 50+재단과 현대자동차그룹, 고용노동부, ㈜상상우리 등 4개 기관이 공동 추진하고 있는 '신중년 커리어굿잡 5060'이 앙코르 커리어를 장려하는 프로젝트라고 볼 수 있습니다. 신중년 커리어굿잡 5060에서는 특히, 사회적기업 또는 스타트업에 취업을 희망하는 신중년을 대상으로 재취업을 돕기 위한 맞춤형 교육과 멘토링, 취업지원 서비스 등을 제공하고 있습니다. (15. '국가의 도움도 챙겨서 받고 - 워크넷' 참고)

23

- 창업 -

가게를 하시겠다고요?

살아남는 건 고작 20%에 불과

통계청 자료에 따르면 2019년 우리나라 전체 창업 건수는 130만 건 정도이고 폐업은 92만 건이었습니다. 40대의 창업 건수가 가장 많고 50대는 2016년에 30대를 추월해서 급격히 성장했습니다. 50대의 경우 창업은 매년 30만 건을 상회하는데 폐업은 매년 24만 건 정도여서 폐업률이 무려 80%에 달합니다. 즉, 10곳이 창업하면 8곳이 문을 닫고 2곳이 살아남는다는 것입니다. 회사 형식의 기업형 창업이든, 점포를 임대하여 식당 등의 가게를 내는 소상공인 자영업자든 마찬가지입니다. 쉽지 않습니다.

2016~2019년 연령별 창업 건수

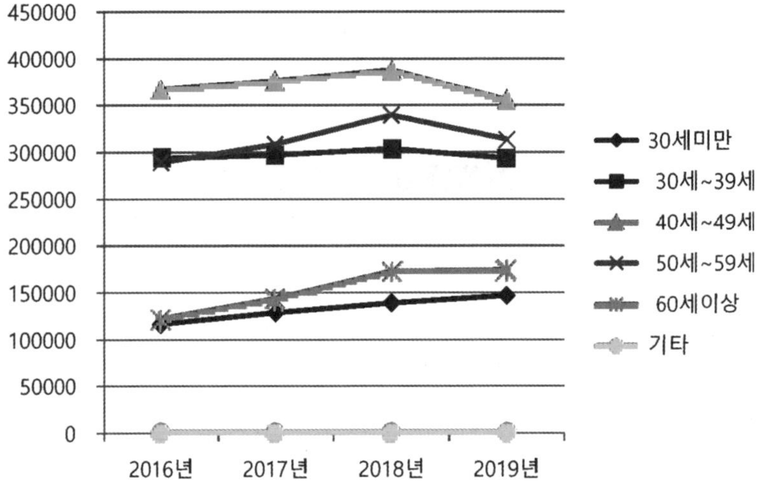

(KOSIS 국가통계포털, 연령별 창업기업수 2016~2019)

50대 2016~2018년 창업 vs 폐업

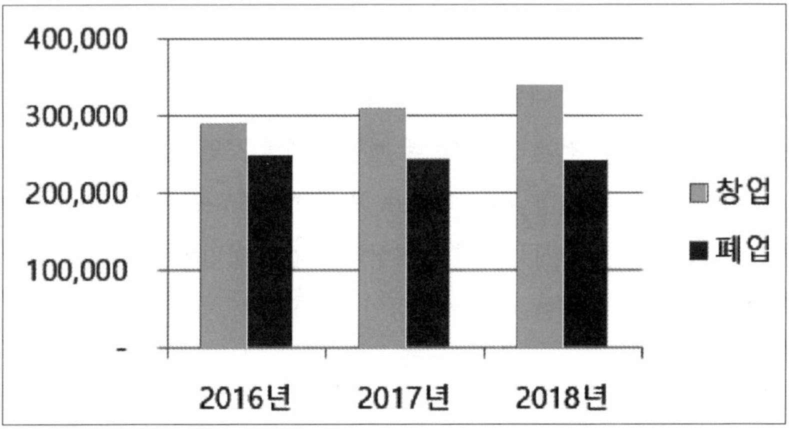

(KOSIS 국가통계포털, 폐업자 현황 2016~2018)

이렇게 창업으로 성공하기가 어려운 줄 알면서도 아직 살아갈 날은 창창하고 당장의 생활비, 노후를 위해서 돈을 벌어야 하는데, 고용시장의 여건이 안 좋으니 창업으로 고개를 돌리게 되는 것입니다.

오랜 기간 급여생활자로 산 사람들은 실직한 뒤, 단 한두 달 동안 통장에 돈이 안 들어와도 굉장히 불안하고 다급해집니다. 재취업이 안 된다고 가만히 앉아 있을 순 없습니다. 뭐라도 해야지. 마침 TV에서 OO 순대집이 장사가 잘 된다고 광고하고 있습니다. 주변에 친구들 물어보니 그 집 가끔 간다는 친구도 있습니다. 얼마 전 길모퉁이 가게에 임대 붙었던데 목도 나쁜 거 같지 않고, 이참에 순댓국 장사라도 해 볼까?

창업성공률이 낮다는 걸 빤히 알면서도, 다급한 마음에 제대로 알아보지도 않고 계획도 없이 창업전선에 뛰어드는 사람이 많습니다. 열심히 하다 보면 잘 될 거라는 안일한 생각으로 창업을 하는 사람들도 많습니다. 그러다가 채 1년도 버티지 못하고 문을 닫고 퇴장을 하게 됩니다. 안일함, 성급함, 판단오류 등이 합해져 만들어낸 참담한 실패인 것입니다.

다섯 번의 창업으로 단맛과 쓴맛을 모두 봤다는 소상공인 창업 컨설턴트 김준호 씨는 자신의 저서 '중년을 위한 창업의 정석'에서 창업 전에 꼭 되짚어 봐야 할 몇 가지 중요한 포인트들을 지적하고 있습니다.

성공한 창업자들의 공통점

나를 잘 알고 나에게 맞는 아이템

김준호 씨는 창업에서 성공한 자영업자들의 공통점이 있다고 합니다. 무엇보다 먼저 자기 자신을 돌아보는 데서 출발했고, 자신 안에서 일을 찾았다고 합니다. '남들이 잘된다고 하더라', '요새 보니 그런 식당이 인기더라' 이런 게 아니라 내가 뭘 좋아하거나 싫어하고, 내가 뭘 잘하거나 못하고, 내가 성격이 외향적인지 내성적인지, 내가 해낼 만한 일인지 등 자신에게 질문을 던져 보는 게 먼저 필요하다는 것입니다. 아무리 OO 순댓국집이 장사가 잘 된다 한들, 본인이 내성적이라 사람들한테 그다지 친절하게 대하지 못한다면, 본인이 저녁에 술 마시며 꼬장부리는 사람들을 잘 대처할 자신이 없다면 어떻게 국밥집을 오래 운영할 수 있겠습니까? 게다가 자신이 순댓국을 그렇게 좋아하는 것도 아니라면 안 봐도 뻔하죠. 잘 된다는 게 이상한 일일 겁니다.

제가 혼자 살던 총각 때 일입니다. 아래층에 사는 꼬마가 강아지를 한 마리 안고 올라와서는 저보고 키워보지 않겠냐고 했습니다. 원래 집에 강아지를 키우고 있었고 어떤 연유로 한 마리 더 강아지가 생겼는데 엄마가 더는 키울 수 없으니 남 주라고 했다는 겁니다. 하얀색의 조그맣고 통통한 강아지였습니다. '재패니즈 스피츠' 였던 거 같습니다. 혼자 적적한 차에 잘됐다 싶어 덥석 강아지를 받았습니다. 아침에 회사 갈 때는 먹이와 물을 잔뜩 줘 놓고 현관문을 조금 열어두었습니다. 집안에만 있으면 갑갑할 터이니 문 앞에서 가끔 바람도 쐬라고 배려를 한 것이었습니다. 그리고 며칠 뒤 서점에 가서 반려견을 키우는 법에 대한 책들을 이것저것 살펴보고 있었습니다. 그러다가 그중 한 책에 쓰인 내용을 보고 뒤통수를 한 대 맞는 느낌이었습니다.

반려견 키우는 법을 담은 모든 책들의 첫 부분은 '먹이 주는 법과 대소변 가리게 하는 법' 이었습니다. 딱 한 권만이 제1장 1절의 내용이 달랐습니다. "당신이 반려견을 키울 수 있는 상황인가를 먼저 살펴봐라!" 아차! 싶었습니다. 저는 혼자 사는 직장인이었습니다. 그 어린 강아지를 하루 종일 혼자 집에 둘 수밖에 없는 상황이라는 걸 새삼 깨달았습니다. 식사와 물을 때에 맞춰 줄 수도 없었고, 그 애를 홀로 외롭게 내버려 둘 수밖에 없었던 처지라는 걸 그제야 깨닫게 되었습니다. 저의 상황을 생각하면, 키우겠다고 무턱대고 받으면 안 되는 거였습니다.

그걸 깨닫고 '어떻게 하지' 하고 고민하던 사이, 그 애는 세상을 떠났습니다. 출근하면서 조금 열어둔 문을 통해 찻길까지 나갔다가 교통사고를 당했던 것입니다. 만난 지 채 한 달도 안 된 시점이었습니다. 제 자신을 먼저 돌아보지 않고 제 욕심만으로 덥석 강아지를 받았던 것부터가 잘못이었습니다.

창업도 마찬가지입니다. 아이템이 괜찮을지 아닐지, 가게 위치가 괜찮은지 아닌지 생각하기 전에 과연 내가 이 일에 잘 맞을까부터 먼저 생각해 보아야 합니다. 그래서 내 성격상, 나의 자질상, 나의 여건상 그 일을 잘 해낼 수 있을 거라는 확신이 없다면 창업을 재고해 봐야 합니다. 그렇지 않고는, 창업하고 얼마 지나지 않아 이 일을 계속해야 하나 말아야 하나 고민하게 될 것이기 때문입니다.

나한테 잘 맞는 아이템, 그래서 내가 잘하고 내가 오래 할 수 있는 아이템을 찾아야 합니다. 그것이 창업의 먹이사슬에서 살아남을 수 있는 가장 우선되는 조건입니다.

소비자에 대해 민감해야

창업은 '시간도 경험도 이기기 부족한 게임'이라고 합니다. 예전에 창업을 성공한 경험이 있다 해도, 이번에도 성공할 거란 보장이 없다는 뜻일 겁니다. 창업이 성공할 수 있느냐 없느냐 하는 데는 거시적인 경제 상황, 산업의 변화, 경쟁 상황 등 여러 가지 변수가 작용하므로 '그때그때 달라요' 인 것입니다. 특히, 소비자의 트랜드 변화를 잘 읽어내는 것이 중요합니다. 트랜드는 창업 아이템을 정할 때 중요하게 고려해야 할 사항이고 사업운영 중에도 궤도조정을 하게 하는 요인이 됩니다.

최근 반려동물을 기르는 사람들이 급격히 늘어서 애완동물용품점의 창업이 늘었다거나, 경기 불황으로 주머니가 빈약하다 보니 푸드트럭이 인기를 끌게 되었다거나, 코로나19 때문에 온라인상에서 안전용품 판매점이 많이 생겼다는 등은 소비자의 트렌드를 반영하여 아이템을 선정한 결과입니다. 요즘 소비자는 빨리빨리 바뀌고 변덕도 심합니다. 그 변화에 민감하게 반응하지 못하면 외면당할 수밖에 없습니다.

창업은 다리로 하는 거다

점포를 임대한다고 가정해봅시다. 근처 공인중개사의 말만 믿고 덜컥 계약할 것인가요? 몇 날 며칠을 임대 나온 점포에 가서 죽치고 봐야 합니다. 사람들이 많이 다니는지, 근처에 유사업종은 없는지, 장사가 잘 되고 있는지 아닌지…

본인이 소비자로서 먹어보고 써보긴 했으나 팔아본 적이 없다면, 생각 중인 그 업종의 다른 가게에서 일을 해보는 게 좋습니다. 위장취업을 하든, 지인 가게에 부탁을 해서 알바를 하든, 정 안되면 매일 손님으로 가서 관찰을 하든. 잘 되는 집은 잘 되는 이유가 있습니다. 가서 배워야 합니다. 어쩌면 창업은 머리가 아닌 다리로 해야 하는 것입니다.

큰돈을 가지고 직원들 몇 명씩 고용하며 시작하는 회사가 아니라면 일반적으로는 1~2인 소기업이거나 조그만 가게의 자영업일 것입니다. 그러면 그 안에서 벌어지는 모든 일은 본인이 다 알고 있어야 하고 할 수 있어야 합니다. 주방장에 휘둘리는 주인 이야기 많이 들어봤을 겁니다. 창업주인 주인이 식당의 핵심 역량인 요리를 할 줄 모르기 때문에 주방장이 근태가 나빠도, 제멋대로여도 끌려다닐 수밖에 없습니다. 아주 믿을 만한 주방장과 함께 할 수 없다면 본인이 요리사 자격증을 따서 주방으로 들어가는 게 낫지 않을까요?

혼자 시작하는 일이라면 A부터 Z까지 모든 일을 혼자 해야 합니다. 창업을 하는 순간 사장님이 되는 거지만, 동시에 거리에서 전단지를 돌리는 판촉사원이 되는 것이고 가게 안팎을 청소하는 청소부가 되는 것입니다. 고객에게는 언제나 진심을 다해서 대할 수 있어야 하고, 간혹 진상 부리는 손님에게도 참고 공손한 태도로 자제시킬 수 있어야 합니다. 창업은 바닥부터 시작하는 것입니다. 자존심을 버려야 하고 자신을 낮출 줄 알아야 합니다.

맷집이 있어야

맷집이 있어야 합니다. 창업하자마자 대박 나고 성공하는 케이스는 드뭅니다. 1년 안에는 수익은 고사하고 매출도 변변찮을 수 있습니다. 창업을 한 뒤 1년 안에 그만둔 대부분의 사유는 '장사가 안돼서' 입니다. 다 잘 될 거라는 좋은 면만 쳐다보고 고작 1년을 버틸 계획도 없이 시작한 탓입니다.

창업을 처음 시작할 때는 근거 없는 긍정주의자보다는 합리적인 비관주의자가 되는 게 낫습니다. 무턱대고 잘 될 거라고 생각하며 제대로 대비도 안 하고 시작하면, 막상 어려워졌을 때 어찌할 바 모르고 그냥 폐업하게 되는 것입니다. 애초에, 창업 이후 성공까지는 시간이 많이 걸린다고 생각하고 미리 그에 대한 금전적인 대책, 정신적인 대비를 하고 시작해야 합니다. 매달 운영비도 나오지 않을 정도로 매출이 저조하더라도 그 상황이 되면 어떻게 필요자금을 끌어올지 등 미리 대책을 세워야 한다는 것입니다.

창업지원프로그램

창업을 준비한다면… K-Startup

K-Startup(K-스타트업)은 창업을 희망하는 사람이나 창업 초기 기업들에게 창업에 필요한 정보를 종합적으로 제공하고자 중소벤처기업

부에서 주관하고 창업진흥원에서 운영하고 있는 사이트입니다. 여기에서는 창업준비, 창업절차, 창업관련 인허가 및 신고, 창업관련 세제지원, 정부지원시책 등에 대한 여러 정보들을 제공하고 있습니다.

창업단계를 예비 (사업자 등록 전) / 초기 (창업 3년 미만) / 도약 (창업 3~7년)으로 나누고, 각 관심분야를 사업화 / 창업교육 / 시설·공간·보육 / 멘토링, 컨설팅 / 행사, 네트워크 / R&D로 나누어 각각에 해당 정보들을 제공하고 있습니다.

이 중에서 몇 가지 프로그램들을 살펴보겠습니다.

1인 창조기업 지원센터는 1인 창조기업에 대해 인프라 및 판로개척을 지원합니다. 1인 창조기업이란 창의성과 전문성을 갖춘 1인이 상시 근로자 없이 사업을 영위하는 자를 말하는데, 센터로부터 승인을 받아야 합니다. 사무공간과 사무용 집기 이용을 지원받을 수 있으며 세무, 회계, 법률, 마케팅 등 전문가의 경영 자문을 무료로 받을 수 있고 외부기관(기업)과 연계하여 사업화를 지원받을 수 있습니다.

중장년 기술창업센터는 경력, 네트워크, 전문성을 보유한 중장년(만 40세 이상) (예비)창업자의 기술창업 활성화를 위한 창업교육 및 거점을 지원하고자 만들어진 곳입니다. 전국에 27개의 센터가 있습니다. 사업아이디어 검증과 사업계획서 구체화를 위한 실전창업 교육, 입주 및 코워킹, 네트워킹 공간을 제공받을 수 있고 경영이나 마케팅 등 전문가 멘토링 서비스와 사업화 연계 등의 지원을 받을 수 있습니다.

창업보육센터는 예비창업자 및 3년 미만 창업자에게 사무공간, 기술·경영 컨설팅 등을 제공함으로써 안정적인 경영활동 및 지속적인 성장을 지원합니다.

창조경제혁신센터는 전국 17군데 센터를 통해 지역 인재의 창의적 아이디어를 사업화하고 창업을 지원합니다. 예비창업자, 창업 후 3년 미만 기업이 대상입니다. 멘토링, 창업교육, 투자유치 IR, 창업경진대회, 지역 창업자, 기업 간 네트워킹, 마케팅, 판로 개척, 글로벌 진출 등의 창업지원과 함께 창업 관련 법률·특허·금융·경영 등을 원스톱으로 컨설팅 받을 수 있습니다.

가게를 내겠다면… 소상공인시장진흥공단

소상공인시장진흥공단이 주관이 되어 진행하는 창업지원프로그램이 있습니다. '신사업 창업사관학교'는 소상공인 예비 창업자가 주 지원 대상이며 4주간의 창업이론교육, 16주간의 점포경영 체험교육, 상품개발 지원, 수료생 대상으로 정책자금, 사업화 보조금 등을 패키지로 제공하게 됩니다. 연간 상하반기 각각 150명씩 총 300명을 지원합니다.

소상공인시장진흥공단 홈페이지에는 소상공 자영업을 시작하고자 하는 예비 창업자가 자신의 점포를 낼 지역의 인근 상권을 미리 분석해볼 수 있는 프로그램도 탑재되어 있습니다. 지역과 업종을 입력하면 상권분석, 경쟁분석, 입지분석, 수익분석 등을 해볼 수 있습니다.

서울시에 거주한다면… 서울산업진흥원

지자체의 산하기관 등이 주관이 되어 창업을 위해 지원하는 여러 프로그램들도 있습니다. 서울산업진흥원(sba)은 '서울창업허브', '엑셀러레이팅센터', '서울기업지원센터' 등을 통해서 창업공간 및 보육서비스를 제공함으로써 서울지역에 위치한 창업(예정)자들을 지원하고 있습니다.

24

- 귀농, 귀어, 귀산촌 -

"나는 자연인이다!"

귀촌? 귀농? 귀어?

먼저 용어 정리부터 하겠습니다. 우선, 귀촌은 그냥 농촌이나 어촌에 가서 사는 것을 말합니다. 직장은 도시에 있어서 출퇴근할 수도 있고, 직업이 프리랜서일 수도 있고 아예 일없이 요양을 위해, 노후생활을 하기 위해 농촌이나 어촌에 사는 것 등은 귀촌에 해당합니다. 그에 반해 귀농이나 귀어는 시골로 내려간다는 것은 귀촌과 같지만, 그곳에서 직접 농사일, 어업을 하는 것을 말합니다. 농업이나 어업이 본업이 되는 것입니다.

치열한 경쟁 속에서 일에 치어 살면서 삭막한 도시생활과 건조한 인간관계에 염증을 느낀 중년 퇴직자들은 농사를 짓든, 짓지 않든 시골에서의 낭만적인 삶을 꿈꾸기도 합니다. 최근 3년간의 통계를 보면 연간 귀촌 가구는 32만 가구쯤 되고 인구수로는 44만 명이 넘습니다. 그에 반해 귀농인은 1만 1천 명 정도되고 귀어인은 그보다 훨씬 적게 1천 명이 좀 못됩니다. 2019년 한 해 50대는 귀농이 4천3백 가구, 귀어가 3백 가구 좀 더 됩니다. 귀촌은 거주지만 옮기는 것이지만 귀농, 귀어는 그곳에서 일을 해야 하므로 훨씬 더 어려운 결정이고 고려해야 할 사항이 많습니다.

4050 귀촌귀농귀어 현황 (단위 : 가구, 명)

구분(2019년)	전체	50대	40대
귀촌 가구 (귀촌인수)	317,660 (444,464)	59,229 (74,794)	57,300 (73,035)
귀농인수 (귀농가구원수)	11,504 (16,181)	4,291 (5,377)	1,752 (2,167)
귀어인수 (귀어가구원수)	959 (1,234)	334 (384)	194 (217)

(출처 : 통계청, KOSIS, 귀촌귀농귀어 가구 및 인구 현황, 2019)

귀촌의 장점, 단점

농촌에서 살면 어떤 점이 좋길래… 농촌으로 귀촌한 유튜버 '서울부부의 귀촌 일기'가 얘기하는 장점과 단점을 들어보겠습니다.

농촌에 사는 장점

공기가 좋다 (가끔 도시 가면 어떻게 이런 데서 살았나 싶다)

소음이 없다 (새소리, 바람소리, 나무소리, 개구리소리 뿐이다)

경치가 좋다 (예전에 놀러 가야만 볼 수 있었던 광경이 항상 눈앞에… 계절의 변화가 힐링을 준다)

무농약 텃밭 (건강한 좋은 먹거리, 벌레와 함께 나눠 먹는다. 운동도 되고)

자연의 먹거리 (냉이, 죽순, 찔레순, 둥글레, 고사리, 버섯, 머위…)

동물, 곤충 친구들 (벌레 많아서 구충제, 찐드기약 등 쳐줘야. 애들은 행복하다)

캠핑 기분 (마당에서 숯불에 고기 구워 먹는다. 마을이 근처에 있되 조금 떨어진 곳이 좋다)

놀거리 (조금만 나가도 천지가 꽃밭이고 숲이고 계곡, 관광지도 많다)

생활비가 적게 든다 (외식 어렵다. 옷값, 미용실 값, 화장품 값 안 든다. 품위유지비 안 든다)

도움 공동체 (마을 분들이 씨앗 주고, 가르쳐주고, 장비 빌려주고, 고쳐주고 나누어준다)

마음의 여유 (분초를 다투는 일은 없다. 자연 속에서 힐링. 돈만 좀 더 있으면 좋으련만…)

마당 (불 피우고, 배추 펼쳐놓고 김장하고, 동물 친구들 편하게 뛰어놀고 평상, 우물, 꽃도 심고)

내 집이다 (못질도 하고 색칠도 맘대로 하고)

농촌에 사는 단점

집수리 (허름한 시골집 샀더니 시멘트 바르기, 전기, 배수, 난방 등 손볼 것이 많다.)

교통 (차가 있으면 상관없지만 대중교통은 불편하다. 버스도 자주 없다)

벌레 (여치, 민달팽이, 애벌레, 진드기, 지네, 모기, 파리… 더위보다 더 무서운 게 벌레다. 뱀도 있다. 동물들도 힘들어한다. 대나무숲은 피해야…)

겨울 추위 (일 년 중 반이 춥다. 화목보일러. 불씨 꺼트리지 않아야. 집안에서 발에 동상)

병원 (엑스레이 기계가 없다. 산부인과도 없다. 시내 나가도 큰 병원 없다)

선택의 폭 (농협, 신협 말고는 은행도 없고, 하나로 말고는 마트도 없다)

축사 (근처에 축사가 있으면 냄새, 벌레가 상상 초월. 집 구할 때 축사, 양계장 위치 확인부터)

외식, 배달 (배달 앱 켜니 딸랑 두 군데. 그나마 배달이 안된다. 맛집은 사치)

잡초 (시골의 삶은 풀과의 전쟁. 풀 자라는 속도를 베는 속도가 따라내지 못한다)

계절에 쫓김 (시기를 놓치지 말고 해야 할 일이 많다. 때맞춰 씨앗 심어야 하고 때맞춰 캐줘야 한다. 텃밭을 해도 바쁘다. 추워지면 손볼 데가 많아지고 비 오면 또 바빠진다.)

마을 공동체 (잔치, 마을 어르신 제사, 복날 다 챙겨야 한다. 김장봉사, 마을공동청소, 새마을지도자교육, 회식여행 참석 안 하면 미운 털 박히고 왕따 당한다)

외롭다 (외부 세계와의 단절, 고립된 느낌. 마을사람들과 교류가 있어도 또래 친구가 없어 외롭다)

직장 (일할 곳이 없다. 농사를 안 지으면 프리랜서 말고는 할 수 있는 일이 없다)

하나의 팩트가 어떤 면에서는 장점으로 작용하고 어떤 면에서는 단점으로 작용합니다.

귀농해서 잘 되려면

이 책에서는 실직 후 가질 수 있는 직업에 대한 이야기를 하고 있으니 이제부터는 귀촌보다 귀농에 초점을 맞춰 논의해 보기로 하겠습니다.

이왕 귀농을 하기로 결심했다면 어떻게 해야 귀농에 성공할 수 있을까요? 아래 글은 유튜버 '버라이어티 파머', '햇살가득 전원주택'의 귀농관련 유튜브 영상과 귀농을 준비하고 있는 제 동생의 경험을 종합하여 필자가 재작성했습니다.

1. 가족의 동의와 협조가 있어야 한다

도시의 편리한 인프라를 누리며 살던 아내들은 대부분 불편한 농촌을 싫어합니다. 민달팽이를 남편은 귀엽다 하고, 아내는 징그럽다 할 수 있는 것입니다. 남편은 시골길이 한적하고 낭만 있다 좋아할 수 있지만, 아내는 흙먼지 날리고 무섭다고 할 수 있는 것입니다. 여행 다닐 때 지나면서 본 농촌의 풍경은 아름답고 낭만적이었지만, 막상 그 그림 안에 들어가서 살게 되면 불편하고 불쾌한 공간일 수 있습니다.

게다가 농사를 업으로 하게 되면 농촌은 더 이상 한적한 시골동네가 아니라 농산물을 생산, 제조, 판매하느라 바쁜 내 일터입니다. 자본과 설비가 필요하고 인력이 투입되어 하루 12시간씩 중노동을 해야 하는 피 말리는 산업현장이 되는 것입니다. 수익률이 좋지 않기에 인건비를 아끼려면 아내도 팔 걷고 나서야 할 게 빤한데, 어느 날 뜬금없이 시골 내려가 농사짓고 살자는 남편 이야기에 오케이 하기가 쉽지 않습니다.

귀농은 필히 시작하기 전에 먼저 가족의 동의가 있어야 합니다. 부부간의 대화와 타협을 통해 결정해야 합니다. 농사는 가족의 전폭적인 지지와 도움 없이는 성공하기 쉽지 않은 일입니다.

2. 처음에는 혼자 내려가서 일을 해보라

귀농지는 주 생활권(소도시, 읍면 소재지)과 가까워 비교적 교통이 편리한 곳으로 정하는 게 낫습니다. 버스가 자주 다니고 택시 접근이 용이해야 합니다. 나이가 들수록 나들이하기 편리한 곳이 좋고 만약의 경우를 대비해 병원도 가까워야 합니다. 또한, 농사와 관련된 정보를 얻거나 기관의 도움을 받기에도 좋습니다. 네이버나 구글 위성사진으로 먼저 지역을 확인하고 그 다음 직접 답사를 하는 것이 좋습니다. 농한기인 겨울이 답사하기에 적기입니다.

직장에서는 경력 30년의 베테랑이었겠지만 농사일에는 초짜입니다. 처음부터 바로 자기 사업을 시작해서는 안 됩니다. 식당을 열기 전에 남의 식당에서 설거지해가며 분위기를 익히고 일을 배우는 게 선행되어야 하듯, 귀농도 그렇게 시작해야 합니다.

일단 가족은 도시에 두고 혼자 시골을 내려가서 달방을 얻어 생활하면서 남의 농장, 남의 밭에서 일을 해보는 게 좋습니다. 달방은 월세(보통 20~40만 원 선)를 내면서 월단위로 살 수 있는 방입니다.

논농사는 농기계를 많이 이용하는 지역이라 일손이 많이 필요하지 않습니다. 일을 하려면 밭농사 지역을 찾아가야 있습니다. 김매기, 농약치기, 비료치기, 수확 등 수작업이 많습니다. 농사일이 시작되는 봄에 일자리를 잡아 시작하는 것이 좋습니다. 겨울에는 농한기라 일이 없습니다. 초보자에게 적합한 거는 김매기, 즉 잡초를 뽑는 일이 쉽습니다. 봄부터 가을까지 꾸준히 있습니다. 단순반복작업이라 고되기는 합니다.

처음에는 며칠 쉴 각오를 하고라도 열심히 일해야 합니다. 시골의 소문은 아주 빠르기 때문에 첫날에 일을 열심히 하지 않는다는 소문이 나면 바로 다음 날부터 일하기 어려워집니다. 김매기 하는 남자의 하루 일당은 12만 원, 인력 사무소 소개비가 1만 원 정도이므로 일 10만 원 정도라고 볼 수 있습니다.

보통 면소재지에는 농업인력, 건축인력, 건설인력을 구한다는 간판을 내걸고 인력을 조달하는 개인이나 인력회사 가게들이 있습니다. 여기를 통해도 됩니다.

3. 초기에는 토지도 임대, 주택도 임대

1년쯤 남의 농장이나 밭에서 일해보고 난 뒤, 자신의 농사를 조금씩 해봅니다. 돈 많이 들이지 않고 시작해야 합니다. 서울 집 팔고, 시골 가서 땅 사고 집 사서 시작하는 건 굉장히 위험합니다. 하다 보면 귀농이 안 맞을 수 있고, 그 지역이 본인이 생각한 작목 재배에 부적합할 수도 있고, 그 시골마을 사람들과 좋은 관계를 유지할 수 없어 살기가 힘들 수도 있습니다. 처음에는 집이든 땅이든 농기구든 다 임대해서 시작합니다. 과수작물은 임대해서 재배하기가 쉽지 않지만 노지작물, 시설작물은 임대 농지에서 재배해도 됩니다. 임대해서 2~3년쯤 해보고 그곳에서 완전히 터를 잡고 농사를 할지 말지, 어떤 작목을 주로 할지를 정하고 시작해도 늦지 않습니다.

귀농 초기에는 200평 정도 소규모로 시작하면서 경험을 쌓아가며 기술을 배우고 서서히 넓혀 가는 것이 좋습니다. 임대 농지의 연 임대료(200평 기준)를 보면 논은 쌀 80Kg 한 가마니(약 20만 원), 밭은 작물과 부지 여건에 따라 다르지만 보통 쌀 1~2가마니(20만 원~40만 원) 정도입니다.

작목은 온라인상에서 각종 정보를 취합하는 것도 도움이 되겠지만, 다른 농장에서 일하면서 직접 겪어보고 배운 것 중에 선택하는 것이 좋습니다. 본인이 할 수 있는 여건과 당시의 시장수요 상황 등을 종합적으로 판단해서 정해야 합니다. 재배작물은 그 지역 주 농산물을 따라가는 게 일반적입니다.

4. 많이 배우고 많이 겪어봐야

농업은 복합 사업입니다. 생산부터 가공, 유통, 판매까지 다 농민이 직접 해야 합니다. 토양학, 비료학, 작물생리학, 병리학 등도 다 공부해야 합니다. 쉽게 생각해서도 안되고 어느 분야 하나 소홀히 해서도 안 됩니다. 인터넷으로 성공사례만 보고 있으면 안 됩니다. 실패 사례도 보아야 합니다. 농사를 제대로 해본 적이 없기 때문에 실패 요인을 잘 파악해서 미리 대비해야 합니다.

농작물을 심고, 관리하고 수확하는 때를 놓치면 농사는 망합니다. 잡초는 제때 뽑지 않으면 2~3배 제거하기 힘듭니다. 호미로 막을 것을 가래로 막아야 합니다. 방충해 방제는 예방 차원에서 주기적으로 실시해야 합니다. 나중에는 농약으로도 막지 못하게 됩니다.

우리나라는 사계절이 뚜렷한 나라입니다. 3~4월부터 농사를 시작할 수 있는데, 겨울로 접어드는 4~5개월은 할 게 없습니다. 농한기 때 돈 벌 수 있는 일, 예를 들면 농산물 가공업 등을 하는 것도 고려해볼 만합니다.

5. 마을 주민들과 친밀하게 지내라

농사에 대한 경험이 많지 않기에 마을 사람들의 도움이 절실합니다. 하지만, 농촌은 배타적인 공동체입니다. 원주민들끼리는 똘똘 뭉치지만, 외지인에 대해서는 좀처럼 마음을 열지 않고 경계합니다. 텃세가 심합니다. 마을 주민들과 친하게 잘 지내야 합니다.

마을 주민들에게 먼저 인사하고 다가가세요. 잘 알든 모르든 먼저 인사해야 합니다. 본인에 대해 감추지 말고 솔직히 얘기하고 도움을 구하세요. '도시에서 살기 힘들어 시골에서 농사지으며 살아보려고 한다. 농사 안 해봐서 아는 게 없다. 도와주시면 열심히 해 보겠다'

마을 주민들 다 같이 공동으로 하는 일이 자주 있습니다. 마을 진입로로 삐죽이 나온 나뭇가지들을 잘라줘야 하거나, 지난 비로 무너진 둑을 보수해야 하거나 아픈 김 노인 밭에 고추를 따줘야 합니다. 주민들이 함께 부역해야 할 때 적극적으로 나서서 같이 해야 합니다. 그래야 마을 주민들이 점차 마음의 문을 열고 귀농인이 도움이 필요할 때 요청하면 도와줄 것입니다.

귀농귀촌 지원사업

귀농귀촌 지원센터

농림축산식품부와 농림수산식품교육문화정보원이 귀농귀촌을 희망하는 도시민들을 지원하기 위해 운영 중인 온오프라인 센터입니다. 서울 aT 센터 4층에 위치하고 있으며 방문, 전화, 온라인 상담과 함께 귀농설계, 컨설팅, 1:1 맞춤형 귀농 닥터 연계 등 귀농귀촌을 위한 종합상담과 농업·농촌 현장 사례 중심의 귀농귀촌 아카데미 교육을 실시하고 있습니다. 또한 온라인 홈페이지를 통해 귀농귀촌 최신 정보와 농촌지역별 현장 소식을 제공하고 있습니다.

일자리 정보코너로 들어가면 현재 일손이 필요한 전국 농가의 정보를 알 수 있습니다.

귀농창업 및 주택 구입 지원 (대출)

귀농하고자 하는 지역의 주소지 관할 농업기술센터(또는 시·군청)에서는 귀농해서 농업을 창업하는 자금과 주택 구입자금을 대출해 줍니다.

농촌지역으로 전입한지 만 5년이 경과하지 않은 세대주이며, 사업 신청일을 기준으로 최근 5년 이내에 영농경험이 없고 현재 타 산업분야 전업 직업 및 사업자등록이 없는 자로서 농림축산식품부, 농촌진흥청, 산림청, 지자체가 주관 또는 위탁하는 귀농·영농 교육을 100시간 이상 이수한 자가 지원 대상입니다.

농업 창업자금은 세대당 3억 원 한도, 주택 구입자금은 세대당 7,500만 원 한도로 대출되며, 대출금리는 2% 고정금리이며 5년 거치 10년 원금균등 분할상환입니다. 융자이므로 지원사업을 신청하기 전에 귀농 사업내용과 융자 상환 계획에 대해 꼼꼼히 따져보고 결정해야 합니다.

그 외 지자체마다 귀농귀촌인을 대상으로 무상교육, 주택수리비 일부 지원, 농기계 지원, 하우스 설치비 지원 등 개별적인 지원사업들을 펼치고 있습니다.

귀농인의 집

귀농귀촌 희망자가 일정 기간 동안 영농기술을 배우고 농촌체험 후 귀농할 수 있도록 제공하는 일종의 농가주택, 입주자는 월 10만~20만 원 또는 일 1~2만 원의 임차비용을 지급해야 합니다. 각 지자체의 홈페이지를 통해 공고가 나옵니다.

사단법인 전국귀농운동본부(www.refarm.org)는 생태귀농학교를 운영하여 예비 귀농자들에게 귀농자 마을에서의 현장 실습과 귀농인들과의 대화의 기회를 제공하고 있습니다.

다음으로 귀어에 대해 알아보겠습니다.

귀어해서 성공하려면

1. 정보의 습득 - 귀어귀촌종합센터 / 귀어닥터 / 멘토

성공 요인이 귀촌과 크게 다르지 않습니다. 절차를 보면 먼저, 귀어에 대한 정보를 습득합니다. 한국어촌어항공단에서 운영 중인 귀어귀촌종합센터 홈페이지에 들어가서 구체적인 정보들을 체계적으로 찾아보는 것도 좋고, 유튜버 중에 귀어하신 분들의 생생한 얘기를 들어보는 것도 도움이 됩니다.

어업경영, 어촌생활 등 귀어 부분에 있어 전문적인 지식을 갖고 있는 '귀어닥터'들을 통해 자문을 받아 볼 수도 있습니다. 귀어닥터는 3년차 이상 어촌에 정착한 귀어자, 선도어업인(선도우수경영인, 전업경영인), 어업경영체 사업자, 해양수산 신지식인 등 중에서 귀어 희망인에게 전문적인 컨설팅이 가능하신 분들로 지자체에서 선정합니다. 전에 귀어해서 이미 어업 일을 하고 있는 지인분이 있거나 어릴 때부터 어촌에서 자라서 아직 그 마을에 아는 분들이 있다면, 그분들을 멘토로 삼아 도움을 받는 것도 좋은 방법입니다. 귀어귀촌센터 등에서 진행하는 귀어교육 프로그램을 통해 이론과 기술교육을 받는 것도 좋습니다.

2. 최소 4계절, 1년은 다른 배에서 일해봐야

귀촌에서도 강조한 바이지만, 농업과 마찬가지로 어업도 해보지 않은 사람은 할 수 없는 전문 영역의 일입니다. 해보지도 않고 농촌에서 땅 사고 씨앗 사서 농사짓는다고 될 일이 아닌 것처럼, 어촌에 내려가자마자 배 사서 바로 고기를 잡아 올릴 수는 없습니다. 다른 배에 타서 4계절, 1년 정도는 현장 경험을 해보는 게 좋습니다. 그래서 본인한테는 자망이 나을 것인지, 주낙이 해볼 만한지 등 향후 사업에 대한 가닥을 잡을 수가 있습니다. 미리 경험을 해둬야 일을 시작하게 되면 빨리 정착할 수가 있습니다.

3. 마을 주민과의 우호적인 유대관계는 필수

경험을 하면서 그 마을 주민들과의 유대관계를 쌓아놓는 것도 아주 중요합니다. 농촌과 마찬가지로 어촌도 아주 폐쇄적인 공동체 공간입니다. 쉽게 말하면 '자기들끼리의 리그'란 말입니다. 외지인들에 대해서는 배타적일 수밖에 없습니다. 특히나 공유제 성격을 갖는 바다를 생업의 공간으로 하는 어업은 각자의 일터가 명확히 구분되어 있지 않습니다. 그러다 보니 배를 타고 그물을 던지는 모든 어업 종사자가 서로 경쟁자인 것입니다. 업장의 구분을 명확히 선 긋듯 할 수 없기에 같은 어업 일을 하는 사람끼리도 자칫 갈등이 생길 수도 있는 것이고, 그런 갈등을 피하기 위해 그들만의 어촌계 모임도 만들고, 룰도 있고 매너도 있는 겁니다. 어부들끼리 어선들끼리도 경쟁자인데 심지어 잘 알지도 못하는 외지인을 우호적으로 수용하기는 더욱 어려울 수밖에요. 그래서 그 마을에 정착하고 어업을 하려면 그 마을 사람들과 어떻게든 우호적인 관계를 맺을 수 있도록 노력해야 합니다. 그런 게 힘들어서 귀어를 포기하시는 분들도 많습니다.

4. 업종선택 - 양식업 / 복합, 자망, 통발 / 낚싯배

교육을 받고 어느 정도 경험을 하고 나면 자신이 경영하고자 하는 업종을 선택해야 합니다. 어업은 수산 동식물을 포획, 채취 또는 양식하는 사업을 통칭하는 말인데 그 안에는 고기를 잡는 고깃배 사업도 있고, 양식업도 있고 낚시꾼들을 태우고 다니며 낚시를 안내하는 낚싯배 사업도 있으니 선택해야 한다는 것입니다.

배의 면허도 연안과 근해로 크게 나뉘는데 귀어인은 대부분 그 활동범위가 넓지 않고 도내 인근 연안 앞바다일 것이므로 연안에서의 어업면허를 선택하게 될 것입니다. 연안 면허에는 연안복합(주낙과 그물을 같이 할 수 있는), 연안자망(그물), 연안통발로 나뉘는데 그 또한 어떤 걸로 할지 정해야 하는 것이죠.

5. 정착지 물색 - 현장 직접 방문

업종선택과 기술을 습득한 후에는 자녀교육 등 생활여건과 선정된 업종에 적합한 입지조건, 어업여건 등을 고려하여 정착지를 물색하고 결정해야 합니다. 정착지에 대한 정보는 해당 지역의 시도군 수산기술사업소에 문의를 해보고 수집할 수도 있지만, 직접 현장을 방문하여 여러 곳을 알아보는 것이 제일 낫습니다. 어업의 특성상 어장에 나가 조업을 하거나 양식 수산물을 돌보는 일을 매일 해야 하므로 집과 어장은 가까운 게 좋습니다.

6. 자금확보 - 귀어자금 융자 3억 원까지

양식업을 하게 되면 어장과 종묘나 치어, 사료 등이 필요합니다. 어선을 살 때는 면허를 함께 구입해야 합니다. 그리고 어구, 차량, 창고로 쓸 컨테이너 등도 필요합니다. 이렇듯 초기에 필요한 어선, 어장 구입자금과 부대비용, 1년 정도의 운영자금, 생활자금을 가능한 자기 자금으로 활용할 수 있다면 바람직하겠지만, 자금이 충분치 않을 때는 국가에서 저금리로 융자해 주는 귀어자금으로 준비할 수도 있습니다. 융자금은 3억 원까지 연 1%대의 저리로 빌려주는데 5년 거치 10년 분할상환하는 조건이고 재연장도 가능합니다.

7. 선박구입, 면허구입 - 3톤에 2억 정도

어업을 하기 위해서는 허가 및 면허권을 취득해야 하는데, 현재 허가와 면허권은 종량제로 이미 포화상태이고 신규취득을 할 수 없으며 기존 허가(면허)권을 매입하는 방법으로만 취득할 수 있습니다.

면허가 붙어 있는 배를 구입할 경우 그 비용은 지역마다 다르긴 한데, 면허는 연안복합이 8~9천만 원, 연안자망이 6~7천만 원, 연안통발이 1.5억 정도 합니다. 배는 엔진이 선내에 있으면 선내기라 하며 주로 고기잡이배에 해당합니다. 선외(보통 선미)에 있으면 선외기라고 하고 주로 낚시꾼들을 포인트로 실어 나르는 낚싯배들입니다. 귀어해서 처음 시작하는 배는 대개 3톤 정도의 소형배입니다. 배의 엔진 가격만 해도 3천~3.5천만 원 정도 합니다. 그 외 배 외형까지 다 해서 7천~1억 정도 합니다.

정리하면 배를 사서 자망이나 통발, 주낙 등의 어업을 하려면 2억 내외의 초기 비용이 든다고 보시면 됩니다.

8. 정박공간과 막사 확보

그리고 배보다 더 중요한 게 배를 댈 수 있는 정박공간 확보입니다. 배는 돈 주고 살 수 있지만, 배를 대는 정박공간은 돈을 주고도 살 수 없습니다. 물론 어업이 발달하지 않고 배가 많지 않은 한적한 어촌은 그렇지 않겠지만, 활발하게 조업이 이루어지고 있는 동해안 어항들에서 정박할 곳은 아예 없다고 보시면 됩니다. 오죽하면 '죽어야 자리가 난다'라고 하겠습니까? 그래서 귀어를 해서 어업을 하시겠다면, 배를 사는 것만큼이나 정박공간 확보도 고려해야 합니다. 방법은 현재 정박공간을 확보하고 있는 배들 중에서 허름한 중고배를 하나 더 사다가 부순 다음에 (구입 후 6개월 이내) 새 배에다 면허를 옮겨 다는 것입니다.

그리고 고기잡이에 쓰는 여러 어구들을 보관하고 어부들이 간단히 취사를 하거나 휴식을 취할 만한 막사(창고)를 확보하면 좋은데 이 또한 하늘의 별 따기입니다. 그래서 아예 컨테이너를 구입해다가 공터나 허가받은 공간에다 두고 막사처럼 사용하는 사람들도 많습니다.

9. 어촌계 가입

이렇듯 배를 사거나 정박공간이나 막사를 확보하는 게 쉬운 일이 아니므로 멘토가 꼭 필요하다는 것입니다. 특히 어촌계에 가입해서 다른 어민들과의 네트워크를 만들어 가는 것이 중요합니다. 어촌에 가면 각 마을마다 어촌계란 게 조직되어 있고 그 마을에서 어업을 하는 분들은 대개 다 계원으로 참여를 하고 있습니다. 그래서 마을의 대소사도 함께 치르고, 상호부조도 하고, 갈등도 조정하고 협상을 하면서 공동체 삶을 살아가는 것입니다. 정박공간이나 막사에 대한 정보도 어촌계장이나 계원들로부터 받기가 용이합니다. 어촌계원이 되려면 우선 300만 원 정도의 가입비를 내고 수협 조합원이 된 뒤 다시 1천만 원 정도의 어촌계 가입비를 내어야 회원으로 가입할 수가 있습니다. 하지만, 돈으로만 가입이 가능한 건 아니고 먼저 그 계원들과 친해져야 한다는 건 여전히 강조할 수밖에 없는 전제조건입니다.

10. 귀어 상담은 늘지만, 귀어 인구는 줄고 있는 현실

귀어귀촌종합센터의 상담 분석 결과에 따르면 2016년 2,930건의 상담 건수가 집계된 이후 매년 점차적으로 건수가 증가하여 2019년에는 첫해 대비 두 배가 넘는 6,434건의 건수가 집계되었다고 합니다. 2020년은 11월 말 기준으로 이미 작년의 기록을 넘어서 6,872건의 상담 건수가 집계되었다고 하고요.

귀어귀촌종합센터 교육 수료생은 2015년 154명에서 2019년 3,869명으로, 귀어학교 수료생은 2018년 50명에서 2019년 164명으로 증가했다고 합니다.

결론적으로 귀어귀촌 상담 건수와 교육 수료생 모두 증가했습니다. 하지만, 해양수산부와 통계청의 자료에 따르면 귀어 인구는 오히려 몇 년 새 계속 줄고 있습니다.

2016~2019 귀농귀어 인구수 추이 (단위 : 명)

구분	2016년	2017년	2018년	2019년
귀농 인구 수	13,019	12,763	12,055	11,504
귀어 인구 수	1,005	991	986	959

(출처 : 통계청, KOSIS, 귀농귀어 인구 현황 2016~2019)

이 통계를 보면 귀농 인구, 귀어 인구는 매년 감소하고 있습니다. 농촌이든 어촌이든 점점 젊은 인구가 도시로 빠져나가며 노령화가 진행되면서 시골이 쇠퇴하고 있는 큰 흐름과도 무관하지 않아 보입니다.

어가 소득의 향상과 어촌관광의 수요 등 어촌에 대한 인식이 전환되면서 어촌을 새로운 삶의 터전으로 삼으려는 도시인들이 늘고 있는 건 맞으나, 어업을 한다는 것이 쉬운 일이 아닌 걸 깨닫고 있는 것으로 보입니다. 바닷가의 유유자적한 삶을 꿈꾸는 낭만만 가지고 덤벼들었다가는 큰 코 다칠 수 있다는 냉혹한 현실을 알고 있기 때문인 것 같습니다. 귀농이든 귀어든 돈이 있다고만 성공할 수 있는 것도 아니고, 막연한 꿈만 가지고 접근해서는 더더욱 안 되는 엄연한 비즈니스입니다. 현실적이고도 구체적인 사업 플랜을 짜야 합니다. 무엇보다 정착 예정지에 자신을 이끌어줄 믿을만한 멘토가 있어야 하고, 지역 원주민들과 충분히 친해지고 여러 가지 경험들을 한 다음에 할지 말지를 결정해야 할 것입니다.

"나는 자연인이다" 하기 전에 챙겨야 할 7가지

25

- 퇴직준비 -

당신이 아직 직장인이라면 준비해야 할 7가지!

우리나라 대부분의 직장인들은 아무런 준비도 하지 않은 채 실직을 맞게 되는 경우가 태반입니다. 누구나 실직의 순간이 오리라는 건 알고 있습니다. 중년에 실직하면 재취업도 힘들고 실업의 시간은 괴로울 거란 것도 선배들의 사례에서 다들 알고 있습니다. 하지만, 실직에 대해 미리 대비를 하는 사람은 드뭅니다.

매달 정해진 날짜에 꼬박꼬박 들어오는 월급과 회사로부터 주어지는 여러 가지 복지 프로그램들은 여전히 달콤하고 실직이란 단어를 떠올리거나 대비해야 할 이유를 잊게 만듭니다. 자신도 때 되면 실직한다는 사실을 잊고 삽니다. 하지만, 실직을 피할 수 있는 사람은 없습니다.

이 책을 읽고 있는 당신이 아직 회사를 다니고 있다면, 언제 맞게 될지 모를 실직에 대비해 다음의 것들을 미리 준비하여야 합니다.

1. 실직에 대해 생각하는 시간을 가져라.

우선, 자신이 실직이나 퇴직을 하게 될 상황을 미리 전제하고 진지하게 고민해보라는 겁니다. 일에 치여 살다 보면 현재가 바빠서 미래를 생각하지 못합니다. 휴일에 가족이랑 놀러 다니고 마트에 장 보러 다니는 일이 반복되다 보면 현재의 삶은 아무런 문제가 없어 보이고 이런 일상이 영원히 계속될 거라는 착각을 하게 됩니다. 하지만 누구나 결국엔 실직을 하게 됩니다. 막상 실직을 하면 멘붕에 빠져 대책을 세울 의지도, 힘도 없습니다. 게다가 50대는 인생의 전반전을 마치고 후반전을 시작하기 직전입니다. 실직뿐 아니라 인생의 의미, 본인의 존재 이유를 고민해가며 실직을 헤쳐나가야 할 시점이란 겁니다. 하지만 실직을 당하는 그 시점이 되면 아무것도 못 합니다. 회사를 다닐 때 그래도 여유가 있습니다. 미리 실직 상황을 생각해 보고 어떻게 살지 고민해 보아야 합니다.

2. 재취업을 위한 주특기를 만들어라

실직을 하면 제일 우선되는 과제가 재취업입니다. 재취업을 하려면 자신만의 '주특기'를 하나씩 갖고 있어야 합니다. '그 사람은 회계 하나는 정말 꼼꼼히 잘해', '그 사람은 정말 네트워크가 좋고 친화력이 있어' 회사 다니는 동안 자신의 주특기가 될 수 있는 걸 만들어야 합니다. 마땅한 주특기가 없으면 공부해서 자격증이라도 하나 따 두세요. 식당을 해보고 싶다면 요리 자격증도 따 두고 식당 찾아가 주말 알바라도 하며 일을 배워야 합니다. 사업을 하겠다면 사업 아이템에 대해 미리 고민하고 비즈니스 모델을 짜보셔야 합니다. 실직하고 나면 마음 급해져 못 합니다.

3. 네트워크 관리를 해라.

주변 사람들과 마음을 열고 좋은 관계를 유지하세요. 회사를 나와 허허벌판에 홀로 서게 되면 주변 사람들의 도움이 절실해집니다. 실직하게 되더라도 나를 진정으로 이해해 주고, 조언해 주고 도와줄 만한 사람들을 미리 내 편으로 만들어 두어야 합니다. 그래야 어려운 상황을 극복할 힘도 얻고 재취업도 쉬워집니다. 그러려면 '있을 때 잘해야' 합니다. 가족, 직장 동료, 학교 선후배, 심지어 거래처 사람들과도 좋은 관계 유지해 두세요. 그들이 어렵고 힘들어하는 일이 있으면 진심으로 위로해 주고 최선을 다해 도와주세요. 친구도 친척도 못해주는 일자리 소개를 예전 거래처 사람이 연결해 주는 경우도 있습니다. 인생사 새옹지마입니다.

4. 해로운 거 줄이고 운동습관을 만들어라.

건강하지 못하면 아무것도 할 수 없습니다. 50 넘어서도 일을 계속하려면 구인기업에 본인의 건강에 대해 확신을 줘야 합니다. 방탕하게 살지 않아도 50대가 되면 몸에 고장이 나기 시작합니다. 실직을 하면 더 몸과 마음이 상합니다. 일을 하라고 줘도 건강이 안 좋아 일을 할 수 없는 안타까운 상황도 생깁니다. 건강할 때 건강을 지켜야 합니다. 담배나 술같이 해로운 건 없애고 줄여야 합니다. 운동은 습관입니다. 나이 50이 되어서도 할 만한 운동을 지금부터 습관으로 만들어 두어야 합니다.

5. 돈을 모아 소득 크레바스를 대비하라.

모을 수 있을 만큼 최대한 돈을 모아 두세요. 수입을 늘리지 못한다면 지출을 줄여서라도 돈을 모아야 합니다. 실직하면 가장 큰 고통이 경제적인 부분입니다. 당장 먹고사는 기본적인 생활이 위협받을 수 있습니다. 매달 들어오던 돈이 안 들어오게 되는 상황은 공포스럽습니다.

50대에 실직하면 연금 개시 전까지 10년 이상의 갭, 즉 소득 크레바스가 생깁니다. 설사, 재취업이 된다 한들 이후 2~3년이면 또다시 나와야 하는 상황이 될 수도 있습니다. 재취업이 안될 수도 있고. 소득 크레바스를 대비하여 55세부터 받을 수 있는 연금상품에 가입하는 것도 좋은 대책입니다.

6. 책 쓸 준비를 하라.

책을 써 보세요. 실직을 하게 되면 갑자기 시간이 많아집니다. 재취업을 위해서 쓰는 시간들 외에 남는 시간에 책을 쓸 수 있습니다. 직장생활 20~30년이면 누구나 책 한 권 쓸 만한 경험과 꺼리를 갖고 있습니다. 책을 쓴다는 것은 실직하기 전 인생 30년의 직장 생활과 그때 얻은 노하우를 집대성해서 정리해본다는 의미가 있습니다. 실직으로 훼손된 자존감을 회복하는 계기가 될 수도 있습니다. 그리고 저자가 되면 강의와 컨설팅 요청이 들어오고 새로운 수입원이 되기도 합니다. 직장생활을 할 때 짬짬이 책을 기획하고 뼈대를 잡아보고 자료들을 챙겨두세요. 할 수 있다면 직장 생활을 하면서 책을 쓰면 더 좋습니다. 직장에서도 인정받게 되고 설사 실직을 하게 되더라도 분명 재취업에 큰 도움이 될 것입니다.

7. 평생을 함께 할 취미를 하나 이상 가져라.

50대에 실직하게 되면 심리적으로 위축되고 극심한 두려움과 스트레스로 심하면 우울증에 걸릴 가능성도 있습니다. 극복하기 위한 마음의 탈출구가 필요합니다. 자전거든, 춤이든, 악기 연주든, 캘리그라프든, 그림이든… 실직으로 인한 고통스러운 시간을 위로해 주고 치유해

주는 좋은 방법이 될 것이고, 앞으로 인생 후반전에 오랜 친구처럼 내 곁에 남아 나와 함께 하게 될 것입니다. 막상 실직하고 나면 다시 재취업 자리 알아보느라, 다시 일을 시작하느라 취미를 갖기가 또 어려워집니다.

처음 시작할 때 장비도 갖추어야 하고 학원에서 기본을 배워야 할 수도 있습니다. 실직하고 경제적 여건이 어려워질 때는 새로운 취미를 시작하기가 쉽지 않습니다. 그래도 직장 다니며 경제적 여유도 있고 마음이 허락할 때 취미도 시작하는 게 좋습니다.

실직을 소재로 한, 평점 8.0 이상의 영화 10

참고도서

제3의 인생, 중년실직 시대의 인생법칙, 김창기 지음, 행복포럼, 2007

4050 후기청년, 당신의 진짜 인생이 시작된다, 송은주 지음, 더난출판, 2017

그들은 소리내 울지 않는다, 송호근 지음, 이와우, 2013

스마트 에이징, 김동엽 지음, 청림출판, 2013

어느날 백수, 정운현 지음, 비아북, 2014

남자가 은퇴할 때 후회하는 스물다섯 가지, 한혜경 지음, 문학동네 아템포, 2014

행복한 은퇴발전소, 미래에셋은퇴연구소 2018. vol. 1 ~ 2020. vol. 13

5060 일자리 노마드族이 온다, 미래에셋은퇴연구소, 2019

4050 청춘을 디자인하라, 팀드래이크, 크리스 미들턴 공저, 차재혁 역, 미래와 경영, 2011

불안한 노후를 미리 준비하는 은퇴설계, 최성환 외 지음, 경향미디어, 2015

명견만리 정치/생애/직업/탐구 편, KBS명견만리팀 지음, 인플루엔셜, 2017

서드 에이지, 마흔 이후 30년 The Third Age, 윌리엄 새들러 지음 김경숙 옮김, 사이, 2015

어모털리티 Amortality, 캐서린 메이어 지음, 황덕창 옮김, 퍼플카우, 2013

악순환에 빠진 내 인생, 선순환으로 바꾸는 긍정습관, 조양제 지음, 끌레마, 2011

당신의 노후는 당신의 부모와 다르다, 강창희 지음, 쌤앤파커스, 2013

준비된 노후는 아름답다, 송양민 지음, 삼성경제연구소, 2008

은퇴 후 희망설계, 김동선 지음, 나무생각, 2009

당신은 아직 지지 않았다, 김현미 지음, 메디치, 2013

쿨하게 생존하라, 김호 지음, 모멘텀, 2014

일의 미래 : 무엇이 바뀌고 무엇이 오는가? 선대인 지음, 인플루엔셜, 2017

나는 회사를 해고한다, 한준기 지음, 중앙북스, 2015

100세 시대 온라인에서 물꼬를 열다, 조연미 지음, 북랩, 2017

김부장 재취업 성공의 비밀, 김영희 지음, 위즈덤하우스, 2013

연금부자들, 이영주 지음, 새로운 제안, 2016

스타트업 하고 앉아있네, 김상천, 미래의 창, 2018

권도균의 스타트업 경영수업, 권도균 지음, 로고폴리스, 2015

장병규의 스타트업 한국, 장병규 지음, 넥서스BIZ, 2018

살아 있는 퇴직 이야기, 오영훈 지음, 미래에셋퇴직연금연구소, 2010

내 인생의 오후, 윤영걸 지음, 미래에셋퇴직연금연구소, 2010

90일 완성 돈 버는 평생습관, 요코야마 미츠야키, 걷는나무, 2017

존리의 부자되기 습관, 존리 지음, 지식노마드, 2020

아름다운 노후를 위한 행복테크, 최상길 지음, 삼성경제연구소, 2008

은퇴 후 30년을 준비하라, 오종남 지음, 삼성경제연구소, 2010

4차 산업혁명시대 투자의 미래, 김장섭 지음, 트러스트북스, 2017

연금과 세금, 미래에셋은퇴연구소 지음, 미래에셋은퇴연구소, 2016

김사장, 로또 맞았어요? 김동길 지음, 서연비람, 2019

마흔혁명, 다케무라 겐이치 지음, 넥서스, 2003

마흔과 예순 사이 행복한 잡테크, 김명자 지음, 민음인, 2014

중년을 위한 창업의 정석, 김준호 지음, 도서출판 에밀, 2016

늙지 않는 뇌 사용설명서, 가토 도시노리 지음, 태원유 옮김, 박경철 감수, 도서출판 이새, 2020

돈이 된다! 스마트스토어, 엑스브레인 지음, 진서원, 2020

유튜브 구독자 100만 만들기, 김보겸 지음, 지식너머, 2019

퇴사준비생의 도쿄, 이동진 외 지음, 더 퀘스트, 2017

이웃집 백만장자 변하지 않는 부의 법칙 The Millionaire Next Door, 토마스 스탠리와 세라 스탠리 펠로 지음 김미정 옮김, 비즈니스북스

참고 유튜브

'뉴종편TV'

'드림지게차'

‘장주사TV’

‘서울부부의 귀촌일기’

‘버라이어티 파머’

‘햇살가득 전원주택’

‘보근보근 어부의 아내’

‘대한민국 섬 KOREAN ISLAND’